于斯为盛 丹心报国

武汉院士口述录
（第一辑）

武汉市科学技术协会 江汉大学 编写组 编

科学出版社
北京

内 容 简 介

本书由武汉市科学技术协会和江汉大学共同编撰。该书聚焦"我和我的中国——中国科学家精神"这一主题,以院士口述的形式,多角度、多维度记录科学家背后鲜为人知的科技报国故事,让广大公众走进科学家的内心世界,感受他们身上闪耀着的宝贵精神和高尚品质,同时大力弘扬新时代科学家精神,引导广大科技工作者秉承国家利益和人民利益至上的信念,自觉肩负起历史赋予的科技创新重任。

图书在版编目(CIP)数据

于斯为盛 丹心报国:武汉院士口述录. 第一辑/武汉市科学技术协会,江汉大学编写组编. —北京:科学出版社,2025.4
ISBN 978-7-03-078594-7

Ⅰ.①于… Ⅱ.①武… ②江… Ⅲ.①院士-事迹-中国-现代 Ⅳ.①K826.1

中国国家版本馆CIP数据核字(2024)第106191号

责任编辑:吉正霞/责任校对:高 嵘
责任印制:彭 超/封面设计:苏 波

科学出版社 出版
北京东黄城根北街16号
邮政编码:100717
http://www.sciencep.com

武汉精一佳印刷有限公司印刷
科学出版社发行 各地新华书店经销
*
开本:B5(720×1000)
2025年4月第 一 版 印张:17 1/2
2025年4月第一次印刷 字数:296 000
定价:48.00元
(如有印装质量问题,我社负责调换)

编　委　会

主编：李定君　张若光　李卫东

编委：（以姓氏笔画为序）

马　华　　王　思　　王　鹏　　王　耀　　卢世华

朱晓青　　庄桂成　　汤　蕾　　李　勤　　李　静

杨敏丽　　何冬梅　　邹　俊　　陈　凯　　陈小娟

赵世丽　　侯文伟　　洪　流　　秦　琼　　梅　坤

储著斌

弘扬新时代科学家精神的生动教材

近期，武汉市科学技术协会组织编写了《于斯为盛　丹心报国：武汉院士口述录（第一辑）》一书，嘱我作序。该书通过在汉工作的院士口述，讲述了不同历史时期科技工作者在党的领导下创新奋斗、科技报国的动人篇章，使公众可以通过这些珍贵的史料，多维度了解科学家背后鲜为人知的故事，感受他们身上闪耀着的宝贵精神和高尚品质。

弘扬新时代科学家精神就是要坚定理想信念、科技报国。从李四光、钱学森、钱三强、邓稼先等一大批在不同地方为建设新中国不懈奋斗的老一辈科学家，到在武汉工作的两院院士，他们始终把国家和人民放在心上，服务国家，奉献社会，心怀"国之大者"，把论文写在祖国大地上。李德仁院士分享了他在德国学成归国的经历。他在写给留学生党支部的思想汇报中即表明了自己的志向，"今天，我们赴欧进修，为的是我国以实现四化为目标的新技术革命。这场革命更伟大，更艰巨，更需要我们为此付出毕生的精力！"

弘扬新时代科学家精神就是要永攀科学高峰、敢为人先。院士口述，记录着他们以与时俱进的精神、坚忍不拔的定力，直面问题，迎难而上，敢于探索科学"无人区"，勇于挑战最前沿的科学问题，肩负起时代赋予的重任。刘经南院士数十年致力于我国北斗导航系统的研发，中国从1994年开始布局自己的卫星导航系统，北斗三号全球定位系统建成后，为全球用户提供全天候、全天时、高精度的定位、导航和授时服务，其短报文通信服务，即卫星和地面可以互发短信，独具特色。

弘扬新时代科学家精神就是要坚持淡泊名利、潜心研究。院士们淡泊名利、潜心研究的奉献精神，功成不必在我、功成必定有我的格局，在重大理论创新和关键核心技术上久久为功，不以一时得失论英雄，把自身的科学追求融入全面建设社会主义现代化国家的伟大事业中。曹文宣院士数十年如一日地收集鱼类科研资料，他从 1956 年至 1983 年，先后奔赴新疆、西藏、青海、四川等 13 个省区开展野外调查，长江、黄河、澜沧江、怒江、雅鲁藏布江等岸边都留下了他的足迹。他曾九进青藏高原，最高到达海拔 5 700 米的地方，为其他科研工作者开展鱼类生物学研究积累了大量的资料。

近年来，武汉市科学技术协会坚持"四服务"职能，加强对科技工作者的思想引领，这次组织编写的院士口述录就是一部弘扬新时代科学家精神的生动教材。我们应该向以院士为代表的科学家学习，大力弘扬科学家精神，在前人的基础上不断实现新的突破和超越，为实现科技自立自强、建设世界科技强国而不懈奋斗！

是为序！

邓秀新

2022 年 5 月 12 日

前　　言

　　科学技术协会（简称"科协"）是科技工作者的群众组织，是党领导下的人民团体，是党和政府联系科技工作者的桥梁纽带，是国家推动科技事业发展的重要力量。党的十八大以来，习近平总书记高度重视科技创新，提出了一系列新观点、新论断与新要求。党的十九届五中全会提出，要弘扬科学家精神和工匠精神，加强科普工作，营造崇尚创新的社会氛围。在2021年中国科学院第二十次院士大会、中国工程院第十五次院士大会和中国科学技术协会第十次全国代表大会上，习近平总书记再次强调，科协要"坚持为科技工作者服务、为创新驱动发展服务、为提高全民科学素质服务、为党和政府科学决策服务，更广泛地把广大科技工作者团结在党的周围，弘扬科学家精神，涵养优良学风"。同时指出，"院士是我国科学技术方面和工程科技领域的最高荣誉称号。两院院士是国家的财富、人民的骄傲、民族的光荣"。党的二十大报告强调，要"培育创新文化，弘扬科学家精神，涵养优良学风，营造创新氛围"。

　　武汉市科协作为武汉地区科技工作者的群众组织，是中共武汉市委领导下的人民团体，坚持以习近平新时代中国特色社会主义思想为指导，认真落实中国科协工作部署，围绕"自立自强、科技强国"这一科协组织的时代主题，通过在汉工作的院士口述，大力弘扬新时代科学家精神，引导广大科技工作者秉承国家利益和人民利益至上，肩负起历史赋予的科技创新重任！在武汉市科协党组的领导下，《于斯为盛　丹心报国：武汉院士口述录（第一辑）》的编辑出版工作自2019年下半年启动，由武汉市科协与江汉大学共同承担。以口述的形式记录在汉院士的功绩，聚焦"我和我的祖国——中国科学家精神"这一主题，对大力弘扬新时代科学家精神、科学精神大有裨益。我们认为，公众可以通过这些珍贵的史料，多角度、多维度了解科学家背后鲜为人知的故事，走进科学家的内心世界，感受他们身上闪耀着的宝贵精神和高尚品质。通过院士口述进行科学家精神宣传，改变了以往宣传教育与历史记载的叙事方式，呈现出许多新的特点。一是宣传教育的内容发生很大的变化。以往院士参与宣传教育，一般采取举办科普讲座或出版科普书系的方式，主要涉及的是院士各自领域的专业问题，专注于专业研究上的结果；而本次院士口述史则由那些鲜活的故事和有血有肉的细节构成，其专注点是过程，这更有利于点燃广大科技工作者，特别是青少年的科学好奇心。二是叙事的人称角色发生变化。历史的述说通常是第三人称，从"旁观者""后来者"的角度去述说历史事件；院士讲座或出版书系主要也是以第三人称述说科学技术发展中的重大活动。口述史则以第一人称，从亲历者、参与者、主持者的角度去讲述科技发展历程，讲述自己的"历史"。三是叙事的中心和结构发生变化。一般意义上的科技发展史或科普著作的编写，主要以时间为坐标，以大事件、重大突破为单元，将连绵不断的科学发展史分割为不同阶段，本次的院士口述录则突出以人为中心、以科学家为中心，通过口述实录了院士的科学研究经历、活动，从多个侧面、多种视角反映一个普通青年走上科技报国之路的波澜起伏的历史。四是史料采集的对象有较大变化。不同于科技发展史的正史，口述史则更多地注重微观和细节，注重党和国家每一项重大政策、科学技术发展中每一个事件形成发展过程中的不同口述者的活动和影响，记叙事件实际发生的经过，记述科学家成长的历程。

在为在汉院士开展口述实录的过程中，武汉市科协工作人员和江汉大学的师生都得到了意外的收获。院士及其家属、工作团队接受采访、修改口述实录时的实事求是精神，一丝不苟、认真细致的工作作风让采访人员"近水楼台"提前接受了新时代科学家精神的生动教育！通过面对面的采访，大家对院士们展现出的胸怀祖国、服务人民的爱国精神，勇攀高峰、敢为人先的创新精神，追求真理、严谨治学的求实精神，淡泊名利、潜心研究的奉献精神，集智攻关、团结协作的协同精神，甘为人梯、奖掖后学的育人精神等科学家精神有了切实的体会感受，增进了他们对科学家、科学精神、科学家精神的亲近感！

在开展采访的过程中，我们不仅有一种使命感，更有一种强烈的紧迫感！张俐娜院士是高分子物理化学家，中国科学院院士，武汉大学化学与分子科学学院教授、博士生导师。2020年，耄耋之年的她仍在病床上多次接受我们的采访。2020年10月17日传来噩耗——张院士离开了我们！2022年12月，赵梓森院士因病去世；2023年1月，茆智院士不幸离世。

此外，还有一些在汉院士，比如"共和国勋章"获得者黄旭华等院士，我们还未来得及采访，就离开了我们。在深深的悲痛之余，我们更深刻地体会到，做院士口述实录时不我待，我们需要加大抢救的力度，抢救那段记忆，抢救那些鲜活的史料，抢救刚刚失去的历史！

这是一部挂一漏万的在汉院士口述录，由于种种原因，我们遗漏了很多的人和事，需要后来者弥补；这是一部未写完的历史，我们相信未来一定更精彩！

李定君　张若光　李卫东

2024 年 2 月

目　录

前言

1. 李德仁：德范仁心锐意进取　　秀出大美数字地球　　　　/ 1
2. 谢礼立：风雨兼程上下求索　　心系抗震朝夕不倦　　　　/ 27
3. 赵梓森：技术创新一生追光　　光纤通信连通中国　　　　/ 61
4. 曹文宣：为鱼代言矢志不渝　　守护生态初心不改　　　　/ 87
5. 刘经南：仰望星空筑梦北斗　　大国重器行稳致远　　　　/ 111
6. 茆智：扎根泥土情系节水　　躬耕不辍润泽沃壤　　　　/ 141
7. 朱玉贤：毕生奉献棉花研究　　潜心问学以农报国　　　　/ 163
8. 桂建芳：原创育种如鱼得水　　攻克难关授人以渔　　　　/ 195
9. 陈孝平：赤脚医生潜心磨炼　　刀尖舞者悬壶济世　　　　/ 221
10. 夏军：天道酬勤如水人生　　水文研究泽被万物　　　　/ 243

后记　　　　/ 266

1

李德仁：德范仁心锐意进取　秀出大美数字地球

读书、思维、
创新、实践

李德仁
二〇二一年八月十八日

李德仁：德范仁心锐意进取　秀出大美数字地球

李德仁，男，1939年12月31日出生于江苏泰县（现江苏泰州市姜堰区），祖籍江苏丹徒。1963年毕业于武汉测绘学院航空摄影测量系，1981年获该校硕士学位；1985年获德国斯图加特大学摄影测量与遥感专业博士学位；2008年获瑞士苏黎世联邦理工学院名誉博士；1991年当选中国科学院院士，1994年当选中国工程院院士，1999年当选国际欧亚科学院院士，2018年当选国际宇航科学院院士。2012年获国际摄影测量与遥感学会"荣誉会员"称号，2020年获国际摄影测量与遥感学会"布洛克"金奖（最高奖）。荣获2023年度国家最高科学技术奖。

李德仁院士长期从事以遥感、全球卫星定位和地理信息系统为代表的地球空间信息学的教学与研究，创立了误差可区分性理论与粗差探测方法，解决了测量学中的百年难题；利用自主创新的理论与方法，将国产卫星遥感影像定位精度从300米提高到5米之内，开创了国产卫星高精度测图从国内走向全球的新时代；研制了我国"天—空—地"3S集成的测绘遥感系统，引领了传统测绘到信息化测绘遥感的根本性变革；建立了自主可控的国产地理信息技术系统，保障国家地理信息安全，推动我国地理信息产业成为战略性新兴产业。作为主要牵头人向国家提出了建设我国高分辨率对地观测系统的立项建议，推动将其列为国家16个重大科技专项之一，并带领团队攻克了遥感卫星影像处理的系列瓶颈问题，使国产卫星遥感数据的自给率从15%提高到85%，为实现我国测绘遥感大国向测绘遥感强国转变作出了杰出贡献。为了实现快、准、灵空天信息服务，他又倡导把卫星通信、导航、遥感一体化集成并将人工智能上天，实现在全球为军民用户智能终端提供空天信息实时智能服务。

李德仁院士长期坚持教书育人，培养了200多位博士、100多位硕士，为我国培养此领域高层次人才作出了突出贡献。出版专著11部，发表论文1 000多篇。获得国家科学技术进步奖一等奖1项，国家科学技术奖进步奖创新团队奖1项，国家科技进步奖二等奖5项，国家教学成果奖一等奖5项，何梁何利基金科学与技术进步奖1项。带领的测绘遥感信息工程国家重点实验室，4次获评"优秀国家重点实验室"。

采写人：李勤、侯文伟。2019年12月联系到李德仁院士的科研助理金文杰博士，并于2019年12月，2020年7月27日、8月18日，2021年5月7日、5月10日通过微信进行相关内容的交流，2024年12月经院士助理审定全文，特别感谢金博士帮助修订并更新相关数据和素材。江汉大学人文学院2018级学生简珍珍、钟毅、陈彬彬参与了院士资料的前期搜集工作，特此感谢。

李德仁院士1991年9～12月在瑞士苏黎世联邦理工学院任客座教授

李德仁院士2008年11月29日在武汉大学作"珞珈讲坛"第一讲报告

李德仁院士 2009 年 12 月 30 日在测绘遥感信息工程国家重点实验室成立 20 周年座谈会上讲话

李德仁院士 2018 年 12 月 30 日在测绘遥感学科发展高端论坛上作报告

一、传承家风，精进好学

十九世纪中叶，中国国力衰微，西方列强在政治、经济、军事上入侵中国，有识之士深感"振兴中华"之迫切。江苏作为富庶之地、鱼米之乡，素来有崇尚文化、重视教育的好传统。1890年，忧国奉公的江苏溱潼商会会长、李德仁院士的曾祖父李贞发毅然写下80字"李氏家训"，抒发了"诗礼传家""德才报国"的家国情怀，树起了自我修养的标杆，也为后辈确立了为人处世的规范。

对于家族传承百年的80字"李氏家训"，李德仁院士时刻铭记，他回忆道：

我祖籍是江苏镇江丹徒，但我从小在溱潼长大。我曾祖父的爷爷名叫李承霖，是清代道光二十年庚子科一甲状元，也是镇江地区几百年出的唯一的状元。他后来做过太子太傅以及江苏盐运使。太平天国运动爆发之后，为了躲避战乱举家迁到群中，也就是现在的溱潼。到了曾祖父这一辈，开过粮房、油房和钱庄。为了记住祖宗的荣光也为警示后人，曾祖父李贞发亲自写下了80字的"李氏家训"。我记得家训是用工整的毛笔字写在条轴[①]上，挂在堂屋正中，内容现在我还烂熟于心。

爱我中华，兴我家邦。少小勤学，车胤孙康。弦歌雅乐，翰墨传香。尊师益友，孝德永彰。和亲睦邻，扶幼尊长。敬德修业，发愤图强。女红针黹，娴淑贤良。诗书共读，兰桂齐芳。扶贫济困，造福一方。克勤克俭，家道隆昌。

这家训尽管有100多年了，但内容丝毫没有过时，其中"爱国""平等""孝德""和谐""友爱""勤俭"等思想与新时代社会主义核心价值观一脉相承。"李氏家训"目前已被中央纪律检查委员会、国家监察委员会列为"家风家教"示范典型。我佩服曾祖父的智慧，无论是求学深造，还是教学科研，我常常会想起曾祖父的"家训"并以此勉励自己。

我父亲叫李月如，在县银行当小职员。母亲叫华淑蕙，是百货公司营业员，收入不高。我家兄弟姊妹七人，一家人平时生活捉襟见肘，相当不容易。兄弟姐妹上学后开支就更大了，但不管生活有多难，父母都勤勤恳

[①] 古代装裱工艺叫立轴或挂轴，条轴是地方方言。

恩从不抱怨。也许正是他们的朴实无华和言传身教，默默影响和教育了我们。我从小随家族屡经战乱，懂得了"落后就要挨打""男儿当自强"，我想上高中考大学，"多学本领、兴我家邦"。我大姐为了减轻家庭负担没有升高中上大学，而是进了扬州财校。她毕业工作后每月资助我五元上大学，加上我的甲等奖学金，这样才解决了我大学期间的生活问题。我大学毕业后，也给读东南大学和南京大学的一个弟弟一个妹妹各资助15元，自己只留下25元作为生活费。我们兄弟姐妹一直互相关爱、互相支持、共渡难关。除了我和弟弟德毅，其他五姊妹也都在不同的岗位上发展得很好。如今在我们江苏泰州溱潼古镇的院士旧居景点，当地导游们都会自豪地夸赞"古有三科两状元，今有弟兄七院士"。"弟兄七院士"是指我、我弟弟李德毅和堂弟李德群，我们三人一共有七个院士头衔。我是中国科学院院士、中国工程院院士、国际欧亚科学院院士、国际宇航科学院院士，我弟弟李德毅是中国工程院院士和国际欧亚科学院院士，堂弟李德群也是中国工程院院士。家庭是最能塑造一个人精神的地方，家风是培养人的第一关。有什么样的家教家风，就有什么样的作风做派，也就有什么样的事业成就。家训让我家有了良好的家风，让我们在幼年时就懂得了爱国、勤奋、好学、孝悌、勤俭、经世致用这些优良品质，它也默默影响着我们做人做事做学问。

1949年，中华人民共和国成立，人们无不沉浸在新中国诞生的欢乐中，整个国家朝气蓬勃，古老的中华重新焕发着青春的气息。1951年李德仁进入泰州中学学习。泰州人文荟萃，名贤辈出，素有"儒风之盛，素冠淮南"的美称，历史上著名的泰州安定书院就在泰州中学老校区内。从千年书院到泰州学堂，再到江苏省泰州中学，一代代泰中人遥望先贤的背影，绵延千秋文脉、承继济世情怀。在泰州读书的日日夜夜，博学的老师、可亲的同学、多彩的活动、浩瀚的书海，李德仁院士一直魂牵梦萦，他说：

小学毕业我才11岁，母亲带着我坐了一个小时的汽船去泰州中学办理住校手续。第一次离家上学，望着母亲离去的背影我忍不住哭了。不过让我开心的是中学没有想象中那么痛苦，甚至可以说中学六年是我一生中最快乐、最无忧无虑的时光。那时候生活清苦，一个班几十个同学，吃饱了就扎堆儿学习。一个很亮的汽灯灯泡吊在天花板上，我们就在老师的监督下开始晚自习。大家互相帮助，会做的帮不会做的。我觉得很有意思很新奇。我学得比较轻松，功课挺好，还当过班长、团支书，做过数理化课代表。也许学习比较轻松，我没有压力。有时晚自习还没上完，我就提前完成作业了，我会溜回宿舍，和同学聊聊天、拉拉胡琴、抄抄歌谱。课余时间，我还经常打羽毛球、乒乓球，学校附近新开的一家电影院也是我经常光顾的地方。记得我高三那年，祖籍泰州的京剧大师梅兰芳先生，带着夫人、小儿子梅葆玖，还有剧团的演员们回家乡省亲演出，现场真是盛况空前！我上街连续看了五场演出，很过瘾啊。中学生活真的是多姿多彩，令人难忘！

母校泰州中学的老师水平很高。地理老师是走过将近100个城市的"活地图"，上课像在讲故事，我们听着听着不知不觉就下课了。记得老师用了三句话描述贵州"地无三尺平，天无三日晴，人无三两银"，太生动了！枯燥乏味的英语也被老师上得充满乐趣，比方老师会画一个"井"字格，在任意一个位置填一个字母，像填字游戏一样，看我们谁能拼出的单词最多。大家争先恐后，学习积极性很高。我现在能用英语给留学生上课，这与初中打下的良好的英语基础有很大关系。除了课堂学习，我还参加了许多兴趣小组，最爱数学和化学。我高二就攻下了高中全部课程，仅数学题就做了厚厚的十几本。叶凤梧是我的数学老师，他亲自带领我们用小平板仪测量学校旁边一座小山的高度，我们觉得很有意思。也许这就是我后来学测绘遥感的一种启蒙吧。化学老师朱广鉴是江苏名师，让我们跟着他做实验，我还亲手做过酒精、肥皂和烫了金边的扑克牌呢。学以致用，把课堂知识用在实践中，让我越学越带劲儿。高中毕业，13门课程我有11门是5分的满分，仅历史、体育稍逊，因此被评为三好毕业生。

中学时我最大的兴趣是读书，《红楼梦》《三国演义》《儒林外史》我看过很多遍。我的想法很简单，书是前人留下的精华，多读书有好处。到了大学，我当年有十个借书证，借了还、还了借，源源不断。我还喜欢将读书的体会感悟以及质疑写成读书笔记，一有机会就去向老师求解、与同学讨论。慢慢地，大胆质疑、不迷信权威，就成了我的习惯，可以说是如影随形。我觉得前人的著作观点未必都是百分之百正确的，这就需要动脑筋分辨而不盲从。

二、自律自强，勤学不辍

新中国成立之初，百废待兴，各行各业都急需"高精尖"人才，可是高校人才培养一时难以满足国家经济建设的需要。教育部于1951年11月召开全国工学院院长会议，揭开了1952年全国院系大调整的序幕。打破学科学院以及地域限制，拆分、整合、搬迁，一切调整均以培养符合国家建设需要的人才为目的。经过几年调整，各省市各层级的高等学校初具规模，其中工科院校得到了较大发展。1955年，夏坚白等向中央建议创建一所专业齐全的测绘学院，为国民经济建设服务。1956年，国务院批准筹建武汉测绘学院。同年，武汉测量制图学院成立，直属教育部。1958年，学院划归国家测绘局管理，并易名为武汉测绘学院。建校初始，学科创建人夏坚白院士就提出："我们的学科不但要在中国出名，就是在世界上也要使它露头角。"这一铿锵豪迈之语，开启了测绘学科追求世界一流的梦想之旅。参与筹建武汉测绘学院的还有王之卓教授，他是中国航空摄影测量与遥感专家，其严谨的治学精神和崇高品德在测绘界有口皆碑。1957年，武汉测量制图学院将航测与制图系拆分为航测系和制图学系，王之卓教授担任航测系首任系主任。同年，17岁的李德仁考入航测系。王之卓教授"似兰斯馨，如松之盛"的治学风范和做人品格对李德仁产生了深远的影响。大学系统的学习奠定了李德仁的科研方向，与王之卓教授的师生缘也被传为佳话。至今，李德仁院士都还记得和王教授初次见面的情形，他说：

1957年，我考入武汉测量制图学院航测系。学校集中了当时中国高校的测绘专业，师资力量雄厚，有5名国家一级教授。专业学习之余，我沿袭了高中的学习传统——泡图书馆。读古今中外的文学名著，自学斯米尔诺夫全套数学教科书，逐期逐篇读俄文测绘杂志有关航测的文章，找国际著名学者的专著钻研……除了如饥似渴地学习，我仍然喜欢思考爱提问。大四的时候，我在苏联专家撰写的教科书上发现了问题，就写了好几篇文章。王之卓教授是航测系的首任系主任，是我国航空测量领域的奠基人。我的大学同班同学朱宜萱和王之卓教授的女儿是好朋友，我就斗胆拜托她把文章转给王之卓教授看看。王教授看了文章非常惊讶和兴奋，他在我的文章上作了批注，哪个地方对，哪个地方写得很好。他还把我叫到他家里，长谈了三小时。记得那是在王先生住的二层教授小楼，谈得越来越深入，越来越投缘，天色已晚我们却浑然不觉。师母多次催我们吃饭，都被谈兴正浓的王先生一推再推，直到晚上九点。

王先生认为我对教材的意见是对的。他还对我说："你明年和我一起做毕业设计。"后来我和王先生做毕业设计的时候，我发现加拿大的教授参考的文章也有缺陷，他推导天地坐标关系的时候少了一个步骤，没有做完，还需要一步，我就再往下推了一步，推成了一个通用公式，这个公式就比加拿大多伦多大学教授推导的公式还要好。王先生非常高兴，他说等我这个毕业设计做好以后，他给我推荐到《测绘学报》发表。这是我读大学的第一个科研成果，发表在1965年的《测绘学报》上，这篇文章后来翻译成了俄语、英语。这篇文章得到180元稿费，成了我筹备婚礼的主要资金来源。

学生时代，质疑和探索让我不断成长。后来，我做讲师、教授，也不断鼓励学生对前人的知识质疑，对模型公式进行分析，寻找毛病。这是我培养学生的"秘密武器"。

"文化大革命"期间，年轻的李德仁学业屡受影响。大学毕业时研究生考试成绩很好，却没能被录取，甚至被迫离开热爱的测绘专业……面对生活强加的磨难，李德仁院士这么说：

1963年我的毕业论文获全年级最优等，参加研究生考试，三门课我有两门都是满分，一门99分。后来知道是因为高中时一份所谓的"右派言论"档案，我没能被录取。王之卓教授提出留我当助教的建议被否决后，我服从分配到国家测绘总局第二地形测绘大队外业队。在秦岭翻山越岭，测量一个又一个地面点坐标。我发现按规范施测山区高程导线中的问题，提出了新的严格理论，修改了规范，研制出减少野外作业航测加密新方法改进外业数据获取措施，大大提高了工作效率。1964年，我调到国家测绘总局测绘科学研究所，还是因为所谓的"右派言论"档案问题，只能做国外测绘情报编译，不能搞科研。但是我毫不气馁，编译工作之余发表数篇论文。1969年我被"下放"到河南当农民，做泥瓦匠、炊事员、种水稻……，1971年"发配"到石家庄水泥制品厂当工人，制水泥电杆、抡大锤、砸钢筋、绞钢筋、灌混凝土，三班倒。在此期间，王之卓教授时常写信叮嘱我别丢了学问，还想办法托人帮助我。我不敢怠慢，坚持学英语，当时正值"文化大革命"，我就学英文版的毛选，听电台英文广播。劳动之余，我还坚持自学研究生的课程。在人生失意的时候，千万不要被击垮，认为自己一无是处，相反要认为自己是璞玉浑金，要韬光养晦，有所为有所不为，要埋头干自己的事情，积蓄自己的力量，自己给自己增加获胜的筹码。不管逆境也好，顺境也好，都要自信自尊，不能蹉跎岁月。

1969年，李德仁院士从位于北京的国家测绘总局测绘科学研究所"下放"到河南正阳，但不忘初心、科技报国一直是他心底坚持的信念。他时时刻刻想着的仍然是要运用科学知识自主创新，解决实际工作中的难题，为国家作贡献。李德仁院士获得的第一个国家重大发明奖就与测绘专业完全无关，那是他在"下放"期间的一段经历：

1971年，我被分配到河北省石家庄市水泥制品厂当工人。当时我看到厂里堆积如山的废弃低品位铝矾土被白白扔掉觉得很可惜，就想着将它利用起来，变废为宝。我自学了《硅酸盐工艺学》，与国家建材研究院（现中国建筑材料科学研究总院）的同伴们一起，经过各种试烧，逐步掌握了特种水泥制造技术。研制期间我有时会24小时待在实验室做实验。当时厂里的生产窑长28米，窑头温度800℃，窑尾温度50℃。为了控制烧制工艺，我穿着浸满水的石棉衣在生产窑内每隔2米采集水泥熟料样本，进行化验分析，最终解决了生产工艺的有关问题，研制出"新型硫铝酸盐水泥系列"产品。这种水泥具有快凝、抗酸、微膨胀、强度高、致密度高等多种特性，通过了国家建材局的验收，成为唯一由中国人发明的水泥新产品。水泥厂用这种新型水泥制作了胜利油田的输油管，取代了钢管道。1976年以后，唐山地震后重建、青海湖公路建设及其他重要工程建设中，硫铝酸盐水泥系列水泥成为主要铺设材料。1982年，国家建材院与石家庄水泥制品厂以硫铝酸盐水泥系列联合申报国家发明奖，最终获得国家重大发明奖二等奖。"下放"时的研究成果得到了国家的认可！正在德国进修的我得知这一消息，大受鼓舞，决心要更努力地学习先进科技知识，报效祖国。

1977年，高考制度得以恢复，国家开始举行统一的高考、研究生考试。1978年3月18日至3月31日，全国科学大会在北京举行。邓小平同志在开幕式上做了重要讲话，提纲挈领地提出"四个现代化，关键是科学技术的现代化""科学技术是生产力"重要论断，指明了中国科学事业发展的方向。1979年初，邓小平同志率团访问美国，在与美国总统卡特所签的有关协议中，将派遣留学生的口头谅解作为正式协议加以签署。中华人民共和国教育部也于1979年在全国11所高校建立出国留学人员培训部，负责国家公派出国留学人员的行前外语培训和思想教育工作。从此，开启了新时期我国大规模派遣留学人员的序幕，越来越多的有识之士走出国门去学习西方的科学和技术来报效祖国。

39岁如愿考上研究生，读研攻博，出国深造，李德仁院士孜孜追求的脚步一刻也没有停歇。在德国求学科研期间，建树颇丰，创下多项科研"奇迹"，提出了享誉国际测量学界的"李德仁方法"。如今全世界都在用李德仁的理论来校正航测平差系统。那段时光有许多难忘的瞬间，李德仁院士娓娓道来：

收到王之卓教授建议报考母校研究生的电报，我立刻动身赶回武汉，可是统一的招生考试已经结束了。王教授就亲自去湖北考试院反映情况，说明1963年我就是研究生考试第一，因为特殊的历史原因没有录取。考试院就特别为我设置了单独的考场。王教授为我单独辅导一周。一波三折，好事多磨，我总算如愿考取了王教授的研究生。读研究生的1 000多个日日夜夜，我一心埋头学习，在教师阅览室里把十年"文化大革命"期间世界学科进展的主要论文强化阅读，光专业笔记就做了30多本，以全优成绩毕业，最后留在武汉测绘学院任教。

留校任教后，王之卓教授建议我学德语，去德国交流学习，因为德国是当时世界上摄影测量与遥感最先进的国家。我也希望去学习最先进的科技为国效力，于是用半年时间强化学习德语。1982年2月，我插班到了北京外国语学院德语高级班。老师为了帮助我迅速提高德语水平，找了一个瑞士在华学汉语的姑娘，跟我组成"一帮一"，我帮她学中文，她帮我学德语。1982年7月，我参加国家德语考试考了全班第一。

王教授帮我联系的导师是阿克曼教授，他是全世界摄影测量的权威。但是我刚去交流的时候阿克曼教授办公室没有空位子，他把我介绍给波恩大学摄影测量研究所的所长库普费尔教授。波恩大学有两个长项，一个是有德国最好的航测检校场，另一个是有光束法平差软件。阿克曼教授建议我学习检校场。正巧当时中国测绘局要在山西做检校场，我了解检校场后，写了一份报告，做了一份设计报告发回国内，供建设山西检校场参考。

我在波恩大学待了六个月，做了很多研究工作，除了刚才说的那一篇发回国内的报告，我还用德语写了两篇论文。我在国内是做区域网平差的，到波恩大学不久，我发现那里的平差软件中有很多附加未知参数，引起平差解的振荡，俗称过度参数化问题。我提出岭估计①处理方法，提高了法方程式的状态，解决了这个问题。只花了一个礼拜时间，使软件有了重大改进，克服了过度参数化，提高了精度。库普费尔教授非常惊讶，他鼓励我把这个成果用德语写成论文。于是我写了《克服过度参数化的几种方法》，80多页，作为这个研究所的专刊发表。经过钻研，我从验后方差估计理论出发，导出了比丹麦法更为优越的新方法——粗差定位验后方差选权迭代法，这个方法引起了西方学者的广泛注意和极大兴趣，后来国际测量学界称这一方法为"李德仁方法"。

这样我又做了一个自动搜索多个粗差的验后方差软件，写成一篇文章交给库普费尔教授。教授惊讶我德语写作的流畅，他竟然找不出一处错误。他将论文推荐给阿克曼教授，阿克曼教授再推荐给德国的《摄影测量与遥感》杂志。期刊主编霍夫曼教授看了文章，高兴地说，不用修改，直接在1983年发表。

1983年5月阿克曼教授那边有空位了，我就从波恩经法兰克福到斯图加特。阿克曼教授问我的研究兴趣，我说在国内是跟王之卓教授做区域网平差、附加参数的校正。同时跟阿克曼教授读博士的还有一个巴西学生，教授给了几本书让我们看。我回去看了以后，对书和文章提了好多意见，指出很多需要改进的地方。那个巴西学生没有提意见。阿克曼教授非常喜欢能发现他文章中问题的学生，他对我说，尽管你是访问学者不是博士生，但你可以用这两年的时间做一篇博士论文，我相信你。他还说可以帮助我用最短的时间做出博士论文，如果延期，由他负担费用。抓住一切机会多学一点本领是我出国交流的初衷，能深造攻博，我当然不会拒绝。带着对阿克曼教授由衷的感激，我夜以继日地学习钻研。

读博士需要通过资格考试，我的专业没有问题，德语得益于库普费尔教授的帮助，他曾在波恩出钱，为我请了一位德语口语老师，德语老师给我出具了德语水平证明，有了证明我就免考德语，很快拿到了读博士的资格。

---

① 数学估计方法。

我是研究所使用计算机最多的人。斯图加特大学有一台IBM的大型计算机，机房很大，每个房间都有终端。我觉得自己年龄偏大，希望早一点学成，一个终端不够用。阿克曼教授很喜欢勤奋的学生，他毫不犹豫答应我需要几个终端都可以。于是我要了三个，用批处理加快计算。在波恩大学时，一个德国同事送了我一辆自行车。我把自行车带到斯图加特大学，每天早上骑车从宿舍到学校。中午吃食堂，一直工作到很晚才回宿舍。基本上每天都是在机房或办公室推公式、做实验，做了几百组计算机仿真实验。

当时，计算机的高度发展，测量结果的可靠性问题在搁置了很久以后，又重新被提到研究日程上来。在这方面长期占统治地位的是荷兰巴尔达教授提出的经典可靠性理论。但是，经典可靠性理论是从单个备选假设出发进行研究的，并不能够解决不同模型误差的区分以及同一模型误差的定位问题。因此，在一些新问题面前，经典可靠性理论显得无能为力。我选择的热点课题是研究数据的粗差和系统的误差怎么区分与处理，因为我曾经发明过一个找粗差的方法，阿克曼教授认为我有基础，让我做误差的可区分性研究。我的博士论文就是致力于把系统误差、偶然误差和粗差三种误差区分开。

大概花了不到一年时间，我写完论文。针对经典可靠性理论的特点，我进行了大量的试验和理论工作，将巴尔达教授的经典可靠性理论进行了扩充和发展，提出了包括误差可发现性和可区分性在内的基于两个多维备选假设的扩展可靠性理论，使不同模型误差的区分和同一模型误差的定位问题得到了解决，把粗差发现的理论上升到粗差和系统误差区分的理论上。论文有324页，出版时因为太长，我把实验部分梳理压缩了一遍，做成缩微片，最终整理成230多页。

记得我的答辩时间是1985年2月5日。斯图加特大学规定，最高分数是1分，5分为不及格。如果想拿到1分，口头陈述时间必须控制在45分钟，正负不超过1分钟。那时还没有PPT，要直接写在透明的模板上，然后直接投影到大屏幕上。我对着手表一遍遍练习，正式答辩时我讲了45分钟20秒。从此以后，我养成了一个习惯，讲课和作报告不看表，凭感觉就能控制好时间。我的博士论文答辩获得了1分加5星的好成绩，这是斯图加特大学近百年毕业论文最好的成绩了。

毕业论文的评语一般不对外宣布。在我回国前夕，我请大家吃饭告别师友。阿克曼教授在吃饭时站起来告诉大家，评审老师格拉法韧特教授——德国洪堡基金会地学部的高级决策人、斯图加特大学大地测量研究所所长，看了我的论文后写下这样的评语："我为此文而激动，它解决了一个困扰测量理论与实践达一百多年的难题。"这项成果获得1988年联邦德国摄影测量与遥感学会最佳论文奖——"汉莎航空测量奖"。

三、不忘初心，科技报国

20世纪80年代，国内科研条件还比较落后，生活水平、工资待遇等更是无法与欧美相比。但是大批海外学子心怀报国之志，不为奢华的物质生活和先进的实验设备所羁绊，学成即刻归国，投身到轰轰烈烈的现代化建设中，做出一项又一项科研成果。在德国完成博士论文后，李德仁院士谢绝导师的热情挽留，立刻回到祖国，回到武汉测绘科技大学。忆及当时的情形，李德仁院士说：

关于回国还是不回国，我的妻子朱宜萱在给我的回信中这样写道："你已经45岁，老大不小了。几十年来，你一直在学习，一直在花国家的钱（当然也花了外国人的钱），你还不如一头牛呢，到现在都没有挤出一点奶，现在到了该回国'挤奶'的时候了。"是啊，学到了本事就要给国家作贡献，这是我那时候最真实的想法。早在留学初期写给留学生党支部的思想汇报中，我就表明了心声："50年前，老一辈的革命家们旅欧学习，追求革命真理，是为了中国的政治革命。今天，我们赴欧进修，为的是我国以实现四化为目标的新技术革命。这场革命更伟大，更艰巨，更需要我们为此付出毕生的精力！"记得在波恩大学学习交流时，库普费尔教授和夫人都是虔诚的天主教徒，生活中都非常和善。他们见我只身一人来到国外，就让我每个礼拜天去他们家做客。有一次，库普费尔夫人问我，"我和库普费尔先生信仰圣母玛利亚，你们信仰什么？"我说，"我相信人民——中国人民、世界人民，我要为地球上的人活着，要为他们做我能做的工作"。尽管那时候有好几家德国研究机构想留我，但我毫不犹豫地回国了。

自1985年回国以来，执教30余年，李德仁院士培养了200多位博士和100多位硕士。五次获得全国优秀博士学位论文指导老师奖。对于如何培养人才，如何提升团队科技创新能力，李德仁院士有独特的见解：

我的恩师王之卓先生和阿克曼教授两位大师对学生要求很严，都有一套指导学生的方法，这些对我有潜移默化的影响；我根据学科发展和学生情况因材施教，也有自己的特色。不管多忙，我都亲自上课，我和其他院士、教授联合讲授的专业基础课《测绘学概论》是武大最受学生欢迎的课之一，2007年入选国家精品课，2012年被列入国家精品视频公开课。我们院士坚持为本科生上课，已超过20个年头。

阿克曼教授曾经对我说，教授的第一任务是教学，第二任务是组织科研，第三任务才是自己动手搞科研。他说，好教授就是要给学生上课，要发现和鼓励学生。作为一个成功的教授，必须看清学科发展方向，研究制定好方向和路线，带动更多的同学科和跨学科行家特别是年轻人去攻关。这个观念可以说是我在德国留学的最大收获之一。现在国内很多教授还没有悟出这个道理，还只是满足于自己编软件、推公式，这样的教授难以做成大事业。中国由于漫长的封建社会、科举制度的影响，人们比较注重自己埋头用功，认为这样才是真正的科学家。但在西方，大家都有共识，当一个人成为教授、系主任、所长的时候，眼光就不能只放在学习钻研、推公式编软件上，必须看清学科的方向、国家的需要，确立一个又一个更大的项目让大家来做，把科研从个人劳动变成团队工作，这是非常重要的变革。我认为这时候动脑与动手都非常重要。

我成了航测系主任之后，积极组织教学、科研与学科建设。一次申请专项项目基金，遥感教研室各个小专项都来争取项目使得难以决策。经过思索酝酿，最后确立了走学科融合研究发展的路径：小专项不分先后并行发展，促成遥感专业水平整体提升。我牵头申请项目，把各个小专项列为子课题，申请了大课题，让多位遥感专业教师都有了科研经费。当大项目得到批准之后，开创了顾全大局和团队合作的新局面，所有问题迎刃而解。航测系逐步形成意气风发、锐意进取的良好风气，培养了一大批测绘精英和骨干，他们在教学、科研、高科技公司开发、各级管理机构和各条战线发挥着重要作用，为国家作出了重要贡献。"学无止境，科学研究就是不断创新，不断接力。"我们要带动更多的青年人加入到科研队伍中来，为亿中国人作贡献。

这些年来，我带领多学科专家启动了500亿元的国家重大专项"高分辨率对地观测系统"，发起了"天基信息基础设施"重大研究计划，现在仍在积极推动"通导遥一体空天信息实时智能服务系统（PNTRC）"，为军民用户提供定位、导航、授时、遥感和通信实时高精度服务。

武汉大学对地观测与导航技术创新团队，荣获2014年度国家科学技术进步奖创新团队奖。提及这些年的团队成果，李德仁院士如数家珍：

这个荣誉，是我们团队每个成员多年努力、攻坚克难的成果。我们团队注重学科融合团结协作。我和刘经南、龚健雅，一个做遥感，一个做导航，一个做地理信息系统，集成在一起，优势互补。我是国际摄影测量与遥感学会资深会士和荣誉会员（最高荣誉，全球仅限10人）；刘经南是国际GPS地球动力学服务组织协调成员，同时是中国卫星导航学术年会执行主席；龚健雅获国际摄影测量与遥感学会Dolezal成就奖；张良培入选IEEE会士……

我们牵头创建亚洲GIS协会和全球华人卫星导航学会；近十年，在我国累计主办重要国际学术会议40余次，200余人次在国际学术大会担任主席、共同主席、分会主席或作特邀报告，我们团队已成为国际测绘遥感领域最活跃的群体之一。

团队发起建成了诗琳通地球空间信息科学国际研究中心、武汉大学–Oracle空间数据库创新研究中心、武汉大学–荷兰代尔夫特理工大学地球空间信息科学联合研究中心等境外大学、机构合作成立了多个国际研究中心。武汉大学最近还和美国芝加哥大学等知名学校共同开展社会地理计算，将研究目标从对地观测推进到对人类活动的观测，以更好地回答人与自然的关系。

2008年，苏黎世联邦理工大学授予我"荣誉博士学位"时，该校校长在颁奖词中评价：武汉大学拥有当今世界地球空间信息领域最著名的研究团队。

2012年，国际地球空间信息科学大会将"地理空间信息科学全球领袖奖"授予武汉大学。在此之前，仅有欧美的两所国际知名大学获得过这个荣誉。

我们团队在对地观测与导航技术领域的国际引领作用，不仅使我们自身成为本领域世界公认的"最具影响力"研究群体，也助推武汉大学成为"世界测绘领域重要的国际化教育机构"，武汉大学测绘学科被誉为"世界三强"和"亚洲第一"。武汉大学遥感学科，最近八年连续被评为世界第一。

科技进步已经成为各国经济增长的主要推动力，成为国际经济竞争和综合国力较量的焦点。广大科技工作者不再一味扎进"故纸堆"里做研究，"两耳不闻窗外事"，而是切实将所学所研能服务于国防科技、经济建设作为自己的最高追求。李德仁院士和他的团队响应国家号召，积极行动起来，攻坚克难，不仅科研成果众多，而且真正地将理论成果转化为国家需要的产品，做到了与社会服务紧密结合。回忆起这些，李德仁院士说：

任何一个行业、任何一个专业，它的研究都要满足国家的需要。如果是基础科学，它要走在学科的前沿，要探索未知、要有发现、要有发明、要有原始的创新。但是，归根到底，所有的自主创新，无论是直接的还是间接的，最终都要拿来为人类的文明、人类的进步服务。这是科学研究的基本原则。

1992 年中国遥感中心在北京召开会议，我们认为，我国的遥感事业要发展，就必须把 GIS、RS、GPS 一起抓住。有人提出用 GRG 来称呼这个概念，但我认为应该用后面的 3 个 S 来称呼，因为，这是三个系统（system）的集成。3S 指 GIS（geographic information system）是地理信息系统的简称；GPS（global positioning system）是全球定位系统的简称；RS（remote sensing）是遥感技术的简称。GPS 即全球定位系统，是在一个点的方式下测量点位和逐点导航，RS 即遥感，包括摄影测量，是在一个面的方式下进行数据成像，而 GIS 即地理信息系统，是所有点方式和面方式成像结果在计算机里的存储、管理和应用。点方式精度高但效率低，面方式速度快但要依靠点方式作基础，所有最后的成果都沉淀到地理信息系统 GIS。1994 年我的论文《3S 集成的理论与应用研究》发表在《遥感学报》上，此后，一项项创新成果相继诞生，这一思想得到国际上的认可和赞扬，中国奠定了成为世界航测遥感三大强国之一的地位。

按照 3S 集成的思想，我原来已经在航空测量飞机上将 GPS 和 RS 集成了，现在要做的是把最后一个 S 放进去。1994 年，我花了 2 万元，买来一辆旧吉普，在车上装了 GPS、惯导、电荷耦合器件 CCD、电脑等，做成一部 3S 移动测量车。系统做成了，同学们开着测量车在校园里兜了一圈，车上的屏幕能准确显示校园地图和 GPS 点位，大家都很高兴。

3S 集成理论与方法，突破了传感器位置姿态自动测定（POS[①]集成）关键技术，打破美国封锁，实现我国率先研制出车载、舰载和机载移动测量系统，彻底变革了以人工测量为主体的传统测绘模式，实现了天空地一体信息化移动测量的历史跨越。这套系统运用到低空遥感测绘、车载移动测量、智能路面病害检测等生活、生产实践当中，减少了 90% 的野外测量工作量，提高了 20~30 倍的工作效率。在火车里装上"移动道路测量系统"，管理人员只需轻点鼠标就能监管千里之外的沿路设施。2007 年，我们团队凭借此套系统荣获国家科技进步奖二等奖。团队还先后参与了"青藏铁路""北京数字奥运"等国家重点项目建设；建成了全国第一个影像城市网站；完成北京、重庆、济南、昆山、常州、武汉、南宁、南京等地的城市部件普查工作。

团队开发的 GeoStar、GeoSurf 和 GeoGlobe 系列软件，为国家地理信息公共服务平台——"天地图"的构建打下决定性基础。天地图的诞生标志着，继美国之后，中国成为第二个能提供数字地球系统服务的国家。在当前建设智慧中国和智慧城市的新高潮中，我们研制的智能化 GIS 软件 GeoSmart 又应运而生。

在国际上首创测量误差处理与可区分性理论，解决了测量学中的百年难题；研制出遥感卫星精确定位处理系统，在核心元器件受限条件下，将我国光学卫星遥感影像直接定位精度从 300 多米提高到 5 米以内；利用我们的资源三号卫星数据，将无控制点全球立体测图精度提高到优于 5 米；研制出北斗及全球各类导航卫星精密定轨、定位及相应的服务系统，将定轨精度从 5~10 米提高到 2~3 厘米；攻克"龙计划"雷达遥感地表形变监测核心技术，精度达到毫米级国际领先水平……

"到 2020 年，我国在轨运行的卫星数量已达到 300 多颗。所以，我现在每天都在思考，怎么把天上的卫星用好。"我希望，能像互联网一样，把数以百计的卫星"联动"，实现卫星组网通信、实时处理和快速响应，通过通信、导航、遥感卫星的集成，实现一星多用、多星组网、多网融合、智

[①] POS（position orientation system）是定位定向系统的简称。

能服务，把采集到的数据在天上处理好，能在一分钟之内将处理好的信息直接发到每个需要的人的手机中。

武汉大学对地观测与导航技术团队依托于测绘遥感信息工程国家重点实验室，但我们团队做的是应用科学，测绘遥感地理信息或者叫空天信息，是一门应用科学。应用科学，它更应当满足国家的需要，同时，还要走在学科的前沿。我们要从跟随走向引领。我们是第一个做低轨增强高轨卫星的，这就属于引领。我们做的世界上第一台高光谱激光雷达，就是把几何的激光雷达、几何信息跟高光谱遥感的信息集成在一个仪器上。近几年我国提出的通导遥一体化，世界上也没有，也要引领。我们做了一些工作，出了一些成绩，但是还不够，距离国家的需要实现空天信息快、准、灵的服务还有差距。所以，我们要不忘初心、牢记使命，矢志创新，理论成果一定要转化为国家和人民需要的产品。

我们研制的地理信息系统"吉奥之星"具有中国版权，在全国七大江河数据库建库工作中，一举击败美国 ARC/INFO 软件，成为全国测绘系统数据库生产的主要软件，打破了国外 GIS 软件"一统天下"的局面，先后获得三次国家科技进步奖二等奖。这之后，我们研制成功的高性能、高清晰度的可视电话系列产品达到国际先进水平。

1998 年，长江中下游遭遇特大洪水，我们团队利用世界一流对地观测技术，对洪水进行观测。在灾情最为严重的那个月里，我们每天都要向洪水监控指挥部[①]送去更新的数据。

2008 年汶川大地震发生后，我们第一时间成立"地震遥感信息收集与灾情评估项目组"及时发现问题，提出方案，与国务院抗震救灾专家组沟通协商解决难题。2008 年 5 月 31 日成都军区[②]某陆航团一架米—171 运输直升机，在执行任务返航途中，突遇气候变化在映秀失事。因当地山高、林密、坡陡、谷深，塌方不断，搜救非常困难。救灾部队出动 1.7 万人全力搜寻，但 3 天之后依然无果。我力主将价值 2 000 多万元的激光扫描传感器装上遥感飞机，对可能存在失事直升机的 80 平方公里范围扫描，锁定了米-171 失事直升机的高度怀疑区，大约在汶川县漩口镇东北方向峡谷区 4.5～5 平方公里区域内，由原来的 80 平方公里缩至 5 平方公里，再用进口

[①] 即为防汛抗旱指挥部。
[②] 2016 年 2 月成都军区裁撤。

机载数字成像系统拍摄该区域，最终获得高精度分辨率的三维图像，对准确判断失事地域发挥了重要作用，为直升机的搜寻提供了极大的帮助。我们还对唐家山堰塞湖进行三维地形扫描，获得该湖最精细三维实景图像，如实反映了堰塞湖上游至绵阳市整个流域的三维地形，完整再现了2.4亿立方米的"悬湖"之险。为解除堰塞湖危机提供了宝贵的资料、赢取了时间。

2008年，我们用世界先进的测绘遥感技术，从北京奥运会申办、场馆建设到奥运会举办，全方位提供"贴身服务"。为防止奥运会申办成功后有人在已圈定的奥运用地上违法"种房"索要拆迁补偿，我们和参加项目的测绘遥感专家一起建立了北京市违章建筑卫星监控系统，每一至三个月获取一次北京实时卫星图像，用我们自己研制的软件自动查找违章建筑。

武汉大学的移动测量汽车在奥运场馆建设中起到了"监理"作用。移动测量汽车装有10个高清数码摄像头、罗盘及GPS，可对房屋、街道等进行随时拍摄，细小到3厘米的东西都能够在数码照片上反映得清清楚楚。我们把奥运会场馆所有的交通、遥感电子地图都做好，这些电子地图可以帮助观众顺利地找到运动场、体育馆，以至于找到应从哪个门进去。基于RS和GPS的安全保卫电子信息系统在奥运会期间起到"天眼"的作用，各个场馆的动态，"天眼"都能一目了然，这个系统为奥运会树立了一道安全屏障。

随着人工智能深度学习技术的发展，我们的移动测量车和无人机系统，正在实现向智能驾驶和测量机器人方向发展，成果已在国家电网的线路巡查和电网工地推广使用。为东风公司研制的农用自动驾驶车可在夜间自动进行农田作业，如施肥、喷药。卫星遥感已成为精准农业的好帮手。近三年，为实现天空地一体化的时空智能，指挥立得公司用卫星、无人机和机器人为全国林草资源、国家公园、粮食粮仓自动管理和智能管理，取得突破成效。

我国传统文化的瑰宝——敦煌文化艺术是不可再生的，可是自然因素、人为因素在时刻威胁着它的安全。我们团队运用测绘遥感新技术，致力于将莫高窟外形、洞内雕塑等全部文化遗迹，以毫米级精度虚拟在电脑里，使游客不进入洞窟现场就能欣赏精美的壁画、彩塑。我们的"数字敦煌"工程包括虚拟现实、增强现实和交互现实3个部分，集文化遗产保护、文化教育、文化旅游于一体，数字模型还可为文物考古、历史研究提供重要参考。

在抗击新冠疫情的关键时期，武汉大学地球空间信息团队联合中国电子科技集团吴曼青院士团队，及时对疫情发展、防控措施等进行综合分析和科学研判，向国家提出基于时空位置大数据开展公众疫情防控服务的建议：面对春节返程高峰、疫情重点管控区封城、大量商企停工等紧迫局势，地方乃至全国的经济发展将受到严重影响，急需发挥手机大数据的价值，以科学手段区分隔离、重点跟踪和无风险对象，为恢复社会秩序正常运转作贡献。在疫情得到基本控制的时候，国家对复工复产极为重视。团队还利用夜光遥感技术评估我国疫情期间的复工复产进展，发展了针对新冠疫情的夜光遥感数据挖掘方法，形成《夜间灯光遥感监测显示我国沿海三大城市群复工复产稳步提高》研究报告，为党和政府科学应对疫情提供重要科学支撑。

四、"东方慧眼"，遥感强国

为了验证天基信息实时服务技术的有效性，近年来，李德仁带领团队研制了珞珈系列科学试验卫星，从"珞珈一号"夜光遥感卫星、"珞珈二号"雷达卫星到"珞珈三号"智能遥感卫星，先后成功开展了轻小型化平台技术、低轨导航增强技术、雷达新体制成像、在轨实时处理和智能服务等相关试验，为通导遥一体化卫星星座系统建设奠定了重要基础。

2018年6月2日，"珞珈一号"科学实验卫星01星在酒泉卫星发射中心成功发射入轨，它是世界上第一颗兼具遥感和导航功能的"一星多用"低轨微纳科学实验卫星。通过夜光遥感相机拍到的武汉"夜景照"，道路和街区清晰可见。除了夜光遥感，该星还在国际上首次通过导航增强载荷，使用低轨卫星给中高轨运行的北斗卫星增强导航精度和收敛速度，为北斗卫星走向全球发展提供了支撑。

2023年5月发射的珞珈二号是全球首颗Ka频段高分辨率SAR科学实验卫星。对全天候运动目标检测和跟踪是它的一大创新。在洪水遥感观测中，它不仅能监测洪水淹没范围，还能实现洪水流场和堤防损毁溃口的监测。珞珈二号01星用于河北抗洪斗争中心,观测到一处堤防决口,发布预警当天完成6 300余人的转移,图片上水流清晰,可测出流速,精度令人惊喜。

珞珈三号01星,于2023年1月15日升空,将人工智能送上天,它是首颗互联网智能遥感科学实验卫星,特点就是"多模、智能、互联、开放"——首次搭载了具有面阵推扫、面阵推帧、视频凝视等多种成像模式的轻小型遥感相机,可依据用户不同需求提供单张图像数据、凝视视频数据、三维立体数据等多种类型的观测数据。它可以自动发现目标和变化,通过通信卫星和地面互联网,将信息在8分钟送到用户的手机。它提供的数据服务,在阿富汗、土耳其地震及中国西藏日喀则地震的抗震救灾中发挥了关键作用。

2023年5月21日12时15分,由李德仁徒弟龚健雅带领的武汉大学团队自主研制的"珞珈三号"科学试验卫星02星搭载快舟十一号运载火箭,在酒泉卫星发射中心成功升空,并顺利进入预定轨道。它创新性地打通了卫星与手机的双向联络,在手机上安装定制开发的智能APP,就可以像玩微信一样玩卫星了。

2024年,珞珈系列卫星珞珈四号01星等卫星,实现对地球表面的全区域、全天候、全天时的生态环境动态监测。

近些年,年过八旬的李德仁又提出一个令人称奇的设想:"通信、导航、遥感,这三件事全世界的团队都是分开做的,信息分离、服务滞后,有没有可能实现一体化?"在历经珞珈系列卫星技术攻关后,李德仁团队有了更宏大的计划——建设空天信息全球实时智能监测网"东方慧眼"卫星星座。他说:

现有的通信、导航、遥感卫星系统各成体系,各自孤立的运行和服务方式难以满足经济社会发展和国防建设的需求。我们要努力实现进一步的智能化,推动天上的通信、导航、遥感卫星"一体化"组网,把人工智能送上天,让天上有一个对地观测的"大脑"、一双"慧眼"。我们要打造全球覆盖、高效运行的通信、导航、遥感空间基础设施体系,支持生态气象、应急减灾、经济发展等多个领域的应用需求,为各个行业提供全面的空间信息支持,助力实现可持续发展和智慧城市建设。现在人人玩微信,将来就是人人玩卫星了。

2022年，武汉大学与山东省烟台市政府签署战略合作协议，共建"东方慧眼"智能遥感卫星星座计划，共同推进卫星遥感的商业化，"东方慧眼"智能遥感卫星星座项目论证工作全面展开。2023年4月，"东方慧眼"智能遥感星座一期工程正式启动。2024年2月3日，由李德仁担任首席科学家研制的"东方慧眼"星座首星——高分01星成功发射，遥感卫星与北斗卫星和中国通信卫星一体化连通，顺利实现业务化运行……李德仁说：

珞珈系列卫星成功发射实现了多模、智能、实时和开放，使得卫星遥感从服务政府、服务行业到服务大众的跨越。我们期待它的后续卫星"东方慧眼"星座形成产业联盟，引领我国商业遥感卫星的全球创新发展，创造万亿新质生产力。"东方慧眼"项目能帮助人们将地球上所有的地方都看得快、看得清、看得准、看得全、看得懂，能使中国进一步实现由航天大国向航天强国的迈进。

到2030年，我们预计发射252颗卫星，包括100颗雷达卫星、144颗高分辨率光学卫星、4颗高光谱卫星、4颗热红外卫星。这些卫星将形成一个"星网"，多角度对地面遥感，让我们的卫星对地球每一个地方都能看得快、看得清、看得准、看得全、看得懂。不仅如此，卫星使用成本也会更低，每个人都有望轻松使用卫星数据，从"玩微信"到"玩卫星"。为国家创造万亿级新质生产力，为人类社会可持续发展服务。

相信不久的将来，我们的头顶上都会有一颗"东方慧眼"星座卫星，它们将成为中国人发到天上去的"智慧的眼睛"，在太空中为你而闪。普通人可以用手机调用头顶的卫星，3~5分钟内就能看到自己想看的图片或者视频。

当今世界科技飞速发展，数字化技术日新月异，人工智能万物互联让我们的日常生活发生了天翻地覆的改变。5G正在逐步走入千家万户，改变人民的生活方式。5G给测绘地理信息产业带来了哪些机会？对我们的日常生活会有哪些影响呢？李德仁院士为我们解惑：

大家都认为第五代移动通信技术（5G）是万物感知、万物互联、万物智能的时代，5G会比4G的速度快10倍以上，大概可以达到40 Mb/s、100 Mb/s，根据需要甚至可以达到2 Gb/s的波特率。万物互联，就是所谓的数字孪生。什么叫作万物互联呢？我们可以把一个静态的地球数字化，放在网络空间。但是它不能反映现实地球中人的活动、汽车的运动、商品的运动，反映所有物体的产生、传输、生产和消耗。有了万物互联，就可以通过传感网/物联网解决，让所有在现实城市的人、车、物、商品，都能在网上有一个实时的反映。而这个反映，就是现实世界的孪生，称为数字孪生。把信息高速公路，加上空间数据基础设施，融合物联网、云计算、大数据、人工智能等技术，我们称这个为基于数字孪生的新型智慧地球、智慧城市。

随着5G时代的到来，人们的教育、娱乐、消费、活动，都有一个实时的、网络空间的、智慧的大脑来支持、调度、指挥和控制。5G给我们的生活带来了变化，包括人们的生活、生产、智慧制造等。智慧制造基于工业互联网的数字和智能制造，这样我们可以知道我买的这个商品订货开始，从何时开始，谁用什么原料加工成了满足用户个性化需求的高质量产品，并用物流送给用户。比如说我想要吃一块猪排，我就可以追溯到这块猪排是哪里加工生产的？哪一头猪？这头猪的生长过程中有没有生过病？这样我就知道，这块猪排到我这儿是否健康。将来整个过程是透明的、真实的、可信赖的，物流配送可以保证产品质量指日可待。这些都可以靠5G来实现。信号的传输都需要通过基站来进行，基站的信号覆盖范围和传输距离都受到各方面的影响。5G基站很短，对速度和频率要求高，这就要求建更多的基站，人多的地方才能建基站。地球70%面积是水和海洋，30%面积是陆地，而人类活动的地方都不到陆地面积的50%。山、沙漠、森林里面人烟稀少，基本不具备建基站的条件。6G就是通过卫星通信网来解决全球无遗漏的全覆盖、高通量、高质量的通信。5G走遍千家万户，但不能走遍世界各个角落。5G+6G就可以让高速的通信能力走遍千家万户、走遍全世界、遍布全世界。所以，我认为现在严格来讲应该是5G+6G时代，就是地域网和天网的集成，才能实现真正的全球万物互联。在这个过程中，人工智能中的时空智能可以发挥巨大的作用。由于它的数据通信量很大、延时很小，这种价值就可以得以体现，老百姓关心的智慧养老、智慧家居、智慧小区、智慧交通、智能驾驶，都应当在5G+6G时代去实现。5G+6G看上去是一个通信的革命，但它会带来整个智能化社会，把我们的现实世界在网络世界映射。到了那个时代，我们的测绘地理信息产业将会是专业测绘加众包测绘。每一个人的活动、每一部手机的位置、每一辆汽车的位置都是我们的测量数据。未来的智能化汽车上可以装有光学传感器、激光雷达传感器、北斗加惯导传感器、姿态传感器。通过手机连续记录的数据可以监测到一个人的活动，如果手机精度优于一米，就能通过传感器知道人的心理学、生理学、行为学，做智能推演，使人们更健康、愉快地生活、学习和工作。未来智慧地球和智慧城市的发展，将助力我们实现"两个一百年"的中国梦，同时推进人类命运共同体的建设，实现世界大同。

2024年11月，李德仁在武汉召开了时空智能国际大会，并用英语作了80分钟的报告"论无所不在的时空智能"，引领全世界测绘、遥感、地理信息界拥抱人工智能，推进全世界时空智能学在空天地海自然科学、人类社会科学和医学界的新航程。

浩瀚的星空之上，"东方慧眼"熠熠生辉，人类的探索将永无止境。"80后"院士李德仁还在为这"永无止境"高速运转着，他的征途就是宇宙的脉动，穿越时空，傲视苍穹！

2

谢礼立：风雨兼程上下求索 心系抗震朝夕不倦

想别人没有想过的事，
说别人没有说过的话，
做别人没有做过的工作。

谢礼立
2021-11-03

谢礼立：风雨兼程上下求索　心系抗震朝夕不倦

谢礼立，籍贯上海，出生于 1938 年 3 月，从少年时代开始酷爱读书，并逐渐养成不甘人后、急公好义的性格。1960 年，大学毕业后到中国科学院土木建筑研究所工作。他从研究实习员干起，逐步成长为助理研究员、研究员，后担任中国科学院工程力学研究所副所长。1984 年，研究所再次更名为中国地震局工程力学研究所后，他又先后任该所副所长、所长、名誉所长。他是中国工程院首批院士，先后被哈尔滨工业大学等国内十余所知名高校聘为名誉教授、兼职教授和讲座教授，以及担任清华大学、同济大学、天津大学、江汉大学等十余个国家或省部级重点实验室的学术委员会名誉主席或主席等职。

谢礼立院士是我国防灾工程和安全工程研究的开拓者之一，是国内外学界众多重要学术思想和理论的主要创建者，首次提出"最不利设计地震动""统一抗震设计谱""数字减灾系统""防灾减灾 ABC 和 4P-4R 理论""土木工程灾害""广义概念设计理论""韧性和韧性城市""基于性态的抗震设计理论和技术方法"等诸多重要思想和理论。

他曾于 1987 年至 1996 年连续 9 年被联合国两任秘书长聘为联合国国际特设专家组（UN Ad-Hoc Expert Group）专家和联合国科学技术委员会委员；他还先后被选为国际地震工程协会副主席，国际强地震学学会主席；他曾在 1987—2001 年被选为国际地震学与地球内部物理学协会执行理事，这是该国际科学组织成立 100 周年以来，第一位也是迄今唯一一位从事工程领域研究的科学家当选为该组织的执行理事。2008 年，谢礼立当选为国际地震工程协会的终身名誉理事，这是国际地震工程领域的最高学术荣誉和终身荣誉，他也是迄今为止被该国际学术组织选为名誉理事的唯一中国学者。

谢礼立院士于 2019 年受聘为江汉大学爆破研究院首席科学家，每年在汉工作时间不少于 8 个月，积极参加爆破研究院建设，助力精细爆破国家重点实验室和学校博士点的成功申报，并为江汉大学引荐四位优秀博士人才。他先后负责申报和承担了国家自然科学基金重点项目、国家重点工程项目、武汉工程院重点咨询研究项目，总经费达 1 000 余万元，在高影响因子期刊上发表学术论文 5 篇。此外，他还发起成立了精细爆破国家重点实验室土木工程灾害研究所，研发了强震断层模拟实验装置多套方案，完成江汉大学土木工程灾害实验室主设备招标工作。

采写人：汤蕾、王鹏。采访说明：2021 年 8 月 4 日、8 月 11 日和 8 月 18 日通过召开视频会议的方式对谢礼立院士进行了三次线上专访。同时，江汉大学人文学院 2017 级本科生李丽一并参与了访谈提纲准备及口述采访的音转文工作，江汉大学武汉研究院邹俊副研究员提供了指导。文中所有图片除标明来源者，其余均由谢礼立院士提供，一并表示致谢。

谢礼立院士 1986 年在中日地震工程交流活动中致辞

谢礼立院士和学生们讨论有关地震工程的基本概念

谢礼立院士 2009 年 5 月 9 日在"纪念汶川地震一周年"学术研讨会上作主旨报告

中国地震局工程力学研究所前四任所长合影，摄于 1991 年。前排：刘恢先院士（左），胡聿贤院士（右）；后排：谢礼立研究员（左），谢君斐研究员（右）

一、学生时代：青年立大志　读书成良才

学生时代的谢礼立就意识到，兴趣是最好的老师。通过兴趣增加学习动力，并在学习中树立自己的人生观与价值观。尽管求学的经历并不算一帆风顺，但谢礼立坚持学习，不懈努力，不仅取得了非常突出的科研成绩，同时培养了勇于创新、敢于吃苦的研究精神，这也为日后的工作打下了坚实的基础。

回忆起自己的成长经历，他谈道：

1938 年我在上海出生，父亲是一家银行的职员，因为抗日战争，银行整体分别迁往桂林、重庆等地，父母也随之西迁。我和哥哥因年幼留在上海由祖母照顾，直至抗日战争胜利。五岁时被送去上小学，那时候不懂事，不懂为什么要上学，学习也很不用功，上课不听讲，搞些小动作玩，一支笔一张纸可以玩几堂课，学业成绩很糟糕。整个小学阶段，就是稀里糊涂过来的，也不能说没学到东西，但确实很不用功，学习成绩也很差。我记得 1949 年小学毕业考初中的时候，我的数学成绩，按百分制计算只得了 14 分，幸运的是学校不管学生考多少分，一般都会录取，因此，我也顺利上了初中。

到了中学，便开始懂事了。我记得初二时，有一门课叫初等代数，学到因式分解，老师教得很生动，从一个式子变到另一个式子，好像在变魔术，让我对数学产生了兴趣。后来又接触到几何、物理、化学，这些学科都是一个问题出现并解决后，又产生新问题，如此环环相扣。慢慢地，我对学习有了兴趣，甚至渐渐开始着了迷，不由得希望了解更多的东西，掌握更多的知识，愿意多读书，所以每次上课之前我会先了解一下老师又会讲什么。一到星期天，我一定会去附近的新华书店，翻看各种各样自己感兴趣的书籍。在课堂上每当老师提问时我就会抢着回答，回答对了得到了老师的表扬，心里就美滋滋的很高兴，一旦答错了就很沮丧，特别是遇到其他同学能回答我却回答不了的问题时，会感到不是滋味。逐渐，我发现自己在学习中产生了新的性格特点，在潜意识中萌发了强烈的好胜、争第一的品性。也因为这个原因，更加促使自己不断努力，不仅要能回答问题，而且一定要比别人回答得好。特别是我还会经常给老师提一些问题，颇得老师的欣赏。

我上小学时，尽管不爱上学，学习成绩也不好，但是很喜欢听老师讲故事，特别是历史故事，如《三国演义》《封神演义》等。到了中学，我也看了一些小说，中国的如《西游记》《三国演义》《水浒传》，外国的像大仲马、小仲马、狄更斯、巴尔扎克等人的书，如《三剑客》《基督山恩仇记》[①]《茶花女》《雾都孤儿》《高老头》等，它们慢慢促使我的性格形成一种新的特点，比较崇拜讲义气、讲信用的侠义思想和侠义人物。

我在小学、中学，特别在中学时形成了性格中的三个方面：第一，因好奇对学习有了兴趣；第二，因好胜慢慢形成了争第一的思想；第三，重侠义，做人处事讲信用、讲义气。

临近高考时，我的很多老师，特别是数理化老师都建议我选读理科，考物理专业，加上自身也对理科很感兴趣，所以在填写高考志愿时我毫不犹豫地选择了核物理和核工程物理专业，报考的学校志愿第一是复旦大学，其次是清华大学，再次就是北京大学。我记得，当时填报高考志愿时，规定要填报十个专业，所以我填报的最后一个志愿是天津大学的市政建设类。之所以报考这个专业，是我有一个从未谋面的亲戚从国外回来后，在天津大学建筑系任教，从事土木建筑教学和研究，而且很有成就，当时可能受到他的影响。没想到后来被这个专业录取了，以后的人生也与这个专业结下了不解之缘。

谢礼立在祖国发出"向现代科学进军"的号召激励下，在杰出科学家的感召下，树立了自己的人生目标。在特殊年代，他的学业也受到了影响，但他始终想方设法"挤"出时间坚持读书学习。在校期间，他不仅本科学习成绩优异，而且还成为全校为数不多的完成教师进修班学业并考试成绩名列前茅的人。他回忆道：

我是在1955年秋天上大学，而且被分入市政建设类的土木工程系工业与民用专业。大学第一年，我对"土木"这个专业很不了解，觉得没啥意思，平时学习马马虎虎，对学习成绩也很不在乎，心想只需在临近考试时抱佛脚，对付及格就行。

在大学一年级下学期，也就是1956年上半年，有一次钱学森到天津大学访问，并给全校师生做报告，给我留下了非常深刻的印象。大家对钱学

[①] 最早译为《基督山伯爵》。

森都很崇拜，对他报告的每一句话都仔细聆听。他在报告中讲了自己怎么念书，怎么搞科研，指出当前哪些科学问题很有前景，值得我们很好地研究，而且特别鼓励搞土木和机械的学生要立志向科学技术领域进军。通过这次报告，我决心要向老一辈科学家学习，以他们为榜样。

同年，国家发出了"向现代科学进军"①的号召，非常重视知识分子和科研工作。整个校园也都充满了科研氛围，学校向全校师生提出了"安钻迷"的口号要求，倡导大家安心学习，要有钻研精神，要迷恋科学。学校和系里还组织成立了"学生科学协会"和"学生科研小组"，鼓励学生搞科研。在这样的环境熏陶下，我开始思考人生意义，也逐渐确立了学习的目标，要像老一辈科学家那样为社会、为国家、为人民作点贡献。看清了学习的目标，我提醒自己应该抓紧一切时间学习更多的知识，特别是因为过去闹专业思想，浪费了不少时间，今后一定要更抓紧时间学习。

与此同时，学校将一百多位各系各专业比较优秀的助教提升为讲师，并在校内给他们举办师资进修班，每周大概要上20节课。学校请了国内最著名的专家以及在华的苏联专家来校授课，讲解现代最先进的科学技术和最重要的基础理论知识，开设包括实变函数、复变函数、高等理论力学、高等动力学、高等结构稳定理论等比较高深的课程。当时，一位跟我熟识的老师告诉我这个消息，我很心动，希望也能有机会当旁听生进班去"蹭课"，但是也有些犹豫，因为进修课程的时间安排与我本科课程时间有冲突，可这个机会对我来说吸引力太大了，我就鼓足勇气向系里的老师和领导反复请求，并保证一定不影响现有的课程学习。后来，经过多方研究，他们认为我的基础还可以，答应让我听课，但前提是不能影响我正常的本科课程学习；一旦碰到与本科课程时间冲突的情况，可以先参加"师资进修班"的课程，之后必须补上本科的课程，对于实验课，也要利用课余时间到实

---

① 1956年，中国社会主义事业的急速发展使党中央认识到科学知识的重要性。1月14—20日，中共中央在北京召开了关于知识分子问题的会议，为了最充分地动员和发挥现有知识分子的力量，周恩来总理在会上发出了"向现代科学进军"的口号。此次会议及其相关决议对调动广大知识分子的积极性，在全国掀起科学技术热潮，产生了重要的影响。详见中国科协调研宣传部、中国科协创新战略研究院编《中国科技人力资源发展研究报告2014：科技人力资源与政策变迁》，中国科学技术出版社2016年出版，第158—159页。

验室补做实验，补交实验报告。就这样，我花了整整一年的时间参加这个进修班，后来因为学校里政治活动比较多，能坚持下来的老师很少，不到十几个人，能全程参加课程学习和考试的就更少了，而我一直坚持到最后，并参加了结业考试，考试成绩也名列前茅，同时，我的本科课程也基本没有耽误。这样，我对学习越来越有兴趣，也越来越自信。

只要有机会就读书，只要一有空，我就偷偷跑到学校里基本上没人去的几个地方看书。也就是这样，我一直将这种"地下学习"的方法坚持到大学毕业。我是新中国第一批本科五年制学习①的大学生，1955年入学，1960年毕业，在这五年学习期间，我的学习成绩全部是优。

在大学期间，谢礼立的工作能力得到了充分锻炼，也崭露出其卓越的组织和协调能力。这些，对他的成长有着深远的意义。他很有感慨地说：

到大二下学期，正赶上国家搞"大跃进"大炼钢铁的特殊年代，系里的辅导员动员我当班长，当时我并不愿意，但是又拗不过学校和系里的团组织、辅导员反复做工作，也就不得不当。我从大学二年级下学期起一直到毕业都担任班长，而且干得还不错，我们班经常被学校评为最佳班级，甚至被评为天津市先进集体。

这段经历对我来讲最重要的收获是什么呢？尽管我一开始心里很不愿意，但是经历了这个过程使我有机会遇到各式各样的挑战并接受锻炼，学到了许多从书本上无法学到的东西。首先，知道怎样和周围的同学、老师打交道，怎么与部门和上级领导打交道，怎样把会议组织好，怎样动员和组织全班同学按照上级部门的要求去完成工作，怎样协调和其他班级的关系等。其次，每件工作都有不同的特点，我需要根据不同的特点安排好各项工作，厘清问题以及注意事项，此外，还要合理分配时间、提高效率，这些对我的组织能力、思维能力、全面考虑问题和解决问题的能力，都是一种挑战和锻炼。我逐渐从一个只知道学习的"单纯"学生，到后来成长为能够处理好自己与周围关系的"社会人"。我会既考虑作为班长必须要组

---

① 1955年5月，中华人民共和国高等教育部出台规定，要求全国高等工业学校自当年秋季起逐步由四年制改为五年制，为此，其组织力量按类分批集中修订高等工业学校的专业统一教学计划。7月6日，高等教育部又发出《关于高等工业学校改变学制应注意事项的通知》，明确当年9月开展此项改制工作。详见刘光主编《新中国高等教育大事记》，东北师范大学出版社1990年出版，第86—88页。

织全班去完成任务,也要考虑到大家的意愿和需要,使自己能融合到集体里面,带领大家一起做事情。我从原来不愿意搞社会工作,到后来意识到承担一些社会工作对我的成长弥足珍贵,不可缺少。

1959年我读大四,也刚好是新中国成立十周年,当时全国兴起向国庆十周年献厚礼的活动。新年伊始,校党委发出号召,要求全校师生用科研成果向国庆节献礼。于是,系里把我调出来,加上机械系的两位同学组成三人小组,并由我当组长负责从事向国庆献礼的科研项目。

做什么题目呢?正好学校里有一位留学苏联刚获得副博士学位回国的老教师,他告诉我们在苏联见到一种测变形的仪器,称为"气动引伸仪(Пневматический прибор)",他建议我们把这个仪器的样机做出来,作为国庆十周年的献礼项目。

经过三人小组一个月的调研,我们初步搞清楚了所谓的"气动引伸仪"的原理和研发的技术路线:通过研制一种能发生稳定气流的仪器,将稳定的气流吹到受力物体上,当物体受到外力作用发生变形时,就会改变气流的压力和速度,我们再根据测出的气压变化值,推测出受力物体的变形大小。

经过昼夜奋斗、持续攻关,我们反复设计、加工、试验,不断修改模型和仪器,经过将近十个月的努力,终于把样机做出来了。虽然它比较粗糙,但是测试效果非常好,经学校鉴定认为基本达到国庆献礼的要求,所以学校就把这个项目报上去了。最终,这个项目被教育部批准采纳,并在北京举办的向国庆十周年献厚礼的成就展览会上展出,我也因此被评为"社会主义建设积极分子"。对我来说,这段经历锻炼了我,虽然遇到很多困难,有时也感到很困扰、无助和郁闷,但也从中学习到很多新的知识,提高了解决问题的能力,尝到了成功的喜悦,很满足,也很有成就感。

临近毕业时,根据系里公布的方案,毕业去向可以有多种选择,一个是留校当老师从事教学工作,一个是到设计院搞设计,还有一个是到大庆的建筑工地当技术员,建设石油城。当时是1960年,正值大庆处于大规模建设初期,迫切需要大学生,我们毕业的同学有将近三分之一都到大庆去了。出于对新油田的向往,我也第一志愿申请去大庆工作。当时虽然也希望能留校或去科研单位,但由于竞争激烈,并不抱多大希望。就在这时系里领导突然找我，说位于哈尔滨的中国科学院直属单位土木建筑研究所需要人，他们觉得我比较合适，为此征求我的意见。我听到是去做研究，同时明确得知到那边当研究生，心里高兴得不得了。那时候新中国虽然有研究生制度但没有学位制度，没有学士、硕士、博士学位，当研究生也就是毕业后有一个研究生学历而已。[1]但是，我依然很高兴，因为我最大的愿望就是能有机会多念书。因此，当时没有任何顾虑，没有想到东北有多困难、多寒冷，也根本没想到远离家乡上海以及天津等大城市有多可惜，就高高兴兴地去了。

二、参加工作：从零开始　专心成事

刚本科毕业的谢礼立原本是去继续读书深造，没想到却被安排直接参加工作，研究方向也与本科所学不同。面对突如其来的变故，谢礼立选择从零开始，克服一个又一个难关。意外的遭遇，不寻常的挑战，对他来说竟成了难得的机遇。正是凭借这种坚忍不拔的毅力，促使他将挫折转变为优势。他深耕地震防灾领域，工作短短几年就颇有建树，并取得了地震研究中的重大发现，由此获得了上级部门和领导的高度关注，也为他的学术之路打开了一扇新的大门。回想过去，谢礼立说：

在分配到这个单位之前，我被告知是给当时的所长刘恢先教授当研究生。刘教授早年留学美国，1939 年在美国康奈尔大学取得博士学位继而又在美国工作，新中国成立后成为第一批回国人员并分配到中国科学院任职。当我正式报到后，刘恢先所长却建议我放弃读研究生，直接从事研究工作当研究实习员[2]。当时我想，当研究实习员也不错，都是一样搞研究，仍有机会多读书，而且每月工资还能比研究生稍高一些，所以也就点头同意了，

---

[1] 新中国成立后，曾于二十世纪五六十年代有过两次酝酿建立学位制度，但由于受到极左思潮的干扰，没有能够付诸实施，直到 1981 年 1 月 1 日《中华人民共和国学位条例》的正式实施，才标志着我国现代学位制度的建立。详见骆四铭著《中国学位制度：问题与对策》，华中科技大学出版社 2007 年出版，第 14—15 页。
[2] 研究实习员是我国研究单位里最低的职务，相当于高校教师中的助教。

但分配到的具体任务却使我大失所望。所长对我说："所里当前最缺的是电子仪器，尤其是积分放大器和直流放大器，国内买不到，又没钱向国外买，你在大学研制过仪器，现在你就去研制这两个仪器吧。"我听了顿时全身冒出冷汗。我暗暗思忖，我的专业是土木工程，对力学又情有独钟，而积分放大器、直流放大器属于无线电电子学领域，对此我一窍不通。于是，我鼓起勇气和所长商量希望从事专业相关工作，可他坚持认为，仪器设备的匮乏是开展研究的最大难题，如果我们自己不做，研究就要中止，因此，他建议我安心于此。在万般无奈而又别无选择的情况下，我也只能硬着头皮，抱着试试看的态度默默接受了安排。这无疑是我高中毕业参加高考以来遇到的第二次挫折。

从此，我就白天一手拿着电烙铁一手拿着电子管，焊了拆，拆了再焊；晚上自学无线电电子学，前前后后折腾了将近一年半的时间，终于把与电子仪器有关的知识搞清楚了。各种放大器的制作、电子线路设计、焊接制造、钣金加工、仪器面板设计以及仪器定量的方法和步骤等，我也基本都学会了。参加工作后我不得不从最初的土木工程"研究生"变成了学做电子仪器的学徒工，但我学会了无线电电子学，也学会了设计、制造和使用仪器。

1962年我国广东省河源县[①]发生6.1级大地震，震中正好位于刚刚建成的、高度超过百米的新丰江大坝坝址附近。地震导致混凝土大坝在坝颈处产生了一条明显的大裂缝，如果引起溃坝，直接影响下游城市的安全，危害很严重。因此，大坝今后的安全就成为中央和地方政府震后最关切的问题。因为我懂仪器，就又被调去研究新丰江大坝，要通过室内模型实验来研究新丰江大坝在经历地震并出现裂缝的情况下怎样确保大坝的运行安全。当时研究所的大部分科研人员，特别是有成就的科研人员都从事理论研究，对动手做实验都敬而远之：一是因为不熟悉电子仪器设备；二是因为做实验需要花费大量时间用于选备模型材料、做设计、制作模型、搞测试、整理数据等重复性劳动上，而且要不分昼夜地做试验，他们担心出不了成果；三是，这是一个新的研究领域，必须放下已经熟悉的工作再另起炉灶，也会影响出成果。但对我来说，因为刚参加工作，没有这些顾虑，

[①] 1988年改为河源市。

当然最重要的是无法选择，只能认认真真地边做边学。这又是一次突如其来的工作变动，对我来说又是一次严峻的挑战，我从一无所知的模型相似率、模型材料开发、模型设计和制作、实验数据采集和分析、实验误差控制和处理开始，一步一步地学习、运用，将实验结果推演到真实结构，最后对已经受地震破坏产生裂缝的坝体能否安全运行进行分析，直到获得满意的研究成果。

时隔不久，1965年和1966年，我国新疆乌鲁木齐市和河北省邢台地区又分别发生了大地震。特别是1966年3月8日清晨发生在邢台的大地震因为震级大，又发生在人口稠密、交通不便、房屋质量很差的农村地区，伤亡人数多，经济损失大，中央和地方政府都很着急，急需专家到地震现场去工作。但是当时国内没有专门研究地震灾害与防御的科研单位，国务院就临时决定从中国科学院抽调出六个直属研究所和一个新技术局，专门从事抗震防灾的研究。因为我们研究所的研究方向是抗震、抗爆，所以，我们也被紧急指派到地震现场去"救火"。

因为我懂仪器，是新职工又是单身，无疑是派往地震现场的最合适人选，任务是带着仪器去现场观测地震，收集地震的资料和建筑物被破坏的数据。那时，我对地震及其发生规律也基本一无所知。在现场我也只能一边用仪器对频繁发生的余震进行观测，一边从头开始学习地震和建筑物在地震作用下遭遇损坏的知识。与此同时我也结识了一批专门从事地震科学研究的"小兄弟"，如陈运泰、陈颙、姚振兴等，和他们混得很熟，我们之间从不缺少争吵和调侃，但也成为无话不说的好伙伴。后来他们也都很有出息，一个个地被选为中国科学院院士。

当时我们住的是帐篷，大地荒野就是我们的卫生间，吃的是救灾粮加咸菜，偶尔也会有一盘大锅菜。从3月初开始，我一直在地震现场住了近半年时间。刚开始时，天气还很冷，因为住帐篷，采用煤球炉取暖，有一次不小心我还居然煤气中毒了。人昏昏沉沉的，于是大家急忙把我送往医院，才知道是煤气中毒，换一个环境，呼吸一下新鲜的空气，回来后又继续工作。

邢台地震后周恩来总理直接挂帅领导邢台地震的防灾救灾工作，他多次亲临地震现场，也到我们工作和居住的帐篷里来视察工作和看望我们，让我们备受鼓舞。虽然条件很艰苦，但大家从来也不觉得苦，都感到责任重大任务光荣，要好好地完成工作。

等到 4 月下旬，周总理作出指示，意思是说大地震给我们造成了这么大的损失，我们也投入了这么大的力量进行救助，不能只给后人留下地震灾害的记录，更要把我们观察和研究到的有关地震发生的规律，以及抗震防灾的经验和教训记录下来，留给后人。这是很重要的指示，也符合大家的心意。按照周总理的指示，当时的国家科委[①]立刻安排在五一劳动节期间召开邢台地震科学讨论会，组织各方面的科研人员，特别是深入地震现场的科研人员总结邢台地震中的科学发现，以及抗震救灾、恢复生产的经验和教训。

我们小组通过自己的仪器观察到邢台地震时地表振动的两个现象，都是科学界较为关注但又都从来没有得出结论的热点问题。一个就是，大家普遍认为地震时几百平方米的范围内地表振动都会比较均匀一致，而我们观察的结果发现，即使在很小的若干平方米范围内，地表振动都很不均匀，有的甚至有很大差异；另一个就是，我们发现建筑物对邻近的自由地表上的震动有很大影响。让我没想到的是，正是这两个不经意的发现，被专家们，特别是我们研究所的刘恢先所长认为有较大科学意义，被直接选在上述会议上宣读，而且被安排在大会开幕式上宣读。

更出乎意料的是，在开幕式结束前，大会主席，当时的国家科委武衡副主任宣布周总理要在会议结束当天于中南海怀仁堂接见参加会议的全体科研人员，当时我们都很激动。

会议结束当天，参加会议的二百多位代表都到了怀仁堂，总理、副总理，国家科委主任、副主任，还有几个从国外回来的老专家，都是学部委员级的科学大家，比如李四光部长、我们所的刘恢先所长、地球物理研究所的顾功叙所长和傅承义主任等也都悉数到场。开会之前，会议组织者突然提出希望能有一位在地震现场工作的科研人员也坐到主席台上，以便直接回答周总理可能会问到的有关现场科研工作的问题。经过紧急磋商，领导们指定我坐到主席台上。结果，总理听了台上专家和领导们的汇报十分

[①] "国家科委"：中华人民共和国国家科学技术委员会的简称，1958 年正式成立，曾是中国国务院组成部门之一，负责管理国家科技事务。1998 年，改名为中华人民共和国科学技术部。参见张应吾主编《中华人民共和国科学技术大事记 1949—1988》，科学技术文献出版社 1989 年出版。

满意，就直接向与会的科研人员和工作人员发表了重要讲话和指示，自始至终也没问及需要由我直接汇报的问题。这真是一次意外的好运，让我有机会近距离见到了敬爱的周总理，近距离聆听总理的指示。

面对时代变革的大潮，为了在学术领域更好地赶上世界水平，谢礼立开始刻苦自学英语，并自创了一套"内存"学习法。通过勤奋学习和积累，他可以用英语和国外同行顺畅交流。他告诉我们：

我学外语的过程也很曲折。一方面，我在上海念中学时学的是英语，学得还不错，因此我们老师经常夸我，说我是"English Dictionary of Our Class"（我们班上的英文字典），就是说，提到一个中文词我马上会把它的英文单词讲出来。但是到了大学以后，我学了四年俄语，而且学得也不错，但把中学学到的英语全扔了，忘得干干净净。后来中苏关系恶化，加上"文化大革命"，连俄语也学不成了，几乎"两者皆被抛"了。一直到1974年，我想到过去的十年间国际学术交往比较少，科研水平大大落后，将来如果有机会恢复正常科研工作，外语应该是一个很重要的工具。于是，就在全社会大搞批林批孔时，我开始自学英语。

当时恰好哈尔滨人民广播电台①每天播放五次英语教学节目，最早一次是早晨四点半，另外时间如早晨六点、八点半、中午和晚上都有。当时也没有录音机，我就用半导体收音机收听。它一天重复播五次，我就听五遍，从头开始跟着学，从ABCD字母发音学起，学了将近两年多，就把英语基础知识都捡起来了。后来，1978年召开十一届三中全会以后，国家实行改革开放，我们与世界各国开始接触，学英语的风气也开始盛行。经常有外国代表团来我们研究所访问，也经常和我们通信，特别是以前从国外留学归来的学者，他们经常与国外学者收发传真或信函开展交流，那时我感到仅仅靠电台学英语远远不够，就暗下功夫死记硬背专业方面的英语单词和句子。

对于英语学习，我曾和很多人一样，从中学就学英语，但学了很长时间，还是听不懂别人说什么，更不会讲，也动不了笔，连一个借条都不会写。因此，我一直在思考即使没有语言环境怎么能把英语学好。

受到计算机构造和工作原理的启发，我发现了问题的症结所在。如果用电脑系统来比喻人脑，在缺乏良好语言环境的情况下，过去很多人把学到的英语知识都存放在电脑的"硬盘"里，而没有存到"内存"里。所以

---

① 现哈尔滨广播电视台。

我们每到用英语、讲英语的时候，首先想中文意思，然后翻译成单词，再按照英文的文法组成语句，最后再用英文表达出来，而这些单词、文法都在"硬盘"里，需要我们在"硬盘"里到处找，反应很慢，而且还经常找不到，等到找到了，人家十几句英语都讲完了，这样自然就跟不上，听不懂，也讲不出来。如果能把英语学到"内存"里，等到要用时就不用再到硬盘里找，自然就能"出口成章""下笔成文"了。

那怎么才能把英语学到"内存"里呢？唯一的方法就是背，把句子背得滚瓜烂熟。所以，那时候我花了大量时间背单词、背句子，甚至将国外发来的典型书信、传真电文都抄录下来一一背熟。怎么背呢？我把英文写在一个本上，把对应的中文写在另一个本上，然后对照中文背英文，而且是反复背。有时候我也把中文本交给他人，把英文本交给另外一个人，其中一个讲中文，我马上说英文，然后另外那个人用英文本来检查。

那个时候，只要有空随时都在背英文。我经常去北京出差，平时没有时间，一到周末和节假日我就到首都体育馆对面免费对外开放的紫竹院公园背英语。我背上书包，装一瓶水，带两个干面包或者干馒头，从招待所的食堂里买点咸菜，从早上6点到晚上8点就在那里背英语，一直背到滚瓜烂熟。我规定自己一个星期要背100句，下星期再背100句，当我背第二个100句时，很可能忘记了前面背的60%，但没关系，我再重背，第二次背完之后可能还会忘记30%，再进行第三次背诵，反反复复，终有一天能够完全记住。到用的时候，信手拈来，无需再想，这就达到了把学到的知识存到"内存"的目标。

有一段时期，我们所长经常让我用打字机将他给国外学者的英文手写书信打出来，因为我已经把国外书信的各种范句背得滚瓜烂熟，所以我在打稿时，常常对原文做些改动。所长看了后经常对我的改动表示赞赏，说我改得好。他很好奇地询问我的英语在哪里学的，说我写的英文很地道。我说我都是"抄袭"别人的，是从反复背诵外国人写的书信和文章中"剽窃"的。

我背英语前前后后大概有30年了，一开始背《英语900句》，后来背诵各种各样的情景会话，背了会忘，忘了再背，反复忘，反复背，最终达到想忘也忘不了的程度。这个习惯我一直坚持到现在。

改革开放初期，1980年，我被派到美国参加为期一年的中美地震科研合作项目。对方的合作单位有三个，第一个是位于洛杉矶的南加州大学（University of Southern California），第二个是位于帕萨迪纳的加州理工学院（California Institute of Technology），也就是钱学森学习和工作过的地方，第三个是位于加利福尼亚州门罗公园的美国地质调查局（US Geological Survey），是政府的研究机构。在南加州大学的合作伙伴是地球科学系的邓大量博士，来自我国台湾省，虽然是第一次见面，但感到很亲切，所以我就跟他讲中文，但他马上用英语提醒我在这种场合讲英语，有助于快速提高英语口语能力。在邓教授的建议下，我也马上改用英语和他交流。经过一席谈话，他很高兴，后来又把他的秘书和同事找来，一一向我介绍。等我晚上回到住处，很多来自我国台湾的留学生特意来找我，因为听他们老师说，大陆来了一位学者，英文讲得比他们都强，特意来拜访。这说明我的学习方法还是有效的。当时国内刚改革开放不久，到处都开办了许多英语班，有初级班、中级班和高级班，而我没有时间参加，完全靠自学，只因为花了大量工夫把外语学到"内存"中，才能够"活学活用"，顺利进行交流。其实要学好任何知识也都应该把最重要的那部分学到"内存"中，当然也不是完全靠死记硬背，还需要把知识搞懂吃透，才有助于记忆。

　　机遇总是留给有准备的人，1987年，谢礼立陪同领导参加国际研讨会，会上他的发言引起了会议主持人的注意，这是他成为联合国专家组成员的契机。回忆起当时参加国际研讨会的情景，他记忆犹新：

　　　　1987年，我们所的老所长，中国科学院学部委员刘恢先教授，收到了美国科学院院长弗兰克·普雷斯（Frank Press）教授的一封邀请函，邀请他出席由美国科学院举办的有关防治自然灾害的国际合作研讨会议。在出行前，上级部门，当时国家地震局的领导考虑到：刘恢先所长已经75岁了，年事已高，出这么远的门，有点不放心，希望能找个懂业务熟悉外语的年轻人来全程陪同、照顾他；另一方面，也想趁这个机会让年轻人出去见见世面。当时我算是"年富力壮"的，就被指派担任这个全程陪同的角色。到了美国以后，我们才发现还有不少其他国家的专家也都来参加会议；更发现收到邀请来参会的中国人也不只我们一家，还有从事其他灾害防治工作的，如研究滑坡、泥石流等气象灾害的中国专家也都赴会了，不过作为陪同参加会议的也就只有我一人。为了这次讨论会，各位专家都做了非常充分的准备。会议正式开始时，会议主持人，时任美国科学院院长的弗兰克·普雷斯明确提出会议的重点，是要讨论怎么在联合国的框架下开展防御自然灾害的国际合作，而不是讨论各个国家的具体灾害形势，但是因为之前不了解这个主题，许多到会的专家还是按照原来的准备就本国的灾害及应对情况做了报告。在到会的所有专家做完报告后，主持人看着手中的名单注意到我还没发言，也许是出于礼节原因对着我说："还有一位 Dr.Xie，你还没发言，是不是也讲几句？"当时我感到很惊讶，我只是一个陪同人员，根本没作发言的准备，但是我也知道这种情况下如果摇头不发言，或者笑而不语都十分不礼貌。我十分无奈地先站起来表示感谢，然后在没有稿的情况下做了发言。我对这个会议的初衷给予了高度评价，并对全世界联合起来搞防灾的合作提出了自己的看法。会议结束后照例是吃工作餐，会议主持人弗兰克·普雷斯派助手邀请我到他的座位边就餐，我们边吃边讨论的时候我又拓展地讲了自己的观点。

会议结束大概七个月后，我于1988年6月收到了来自我国驻联合国代表李肇星先生转来的时任联合国秘书长德奎利亚尔博士发给我的邀请通知，通知里说：联合国决定从1990年开始，要开展为期十年的"国际减灾十年"活动（International Decade for Natural Disaster Reduction，IDNDR）。为了能够开展这个活动，联合国秘书长决定邀请全世界25位专家组成特设专家组，专家组组长由美国科学院院长弗兰克·普雷斯担任，并期待我能接受他的邀请担任联合国特设专家组专家。当我接到这份通知时，简直不敢相信自己的眼睛。最后请示研究所的党政领导，他们将这个情况上报给上级有关部门，包括中国地震局、国家科委、外交部的相关领导直到国务院秘书长，请示他们的意见，对于这个邀请该不该接受，应持什么态度参加。得到的是一致的批复：应该接受、必须参加，而且要好好参加。这样我就接受了这个邀请，成为这个专家组的成员。

三、痴迷研究：矢志创新立业　践行科学报国

六十年的耕耘，谢礼立院士在三大研究方向上硕果累累，被誉为学术上的领路人。他用形象化的描述，通俗却又贴切地解释了地震防灾研究的

思路与理念，受到全国乃至全世界业内的认可。他也是第一个提出"土木工程灾害""韧性城市"等思想和理论的科学家。此外，谢礼立非常重视科普工作，撰写过两部科普著作，对全社会共同抗震救灾做出了巨大的促进作用；另外谢礼立院士主讲的《地震本不该是灾害》科普系列讲座，好评如潮。说到这些斐然的成绩，他谈到：

最开始，我工作的单位叫中国科学院土木建筑研究所，从1961年开始，它改名为中国科学院工程力学研究所，将研究重点放在固体力学的两个方向，第一是抗震，第二是抗爆。因此，我们所的研究方向从原来的土木建筑转变成抗震抗爆。具体来说，就是研究工程房屋建筑和基础设施，包括桥梁、隧道、大坝、公路、铁路、电站、医院、高层建筑以及军事设施的防震抗爆问题。

我的研究领域是地震工程，主要涉及三个大的研究方向。

第一个研究方向叫作"工程地震"，就是研究地震为什么会造成房屋建筑以及基础设施等工程发生破坏和倒塌。好比我们要研究新冠病毒，地震就像病毒，我们要研究为什么新冠病毒会使人类受到感染、病毒是怎么攻击感染者的器官导致病人重症甚至死亡，它的厉害之处在哪里。病毒会变异，地震的破坏作用也会变异，同样的地震，遇到不同的地形，不同类型的建筑物，它的破坏强度也会随之而变，这都是工程地震需要解决的问题，就是把地震导致建筑物和工程破坏的"凶手"找出来。

第二个研究方向叫作"工程抗震"，指研究工程和建筑物抗御地震破坏的能力。还是以新冠病毒来举例：首先，戴口罩、勤洗手，防止感染，相当于我们的"隔震"；对已经感染的要减轻症状，尽量不发生重症和死亡，相当于我们的"减震"；最后就是怎么能增强人体的免疫力，不受病毒感染，感染后也能很快康复，相当于"抗震"。隔震、减震和抗震我们统称为工程抗震。工程抗震要解决的问题，通俗说法就是建筑物一旦受到"地震病毒"的攻击，怎么对付地震这个"凶手"。

第三个研究方向叫作"工程设防"，就是研究如何增强建筑物和基础设施的隔震、减震和抗震的能力。房屋建筑以及基础设施花样、种类很多，应用范围广，它们的抗震能力也千差万别，对人类和社会经济的影响也有很大的差别；除此以外，不同的工程所在地区的地震环境也有很大差别，有的位于强地震区，有的位于弱地震区，有的位于无震区；工程设防就是针对不同的工程以及工程所在的地区采取不同方法来增强工程的抗震能力。这也是一个十分复杂的问题，它不能像对付新冠病毒那样通过"封城""封区"和"隔离"来防御，既不能过度设防，导致资源的浪费，更不能设防不足，导致无法挽回的生命财产损失，甚至给经济和社会发展带来十分严重的后果。一句话，"工程设防"是专门研究防灾效益，使防震减灾效益最大化的科学问题。

我们的研究领域涵盖了上述三个方面，找出"凶手"、对付"凶手"，措施要高效、优化、精准，而且每个方面的复杂程度都非常高。

关于第一个方向，大家知道一旦发生地震，首先会引起大地的地表产生强烈的震动，在专业上称之为地震动。强烈的地震动势必会引起耸立在大地上的建筑物和各种基础设施的强烈震动，导致在建筑物内产生巨大的横向（即水平方向）作用力和横向变形。一般来说，建筑物能很好抵御竖向的外力和变形，而对横向的外力和变形，其抵抗力很脆弱，所以一旦发生地震，建筑物和各种土木设施就容易遭受损坏，甚至严重破坏直至倒塌。

地震时产生的强烈地震动是一种十分复杂的运动，它由许多物理参数构成，在这些参数中到底哪一个或哪几个参数扮演最关键的角色呢？这是科学家和工程师们最关心的问题。在工程抗震的历史上，科学家都认为1906年美国旧金山地震是现代地震工程科学的发轫期，它到现在为止已有将近120年了。在这100多年的时间里，全世界已有80多位著名科学家和他们的团队前赴后继地从事这项研究，也提出了好几种假说和技术，但是基本上都没有彻底解决问题。我们对这个问题的研究也有几十年了，直到最近为止，似乎出现了一些能取得突破的苗头，目前我们还继续从多方面验证我们的结论和方法的正确性和可靠性，在没有获得100%的把握前，绝不会轻易发表。

对于第二个方向，即工程抗震问题，我们提出了首先要搞清工程结构破坏机理的"标志"：能够在实验室里"重现"土木工程结构的地震破坏现象。比如说地震发生了，大量建筑物被破坏，那么如何能够在实验室中重新模拟呈现现实环境中发生的破坏现象？假如能"重现"，就可以认为把破坏机理搞清楚了。但要在实验室里"重现"土木工程的地震破坏现象非常不容易，不仅要做大量的建筑物模型来反复试验，需要耗费大量财力和时间，而且也根本无法模拟出真实的地震。为了解决这个难题，早在20世纪90年代我提出了一个方法，即"数值模拟+VR技术"。之后它很快就被大家接受了，尤其是被我们国家很多优秀的科学家接受了，国家自然科学基金委也接受了。根据我的设想，我们正在推广、加速数字模拟方法在工程抗震中的运用。

2002年，国家自然科学基金委根据这一设想，组织了一个重大研究计划，前后投入了近两亿元，持续了12年。这是国家自然科学基金委成立以来，在土木工程领域第一次也是到目前为止唯一一次花费这么大的资金来专门做这件事情，极大地推动了整个地震工程和土木工程学科发展。

在第三个方向工程设防问题上，我们发展和完善了一套完整的基于性态的抗震设计理论和方法，并以此为基础编制了我国第一部基于性态的工程抗震设计标准[①]，并且在2015年获得了国家科技进步奖一等奖[②]。

"土木工程灾害"理论的提出也是我研究生涯中值得一提的事。

这个理论涵盖了几个内容：①它对"灾害"下了一个迄今为止最全面和严格的定义；②第一次总结了土木工程灾害的现象，阐明其成因和发生机制以及防御和减轻相关灾害的一般原理和方法，并且明确指出土木工程灾害只有采取土木工程的方法才能有效防御和减轻；③指出地球上的许多"自然灾害"，如地震灾害、城市中的旱涝灾害，以及部分滑坡和泥石流灾害等，其本质是土木工程灾害，因此也只能采取土木工程的方法才能有效地防治和减轻。

我从学校毕业踏进研究所大门，一直在研究地震灾害，但地震灾害和其他灾害都有密切联系，所以在最开始研究地震灾害的时候，我就想搞清楚：第一，什么叫灾害；第二，为什么会发生灾害；第三，用什么方法能够减轻甚至免除灾害。在研究灾害定义的时候，我查遍了国内外众多文献，始终没有找到一个有关"灾害"的严格定义，一提到灾害讲得最多的都是就事论事，着重讲外延，很少讲内涵和本质。特别是过去

---

① 指以中国地震局工程力学研究所、中国建筑科学研究院工程抗震研究所和哈尔滨工业大学为主编单位的中国工程建设标准化协会标准《建筑工程抗震性态设计通则》，由中国计划出版社出版发行，并于2004年8月1日开始正式试用。它是我国第一部基于性态的建筑结构抗震设计标准，被业界誉为"样板规范"和"规范的规范"。

② 指谢礼立院士的研究成果《建筑结构基于性态的抗震设计理论、方法及应用》。

定义灾害的大部分学者都来自自然科学领域,有很多局限性,往往强调造成灾害的外部原因,特别是自然原因比较多。可我认为灾害是人类社会的产物,更要从人类和人类社会的内因上来研究灾害,所以有必要重新认识和定义灾害。

要定义灾害,我认为首先要搞清它的特点,抓住特点找内涵,才能下定义。经过长时期的研究和思考,我发现不管是什么灾害,自然灾害和人为灾害都有以下几个特点:第一,灾害是人类和人类社会的产物,有了人和人类社会才有灾害,地球上没有人类、没有社会的时候,就不存在灾害的现象,更不会有灾害的概念。第二,灾害一定是一个意外的突发事件,当然也有缓发的灾害,比如像全球气候转暖、碳排放增加等,它们对人类和社会伤害的过程需要较长时间才能表现出来,人类也有足够的时间作防范,思想上也早有准备,所以对人精神上的冲击力不会太大。因此国际社会一般都将缓发的灾害事件当作环境保护与改善的工作来对待,而将"突发性"视作灾害的一个特点。由于人们对意外的、突发的事件往往没有思想准备,一旦发生对人类的心理打击也就大,像大地震、大暴雨、大疫情,大工程的破坏与倒毁、严重的恐怖袭击都是突发性意外灾害事件,产生的后果也就更严重。第三,是不是灾害事件还应该由事件的后果而不是由原因来判定。就像刚才举的例子,如果在没有人烟的遥远地区发生了世界最大的地震,或严重的雪崩、冰雹,往往很难伤害到人及人类社会,再大的突发自然现象也不会造成任何灾害。同样,如果我们的城市已经做好防震减灾的充分准备,即使遭遇一个强烈地震也不会造成重大伤亡或给人们造成巨大的精神冲击;所以从后果来看这样的强烈地震也不能算是灾害事件。第四,灾害的主要属性是损失。当然,不是说有损失就是灾害,但是灾害肯定是有损失。那什么样的损失才算是灾害呢?主要是指人类生命健康(包括精神)的损失、财产和经济上的损失、资源和生态环境的损失。但是还要强调,不是有了损失就一定灾害,还必须加上一个条件,即意外事件造成的损失超过了人们和社会(统称为承灾体)的承受能力,才算是灾害。

承上所述三个特点,谢礼立给灾害作出了比较严格的定义:导致人类生命、财产以及赖以生存和发展的资源和生态环境的损失,并超越他们承受能力的突发事件称为灾害。

那什么叫"土木工程灾害"呢?根据灾害的定义,再给土木工程灾害下定义就很简单了，即：由于土木工程的原因导致的灾害事件叫作土木工程灾害。

它有两个内涵。第一个内涵是，土木工程是灾害的主要载体。就是说，在灾害发生时，人和社会的所有损失几乎都是由土木工程的功能失效和破坏带来的。不管发生什么事，也不管是自然或人为的原因，只要土木工程不损坏、不倒塌、没失效，能够保证土木工程安全和正常地运行，那就不会有损失，不会有灾害，这是土木工程灾害的重要内涵；第二个内涵是，只有土木工程方法才是防御和减轻土木工程灾害的主要手段。

这两个内涵是土木工程灾害的主要特点，也是判断"灾害"是否是土木工程灾害必须满足的两个条件。

由此可见，许多长期以来一直被认为是自然灾害的事件，实际上并不是自然造成的灾害，而是土木工程灾害。比如说地震灾害，自古至今无论在中国或在国外都被认为是最凶猛的自然灾害。但是从土木工程灾害角度仔细分析会发现，地震之所以能造成人员伤亡、经济损失、资源破坏，严重影响人类社会的安定，绝大部分是由于大量的建筑和基础设施等土木工程的损坏和倒塌而产生的。假如我们把城乡建设的地址选得合理一些，离开发震断层远一些，再把房屋等工程修建得抗震能力强一些，做到即使遇到大地震，建筑物也不损坏、更不倒塌，那还会有地震灾害损失吗？另外，也有部分地质灾害，例如因泥石流、山体滑坡等引起的灾害，归根究底也都是由土木工程破坏引起的。所以，这些所谓的大自然灾害实质上并非自然造成的灾害，而是人为灾害，是土木工程灾害。根据土木工程灾害的理论，土木工程灾害完全可以采用土木工程的方法来防御和减轻灾害。新中国成立以来所有造成巨大损失的地震灾害，例如，1966年的邢台地震，1970年的云南通海地震，1975年的海城地震，1976年的唐山地震以及2008年的汶川地震，无一不是由于土木工程抗震能力十分低下造成了巨大灾害。不光在中国，在我看来，全世界地震造成的灾害，特别是导致了巨大生命、财产损失的灾害，主要都是土木工程原因，都是因为人们居住的房屋等建筑物以及城市基础设施不能抗御地震的作用而导致失效和破坏，才导致了灾害事件的发生。

为什么要强调土木工程灾害呢？首先，它为我们指明了要防御和减轻许多所谓自然灾害的正确方向和途径。因为从理论上来讲，地震灾害的本质是土木工程灾害，土木工程灾害需要用土木工程的办法解决。其次，它也帮助我们澄清了长期以来我国惯用的所谓地震前兆预报地震的方法来减轻地震灾害的观点和方法不可行。地震预报是全世界的科学难题，中国地震科学家应该有志气、有勇气去解决这个问题，要坚持长期和艰苦的研究去攻克这个堡垒，但在目前还不能急于求成，指望它能解决防震减灾问题。

谢礼立的研究理论让人耳目一新，为了帮助人们正确认识地震，他也适时开展了《地震本不是灾害》的系列科普讲座，他的解释简洁而明了，发人深省。他坦言：

有一次讲座的经历一直让我难以忘怀。当我讲述地震灾害的原因主要不是地震，而是由于我们的土木工程抗震能力低下造成，台下许多听众，也包括许多专家都难以接受，他们反过来诘问：建筑物和土木基础设施的破坏不也是地震造成的吗，灾害的"元凶"怎么不是地震呢？一开始，我也有点懵。但我冷静了一下，脑子里立刻闪出了一个答案。我慢条斯理地说：我长期住在黑龙江省，在冬季，即使白天最高气温一般都要在零下20℃，最寒冷的时候我还亲身经历过零下42℃的气温。请大家设想一下，如果我们居住的建筑物，一不能取暖，二不能保温，那么住在这样的建筑物里的人会有什么样的遭遇呢？这时全场都被问住了，我又故意停顿了一下，放慢了语调说，我想住在这样的房屋里的人，肯定都会被冻死活不成了。那么这是谁的责任呢？是造成寒冷气温的上天的责任吗，还是我们的建筑物不具备保温和取暖的责任呢？对遭遇地震灾害的人们来说，如果明知在地震区生活和工作，而我们的建筑物没有隔震、减震和抗震的能力，一旦发生地震遭遇破坏导致灾害，这与我们生活在寒冷地区建筑物没有取暖和保温能力有什么不同呀！该是谁的责任呢？说到这儿，台下的听众无不点头称是。

从研究抗震防灾，到防御和减轻土木工程灾害，再到城市防灾减灾，一直到韧性城市的研究，谢礼立的研究课题始终围绕国家发展之急需、学科发展的前沿以及学科领域中的难题开展。他分析指出：

正确的科研选题是实现科研价值的重要条件。我们在选题时主要从三个方面考虑：一是国家发展战略中的重大问题，二是前沿的科学问题，三是阻碍当前学科领域发展的科学难题；能同时满足这三个条件的课题一定是最理想的选题。但是这很难做到，如果选题能满足这三者之一都应该积极对待和努力争取。我们最喜欢做的课题是将三者结合起来，就是把国家的需要提炼成相应的科学问题，然后在科学上作出创新，取得突破。既可以把创新的成果写在科学杂志上分享给全人类，又满足了国家的急需，将最好的成果写在祖国大地上。

关于"韧性城市"理论的思考就是源于国家的需求。1992年我在广州参加国务院召开的全国地震工作会议，会上国务院提出了一个国家防震减灾的目标：要经过15年的努力，使中国城市防震减灾的能力达到中等发达国家水平。当时我就想，国家的需要就是我们的课题，我的任务就应该把国家的需要凝练成相应的科学问题，然后加以解决。经过反复琢磨我们发现，这个目标中意思最含糊的就是"城市防震减震能力"这个概念。我们查遍了国内外期刊以及各类检索，没有任何结果，于是我们就把"城市防震减灾能力"列为我们为实现国家急需必须攻关的科学问题。经过反复的思考和凝练，我们最终提出了"城市防震减灾能力"的科学概念和科学定义，又在此基础上发展出相应的模型和评价方法。为了验证这套理论和方法的科学性和可行性，我们选取了亚洲、欧洲、非洲和美洲的10个城市，根据我们的定义对它们的防震减灾能力进行了评估和对比，结果十分满意，之后，我们又进一步指出城市的抗震韧性也就是一种兼顾地震风险、优化资源配置和确保地震安全的值得推广的城市防震减灾能力。

我们认为，提高工程结构的抗震能力可以有效减少地震中的人员伤亡和损失。但是对于一个现代化大城市，它的防震减灾能力不能只停留在减少人员伤亡和财产损失上，还应该使城市的各项功能在遭遇地震袭击后不能中断，即使中断也能很快地修复，以确保经济和社会的持续发展。也就是说，人类不仅要提高城市建筑物和基础设施的抗震安全能力，还必须提高城市功能的抗震韧性能力。

土木工程是一个城市的重要组成部分，工程的抗震能力、防灾能力提高了，一定会提高城市的抗震能力。但并不是说工程抗震能力强了，城市的抗灾、抗震能力就万无一失。比如，2011年日本发生"3·11"9级大地震，这也是自有地震记载以来世界上发生的较有名的地震之一，对福岛核电站发生严重核泄漏事故有较大影响。从事后调查来看，在福岛核电站里面，所有工程建筑物抗震能力都很过硬，地震发生后整个核电厂固若金汤，没有任何破坏。但是由于这个核电站管理部门的应急措施滞后失策，当核电厂的反应堆紧急停堆后得不到及时和有效的冷却，促使反应堆急遽升温引发爆炸，形成严重核泄漏，导致惊动全球的核污染灾难。这个惨痛的教训告诫我们，即使工程抗震能够保证建筑物和基础设施的安全，并不等于城市能够安全，城市的地震安全不仅取决于建筑物和基础设施的抗震能力，更要依赖于城市的灾害管理能力以及震后的修复能力。"韧性城市"或者说"城市的韧性"，其本质就是城市建筑物与基础设施的抗震能力+城市灾害管理能力+城市震后修复能力。

我们早在 20 世纪末（1997—1998 年）就从中华人民共和国科学技术部"基础研究重大项目计划"（973 计划）中，开始对城市的抗震能力进行研究，提出了建设"具有工程抗震能力、灾害管理能力与震后修复能力"的城市防震减灾能力计划。类似的理论国际上最早是在 2004 年才出现。2018 年，受国家自然科学基金委委托，我们举办了以"韧性城市"为主题的"双清论坛"①，研讨如何凝练"抗震韧性城市"的科学问题。这次论坛是"双清论坛"设立以来首次在土木工程领域召开的高端论坛。在"双清论坛"的推动下，关于韧性城市的建设和研究逐渐成为共识，相关研究也正在如火如荼地开展起来。

四、致力国际合作：构建框架体系　助力全球减灾

作为联合国特设专家组专家和联合国"国际减轻自然灾害十年"（简称"国际减灾十年"）科学技术委员会委员，谢礼立受联合国派遣，先后到过近 50 个国家和地区，特别是发展中国家开展国际防灾减灾协作工作。②通过经年累月的工作与研究，他提出了"ABC"防灾措施框架以及"4P""4R"

---

① "双清论坛"是国家自然科学基金委为推动创新文化建设、营造良好创新环境而举办的高层次学术性战略研讨会，旨在立足科学基金资助工作，集中研讨基础研究前沿和国家战略需求的交叉性、前瞻性和综合性科学问题。
② 联合国特设专家组和科学技术委员会，由全世界多个领域的 25 名顶尖科学家组成。前者的主要任务是：为联合国发起和推进"国际减轻自然灾害十年 1990—1999"活动制定十年计划和行动指南。后者主要是评估国际减灾活动的进展并适时调整计划，以及代表联合国科技委访问、考察、协调和推动世界各国的防灾减灾工作。

等措施，被联合国专家组广泛采纳，对世界地震灾害预防工作起到了切实有效的作用。提及在此期间的主要工作和贡献，他这样说道：

在任职联合国科技委专家期间，我的主要工作可以概括为三个方面，第一是帮助构建国际防灾减灾合作的框架和推行切实可行的防灾与减灾措施；第二是代表联合国"国际减灾十年"委员会与世界银行合作开展有关防灾减灾效益的研究，也就是根据不同的国情采取优化的防灾减灾措施，以实现用最低成本取得最大的防灾减灾效益；第三是协助世界银行开展对受灾国家经济援助的评估工作。

由于各国政治、经济、科技、人文环境以及遭受灾害的情况和性质差别很大，各国对待灾害的态度更是千差万别，因此要开展防灾减灾合作的困难很大。为此，我提出了一个方案最终被科技委认可并采纳。核心内容包括：一是提高各国民众特别是各国政府的防灾意识；二是强调"预防为主"的方针，特别要明确指出哪些预防措施对防灾减灾最有效；三是在哪些领域可以开展国际或地区合作。并且，我将这个框架的核心内容概括成十分简单的三个英文字母"ABC"，将种类繁多的各种灾害的有效防御措施，概括成"4P"和"4R"，全部内容就是"ABC+4P+4R"。

所谓"ABC"，这里"A"代表的是英文"Awareness"，它的意思就是要提高防灾意识。也就是说要减轻全球的灾害损失，必须首先在提高防灾意识方面搞合作。要通过合作使世界各国在以下五个方面取得统一认识：第一，要认识自然灾害对人类安全和社会发展的严重危害，不能听之任之；第二，要破除对自然灾害的"天命观"，要认识灾害和灾害造成的损失不是上帝的惩罚或命中注定的，完全可以避免、预防和减轻；第三，预防和减轻灾害是各国政府的基本职责，否则就不是一个称职的政府；第四，减轻灾害的后果要依靠全社会的共同努力，要通过立法，做到有法可依、违法必究；第五，减轻灾害的后果，必须依靠科技进步。这五个观点，就叫防灾意识，也是我们到各个国家去推动防灾减灾国际合作的基础，必须要用大量的实例和数据强调并反复宣传。

字母"B"的意思是"well prepared Before the event"，就是防治灾害要以预防为主，要在灾害发生之前把有效的防灾措施予以贯彻落实。一般来说，防灾措施有两类，一类是灾害发生前的措施，另一类是灾后措施，即灾害发生以后可能也要采用的措施。

灾前措施可以概括成"四个 P"：第一个 P 代表 Planning，即要做好顶层设计，制定防灾减灾规划；第二个 P 代表 Prediction，要预测、预报未来可能发生灾害的时间、空间、强烈程度以及危害程度；第三个 P 代表 Prevention，即预防，包括采用工程措施和非工程措施加以预防，工程防灾措施是指使用工程手段的防灾措施，比如对新建造的建筑物和基础设施要按规定做好抗震设计和施工，对已有的建筑物和基础设施进行抗震鉴定和加固等，非工程措施是指包括立法、执法，紧急疏散和逃生的演练，救援物资的储备，自救和互救的培训，灾害及其防治的科普教育等活动；第四个 P 代表 Pre-warning，意思是预警、应急准备、建立预案等。

灾害发生后的措施归纳起来叫做"四个 R"。第一个 R 代表 Rescue，指的是抢救受害人的生命；第二个 R 代表 Relief，中文意思是救济，指对受灾人民进行各类帮扶活动，如提供临时居所、卫生的饮用水、粮食或食品、御寒的衣服和棉毯用品以及必要的医疗和医药用品等；第三个 R 则代表 Re-settlement，即重新安置，原有的房子倒了或是被水冲了，不能住了，就需要将灾民安置到新的地方；第四个 R 代表 Recover and Reconstruction，即恢复正常的秩序和重建新的秩序，包括清理和修复受损甚至倒塌的房屋和基础设施等。

所有的准备工作，无论是用于灾前还是灾后，都必须要在灾害发生之前准备好、安排好，一旦发生灾害才能确保及时有效运作。所以这个"B"，就是指要事先做好准备。只有在灾前把这"四个 P"和"四个 R"工作准备好、安排好，才能称之为"预防为主"。这些是非常具体的指导，几乎把所有的灾害防控措施都概括进来了，每一条都很必要。

最后一个英文字母是"C"，它是英文字母 Coordination 和 Cooperation 的第一个字母，是指协调和合作。各种灾害往往都是突发而来，要成功应对突发的灾害事件，必须要有关方面做好统一协调和互助合作才能取得成效。大的灾害，就像 2021 年 7 月郑州发生千年不遇的大暴雨，面对这种突发事件，一定要协调好各方面的合作。

总体而言，我提出的"ABC"以及"4P"和"4R"的观点，得到了当时联合国专家组和科技委的一致认可，他们都认为这是一个非常好的建议，言简意赅便于推广，就直接采用了，同时这也作为我们国际合作的一个最重要的依据。

第二项工作是与世界银行合作。世界银行也是联合国"国际减灾合作十年"活动中非常重要的一个参与机构。一旦发生灾害，免不了救灾、恢复和重建这三件事。这三件事哪件都离不开经费。世界银行在救灾和恢复重建中充当了一个提供经费的角色，尤其是对欠发达国家和地区提供援助，所以我们跟它也有合作。在当时，世界银行对于要不要搞防灾、防灾是否有效益，持有两种观点。一种观点是以"防"为主，认为从经济角度看预防灾害要比救灾的效益更高；另一种观点是以"救"为主，认为防灾工作覆盖面广费钱，救灾工作覆盖面明显要小自然省钱，因此提倡以救灾为主。对于这两种观点，专家们通过各种模型计算和分析，最后的研究结论是：如果仅从经济角度来看，救灾比防灾更省钱。经过我和另外一些专家们的努力，最后还是坚持了预防为主的理念，防灾、救灾孰优孰劣不能仅从经济角度看，更要看到社会效益，特别是要体现"以人为本"的思想，人的生命价值难以用货币来衡量。正如我在"4P"和"4R"的观点中强调的，应该普遍做到以预防为主，将救灾作为一个辅助措施。一旦防灾工作没有做好，可以通过救灾辅助措施来补救。另外，我们也强调，如果能把很多防灾措施做好了，人民的生活水平、生活质量也会提高很多。

第三项工作跟我们国家有关。1989年很多西方国家和国际机构中断了与中国的往来，其中也包括世界银行这一重要机构。同年10月，我国山西大同—阳高发生地震，地震规模不是很大，但造成了一定损失。地震发生后，世界银行逐渐产生与我国恢复联系的意愿，但一直找不到适当的机会，于是提出以援助山西大同—阳高地震灾后重建工作为契机，来恢复与中国的联系。为此，世界银行组建了一个灾害评估组到山西来评估地震造成的损失，初步计划向中国提供1 000万人民币的无息贷款。当时我也被世界银行聘为灾害评估组成员来到山西。通过与各方面的协调沟通，我们最后成功完成评估工作，而且把无偿贷款的金额由原来计划的1 000万人民币增加到3 100万人民币。

五、学术良师：金针度人　环境育人

谢礼立躬耕数十载，桃李满天下。他培养了院士、杰青、长江学者、优青、中组部青拔等众多优秀人才，学生已遍布国内几乎所有开设土木工程专业的高校。对于培养学生，他有着深入的思考。他从教育本质着手，重新界定了高校各学习阶段学生的培养目的和培养目标。他善于因材施教，除了培养学生的自学能力和科研能力，也非常重视提升学生的表达能力，并形成了一套卓有成效的方法理论。对此，他总结指出：

在与学生的交往和接触中，我发现可以根据能力将学生大致分为以下几类：有的学生理解能力很强，接受新鲜事物比较快，一听就明白，一学就会；有的学生理解能力虽一般，但善于思考，能发现和解决问题，还时不时地提出一些"怪"问题和好的想法；当然也有人理解能力和思考与解决问题的能力都很强；或者两者都很一般。久而久之我就将他们的学习和理解的能力归结为接受能力，而善于思考和能发现并解决问题的能力归结为创新能力。我还进一步认识到对青年学生来说，这两种能力都十分重要，只有两者都具备了，才能学得好，用得好，而且走得更远。但是这两种能力的获取都不是一蹴而就，需要经过长期的学习和培养。

我认为培养学生要重视"两目"：一个是培养目的，另一个是培养目标。本科生的培养目的主要应该满足当前社会的需要，培养目标要侧重于培养学生独立学习的能力（接受能力），也就是掌握和应用已有知识的能力。在现代社会，新兴事物层出不穷，这也就要求大家不断学习。学生毕业直接投身工作也好，继续学习深造也好，经常会遇到不断出现的新知识，或者遇到所从事的工作和所学的专业不一致，这时就需要有学习新知识的能力。有了独立学习的能力，自然就会有独立思考和独立工作的能力。所以，我认为本科生的培养目标应该着重培养和提升他们的独立学习能力。那么如何培养学生的独立学习能力呢？需要在三个方面下功夫：着重提高本科生的基础理论水平，这是提高独立学习能力的基础；同时还要注意培养他们对新事物感兴趣、爱学习的能力，这是提高学习能力的动力；以及帮助他们掌握提升学习效果的方法。有了这三个方面的训练，学生就基本具备了独立学习的能力。

那研究生的培养目的和目标又是什么呢？培养研究生的目的不仅要满足眼前的需要，更要满足今后甚至开创未来的需要，因此光有独立学习的能力还不够，还需要更高的目标，即培养他们的创造能力，培养和锻炼严密的科学思维能力，以及训练和铸就系统的科学研究能力。所谓严密的科学思维能力，最重要的就是能一丝不苟地搞清基本概念，划清研究对象的边界，构建解决问题的基本思路和路线图，以及掌握科学论证获取正确结论的方法。系统的科学研究能力是指寻找合适的研究选题、查阅文献、分析和综合问题的能力，开展试验设计和研究的能力，自查问题和引出正确结论的能力，以及撰写科学论文和著作的能力。

在培养和锻炼这些具体的科研工作能力中，我认为都要从培养和锻炼查阅、总结文献的能力开始。我在与学生讨论研究工作时，经常挂在嘴边的一句话就是"精读文献一百篇，无师自通能科研"。严格精读一定量的文献，是掌握正确科学研究方法，少走弯路必不可少的途径。一般来说，文献的作者都会阐明开展研究的意义、目的和目标，甚至有的文献还会介绍已经有多少前人对这个问题进行过研究，有哪些经验和教训，使我们可以少走弯路。其次，文献里也会讲清楚他们采用什么方法进行研究，得到什么结论，还有什么局限和没有解决的问题。假如能把这些文献反复认真研读，基本上就能把这个问题的来龙去脉、难点和关键、研究的技术路线都基本上搞清楚了，这时候往往就可以"无师自通"了。

除了以上这些基本的科学研究能力，我也很注重培养学生的表达能力，既包括口头也包括文字的表达能力。原因很简单：第一，一个人的表达能力直接反映了他对问题的理解能力和对研究对象的把握能力，只有吃透了事物的本质，他才能有清晰简洁的表达能力；第二，通过表达能力，能真实了解学生的判断能力和反应能力；第三，表达能力实际上也反映了逻辑思维能力，哪个先讲哪个后讲，怎样引出结论都需要有条理，符合逻辑，才能令人信服。最后，它还反映学生概括和总结能力。因此，它是优秀科研工作者不可缺少的能力。

关于培养表达能力，我们也有一套方法。一方面，严格要求学生搞清基本概念，同时也鼓励学生背诵经典，精准、简练地表达思想。有时，用自己组织的语言来表达会很费劲，很多话讲不到点子上。但如果能把经典背诵出来，几个字、一句话就可以把问题说透彻，不会感到费劲。另一方面，我也鼓励学生参加国内外学术讨论会，要求他们用最精准、最简练、最自信的语言参加讨论和发言；同时，鼓励他们写论文和书面报告要多修改，强调用词要精准。

再一个就是，我认为研究生导师在指导学生时，除了要有高屋建瓴的眼界，还要有深入具体的指导能力。我每周都要同我的研究生召开例会讨论，只要不出差，这种例会雷打不动，每次都是上午8点之前开始，常常是讨论整整一上午。大到论文主题和提纲的确定，小到具体的数据处理、公式推导、计算方法、模型确定、结论分析、图表绘制等都要逐一认真讨论。只有这样才能使学生及时发现问题、改正问题，最终才能培养学生扎实的科研能力和严谨的学术作风。我本人指导的博士生从入学到毕业的4年间，像这种深入的讨论，至少经历了数十次。

对于当前国内高等教育的痛点，作为浸淫学术圈数十年的过来人，谢礼立有很多针砭时弊的建议。他指出，高校发展的关键在于营造优良的学术生态环境。

作为高等学府，最重要的元素就是优良的学术生态环境。什么是优良的学术生态环境呢？第一，这个环境能营造一个潜心学习、刻苦钻研、笃志创新的学习氛围；第二，这个环境能自觉拒绝与"学术"格格不入的不良行为，如浮躁、急功近利、抄袭、弄虚作假等；第三，这个环境一定会始终不渝地提倡尊师爱生，老师们能自觉把培养优秀学生作为自己的毕生事业和最高荣誉；第四，这个环境必然充满学术民主，弘扬学术自由，提倡严肃、严格、严密的"三严"精神，以及敢想、敢说、敢做的"三敢"作风；第五，这个环境一定会坚持和引导以解决实际科学问题为导向的科研管理和评价激励体制，坚决反对不经过实践验证和考验的成果鉴定和评奖制度。

一个学校只要有了良好学术生态环境，没有大师也会培养出大师，反过来如果学校没有这样的环境，有了大师也不能有所作为，甚至还会出现片面追求论文数量，忽视质量以及"改行""下海"等远离学术的行为。所以，大学应该要把营造优良的学术生态环境放在第一位，它甚至比建实验室更重要。其实，中国历史上孟母三迁的故事讲的就是这个道理。如果一所大学自始至终都能坚持营造优良的学术生态环境，不怕培养不出一流的人才，不用担心做不出一流的成果。

营造优良的学术生态环境，自然就要警惕"学术雾霾"。什么是"学术雾霾"？凡是有悖于上文提到的营造优良学术生态环境的各种因素都算是"学术雾霾"，例如大学合并风、教育市场化、学术行政化、片面追求论文数量、各种偏离学术的评价制度和体系等。在当前要特别注意那些急于对科研成果和各种人才标签做出简单化评价的机制和规章制度，它们正在一轮又一轮制造浮躁、急功近利以及弄虚作假的"学术雾霾"。为了减少产生"学术雾霾"的土壤，当务之急要防止学术行政化。学术单位的正常运行离不开必要的行政管理，但是学术问题上的正确与谬误必须要遵照学术的本来面貌来判别，暂时有争议，可以放一放，不宜用下级服从上级或少数服从多数的投票方法来决定。

3

赵梓森：技术创新一生追光　光纤通信连通中国

"科技救国，以及我从小的兴趣推动我走向科技的殿堂"

赵梓森 2021.8.31

赵梓森：技术创新一生追光　光纤通信连通中国

赵梓森，男，汉族，1932年2月4日出生于上海市卢湾区（现黄浦区），籍贯广东省中山市，光纤通信专家，中国工程院院士，华中科技大学博士生导师。作为我国光纤通信公认的开拓者之一，因发展中国的光纤通信技术和工业所作贡献，1997年被电气电子工程师协会（Institude of Electrical and Electronics，IEEE）[①]选为Fellow会士荣誉称号。

1949年至1953年赵梓森院士先后就读于浙江大学农业化学系、上海大同大学电机系、上海交通大学电信系有线通信专业；1954年至1958年任武汉电信学校教师；1958年至1970年任武汉邮电学院讲师；1970年至1974年在电信总局528厂工作；1974年至1993年任武汉邮电科学研究院研究室副主任、激光通信研究所所长，后评为高级工程师；1983年至1987年任武汉邮电科学研究院总工程师；1987年至1993年任武汉邮电科学研究院副院长兼总工程师、主任高工；1993年任武汉邮电科学研究院高级技术顾问；1995年当选为中国工程院院士。

赵梓森院士主要从事光纤通信技术的研究。1973年起，赵梓森院士建议开展光纤通信技术的研究，并提出正确的技术路线，参与起草了中国"六五""七五""八五""九五"光纤通信攻关计划。1982年，赵梓森院士组织研制生产出中国首批实用化的光纤光缆和设备。作为技术负责人、总体设计人，先后完成了中国第一条实用化8 MB/s、34 MB/s和140 MB/s等6项国家、邮电部光缆通信重点工程，其中有3项工程获国家科技进步奖二等奖。20世纪90年代，赵梓森院士领导开发的光纤通信产品大面积推广应用，取得显著经济效益。赵梓森院士多次率团出国考察，出席欧洲通信标准协会以及CCITT[②]等国际会议。

采写人：洪流、赵世丽。在完稿过程中，赵梓森院士亲自订正，赵院士的夫人范幼英老师多次通过手机微信给出具体的修改意见，在此致敬二位老人。2022年12月赵院士因病去世。
①电气和电子工程师协会（Institute of Electrical and Electronics Engineers，IEEE）是一个美国的电子技术与信息科学工程师的协会，是世界上最大的非营利性专业技术学会。
②CCITT是国际电报电话咨询委员会的简称，它是国际电信联盟（ITU）前身。

童年时代喜欢做航模的赵梓森院士 　　青年时代爱拉小提琴的赵梓森院士

赵梓森院士1976年"土法上马"拉出的第一根实用化光纤在中国信科诞生

赵梓森院士20世纪90年代在家中工作学习

赵梓森院士 2004 年在武汉光博会上发言

赵梓森院士 2021 年 3 月和夫人范幼英接受采访后合影纪念（洪流摄影）

一、梦想启航：学生时代的兴趣爱好

虽然赵院士接受过多次采访，但很少谈及他的祖籍地广东省中山市。尽管在外工作生活这么久，一旦提起故乡，老人家的话匣子一下子就打开了。

我父母是广东人，我生在上海，所以我广东话、上海话都能讲。小时候经常跟着父母回故乡，因为我的祖母在广东，舅父也在广东，我们回去看一下他们。我的舅父和叔叔也有在香港的，我们也会去香港看他们。后来祖母舅父都去世了，下一代就没有多少来往了。最后一次回广东中山是在（20世纪）90年代，好像是广东省科协热心帮助我"寻根"去了中山，当时我祖母的老房子还在，周围都是新建起的高楼大厦，后来舅父的儿子将房子①卖掉了。广东没有亲戚，就没有回去了。

"梓"是一种用途很广的乔木，用在人名中，可引申为生机勃勃、茁壮成长、自强不息等含义。或许赵院士的父母给他取名为梓森，也寄托着这些殷切的希望吧。谈起自己的父母亲，赵院士充满着无限的自豪和怀念。

我的父母原来都是很穷困的人。我的父亲在广东时只是一个普通的劳动者，没有钱念书，没有文化，后来他自学识字，常练习写字，字能写得很漂亮。那个时候他是香港先施百货公司②的售货员。香港先施百货公司是全中国第一家百货公司，后来这个香港公司搬到上海去，他就随着公司到了上海。这也是为什么我在上海出生的原因。

我的母亲也是穷苦人出身，很小的时候被卖给一个医生家里当佣人，做些扫地做饭等杂事。她也是自学识字，但不像我父亲，只能勉强看报纸，字也写得不好。我母亲看到医生是有文化有知识的，她觉得有文化有知识是那么重要，所以一定要让子女都上到大学。她有八个小孩，我有三个姐姐，我是老四，后面还有弟弟和妹妹。她没有钱，就靠着踩缝纫机、做小

---

① 按赵院士的解释，祖母的房子是清朝时所建的，产权属于在香港的舅父，按照政策，侨胞的房子不能拆。

② 公开资料显示，先施百货公司由马应彪于1900年创立，是香港历史最悠久、最负盛名的百货公司之一。1911年和1917年先后在广州和上海设分公司，赵院士此处讲的情况似应为上海的分公司。消息来源见新浪财经《120年历史，香港最老牌百货公司卖了》。

孩衣服、开小商店卖牙膏和牙刷等来保证八个子女全部上了大学，三个姐姐在新中国成立前读的还是学费昂贵的私立大学。我们八个子女通过读书都改变了命运。

我的母亲非常好，她觉得你喜欢怎么样她就根据你的意愿支持你，我后来重考大学重念书，都是需要花钱的，新中国成立后我上的大同大学①是私立大学，要花很多钱，但只要我愿意，她也同意出钱让我上私立大学。所以说我的母亲很伟大。

赵院士虽然已经耄耋之年，但依然身体硬朗，精神饱满，这和他从小养成的坚持锻炼身体的习惯关系极大。

我是早产儿，生出来时个子比较小，一般的小孩都是 10 个月，怀胎 10 个月生出来，我是 7 个月生出来，所以小时候身体很差，稍有风吹雨淋就会生病，又害伤寒病两次差点死掉，伤寒医好后身体当然不好了。但初中的时候喜欢踢小橡皮球，经锻炼之后身体结实了，再也不生病了。还有一个原因是我上大学时每天早上锻炼身体，跑步，坚持每天都跑。后来工作时分配到学校教书，学校有操场，所以当教师的时候我还是天天跑，现在不能跑了，但我每天走路，所以身体比较健康。今年我已经89岁了，争取活到一百岁。

赵院士的青少年时代正处于日本全面侵华战争时期，那个时代的科学家们展现出的强烈爱国热情和科学救国的信念深深扎根于赵院士幼小的心灵里。20 世纪 30 年代，早年经过西方现代科学洗礼的中国第一代、第二代科学家，此时已成为中国科学界的中坚力量，他们对现代科学技术的重要性，有着比常人更加深刻的认识。中国科学社的首批成员、著名气象学家、时任浙江大学校长的竺可桢目睹国内科学发展的滞后和战备水平的落后，曾撰文提出严厉批评："我国对于科学研究，平时鲜加注意，一旦战事开始，方感科学研究之重要！"当时的日本虽然在整体国力上无法与美国、苏联等大国相比，但面对近代工业体系尚未建立的中国，却占有明显的优势。在这种情形下，中国科学家们一致认为，唯有重视科学、提倡科学，

---

① 大同大学（Utopia University）位于上海，是民国时期一所著名的综合性私立大学，尤以"理工"著称，在其四十年的大学历史中，一直是上海乃至全国私立大学中的翘楚，素有"北有南开、南有大同"之说。1952 年院系调整撤并，院系分别并入复旦大学、上海交通大学、华东师范大学、同济大学、上海财政经济学院和华东化工学院。

方可救民族、国家于水火之中。①

谈到科技救国，赵院士有自己独到的见解，他认为兴趣是最好的老师，兴趣一步一步地指引他走上了科学研究道路，而日本侵华战争使他对科技救国有了更深的理解。

我是在战乱中长大的。抗日战争使我想到一个问题，如果用大刀长矛打仗，日本肯定打不过中国，毕竟中国的人那么多；如果用飞机大炮打仗，中国打不过日本，因为中华人民共和国成立前，科技不发达，国防力量不够强大。所以我就想到要科技救国，做模型飞机、装收音机都是科技。装收音机都是胡搞，当时没有什么书可查，也没有钱去买书，就是看看人家的收音机，我们了解一下就动手了，这种收音机当时不是用的电子管，电子管很贵，我们买不了电子管，就用氧化铜做矿石收音机。因为我们没有钱去买氧化铜，而且氧化铜要到化工原料公司去买，我们没有钱又不懂，找不到这种渠道，就把那个铜用火烧一烧就叫氧化铜。其实不是这样简单，做收音机的是氧化亚铜，氧化亚铜要结晶体的，所以当我们爬到屋顶去收听时，当然也没有收到信号。模型飞机倒是做成功了，因为模型飞机比较简单。

科技救国，以及我从小的兴趣推动，这两条，让我走向了科学的殿堂。

中学时代，赵院士的一位老师的激励对他的成长影响较大，这或许更加鼓励他去发展自己的兴趣爱好，更多地投入到钻研科学问题中去。同时，因为赵院士上中学时还曾经有过偏科的经历，只喜欢数理化，对文史外语不感兴趣，所以他的母亲也因为这个事情和他促膝谈心。

有个初中教师叫龚叔云，他是教化学的。我喜欢做许多实验，我就想能不能自己做点氧气，能不能自己做氢气，就写信问他要化学药品，（找一些）做氧气的药。他就给了我回话，他说"这么小就想做氧气，你将来一定会成为科学家"。这句话对我是很有激励作用的。

初中时我的数理化成绩很好，但是文科的历史地理不行，还有外语，英语和日语，当时强迫学日语，我就很反感。偏科对我的影响很大，使我考不上好的高中，好的高中都考不上，哪怕数理化都是九十几分到一百分，没有用，因为几科不及格，初中考高中就只能考了个差一点的高中——上

---

① 摘自于2015年9月22日科技日报《从〈科学〉看抗战中科学家对"科学救国"的思考》。

海辅仁中学。辅仁中学在无锡是最好的高中，但上海辅仁中学是比较差的，一个大楼里只有几个小房间，没有操场，做实验要到别的中学里借别人家的实验室，但是他的教师不差，都是很好的教师。而且辅仁中学很奇怪，他选用英文的课本，语文当然是中文的，历史地理物理化学全都是英文的，这个刚好对我帮助很大，我的英语给挽救过来了。到了高中我就醒过来了，不喜欢的课也开始好好学，母亲也警告我不喜欢的文史地理起码要及格，否则就考不上大学，没有实现梦想的基础。

赵院士大学毕业后分配到武汉来执教，还曾经负责过实验室，当时他在工作中发现自己知识远远不够用，所以经常利用晚上来学习。看到赵院士在光纤通信领域取得这么大的成就，他的同学曾经不理解地问他，大学没有学这么多东西，为什么水平这么高。谈到这些，赵院士一边做着手势一边饶有兴趣地谈起了这些往事。

我是1954年从大学分配来到武汉电信学校，那一年武汉市大水，我是先到的汉口，然后坐轮渡到武昌，再到我们学校。那个时候学校被水包围，不能进校门，也只能摆渡进校门。到了学校后，学校已经开学了，当时老师的课程已经排好了，所以我就不可能教书，领导就说，那你先到实验室去吧，让我安装蓄电池，我很快就做好了。当时交给我管好几个实验室，有蓄电池实验室、通信实验室和电缆实验室等，因为我年纪轻，让我管。这样一来我的机会就来了，一方面白天就指导学生怎么做实验，要指导学生首先自己必须会，所以我要先自己摸索，学会了才能指导学生，这样我的动手能力就比较强了。很快到了学期终了，我就分配到数学物理教研组。

虽然我是1954年分配来院里（当时的武汉电信学校）当老师，其实是53年毕业，当时在南京和东北实习了一年，然后再安排工作，那时全中国都是三年大学，包括清华大学和北京大学，因为当时刚解放不久，周恩来总理就讲了，现在中国需要建设，提早毕业，变成三年毕业，毕业后都要实习一年，先到企业去，为企业服务。那个时候因为只是学习了三年，所以根本就没有学到什么东西，刚参加工作的时候还不知道自己的水平不高，一看当时很多苏联的译成中文的教科书，都看不懂，大学一、二、三年级的教科书都看不懂，这是怎么回事啊？哦，是因为三年中压缩了很多课程，精简了就看不懂。当老师做工作要很高的水平，所以我就每天晚上重新从大学一年级的教材开始学习，微积分、微分方程、数理方程、什么专业的无线基础等，统统重新学，大概学了两三年，天天晚上重新学，这下好了，我能够看懂苏联的教科书了。后来又发现要看文章，看杂志，要看较高水平的论文，自己的英语不行肯定看不了，所以英语我也是重新学习，看书背单词背字典（简易字典），大学时强迫自己学了一点日语，那么现在要重新捡回来，好在日语里面有中文，可以猜。后来慢慢地可以看文章了，英语可以对话，可以写文章了，日语能够看就行了，这样一来水平就上来了。

大学毕业之后还在学，我大学时考第一名、第二名的同班同学很了不起，分到了邮电部北京研究院工作，有一次他碰到我，夸我说，赵梓森啊，我们大学没有学那么多东西，为什么现在你的水平那么高啊？我说，大学是四年、五年，我们当时学习都只有三年，水平更是差一点。大学毕业之后，四十年来我一直在学，天天晚上学，才慢慢补上来的。

二、追光之旅：光纤通信方向的确定拉近了和西方科技强国的距离

1971年11月，国家邮电部电信总局给528厂[①]下达了毫米波通信、大气激光通信和新能源三个探索性科研项目。其中，大气激光通信项目原已在电信总局501厂立项，并做了一些前期工作，项目改由528厂承担后，从事该项目的12位同志和有关设备于1972年1月调来528厂。赵院士当时就接手了这个项目，而且在实验和研究过程中逐渐确定了光纤通信的方向，为中国光纤通信事业的发展奠定了坚实的基础。

1970年邮电部北京研究院有一个已经立项的光大气传输（大气激光通信）项目，那个时候正在筹建528厂，邮电部就把人和项目都搬到武汉来了，大概有12个人，做了一两年，房间里面传输距离是8米，而且不能通信，因为没有数字化的装备（数字化需要集成块，当时我们中国还没有）。当时指挥长（军代表）听说我的技术比较好，就把这个项目交给我了。交给我之后我就去问原项目负责人：为什么还只能做到8米呢？他说因为没

[①] 1974年在武汉邮电学院和528厂的基础上成立了武汉邮电科学研究院，下文中的院和武汉院为武汉邮电科学研究院的简称。

有仪表平行光管，不能够对焦，而且平行光管要一年后才能到货。那个时候我就土法上马，没有平行光我就利用太阳光来找焦点，当时是翻到屋顶上去用阳光找焦点，结果能聚焦了，聚焦后我们在试验中逐步拉大了传输距离。我们院没有高楼，为了测试光信号能传输多远，我们又在武汉找了两个最高建筑物做试验，一个是当时武汉市最高的汉口水塔，另一个是武昌这边最高的楼，在武汉水运工程学院也就是现在的武汉理工大学余家头校区，我们在两个高楼顶上调试设备后顺利进行了通信。这次试验我们把大气光通信传输距离拉开到了10千米。

后来又成功地进行了一次光通信应用：领导在省科委做报告，信号经大气光传输到院里，大家在礼堂听报告，声音清晰。大家高兴得不得了，科协的领导也很高兴。但我觉得大气传输没什么用，下雨下雪就通不了，老百姓不可能有点雨雪就不打电话了吧。后来听人家讲，美国在研究光纤通信，光纤是玻璃丝可以弯曲，那么光纤通信信号可以转弯了。光纤的容量很大，这是好消息啊！我当时在想，光纤通信有个好处，带宽大得不得了，都可传万路，同轴电缆达到千路就了不得了。于是我就跑到湖北省图书馆老馆去查资料，了解到底是不是真有光纤通信，这个方向是不是很准确。当时省图（湖北省图书馆）只有一本破旧的外文资料，终于查到了，还真有这么回事。但是外文资料只能看，不能外借，所以我就手抄下来，回来再一点点学习。

再后来听说我国当时有一个代表团去过美国，清华大学的钱伟长教授在那个代表团里，我们就到钱伟长那里去问他美国当时光纤通信的情况，美国到底是不是在搞光纤通信，他说有，他说美国的同学告诉他，美国在秘密地搞这方面的研究。我觉得这个方向是对的，所以当时我心里就很踏实。

其实在赵梓森院士研究光纤通信的同时，中国科学院福州物质结构研究所的"723"机项目非常有竞争力，但最后国家还是支持武汉邮电科学研究院搞光纤通信，这在当时是怎么一个背景呢？赵院士为我们解开了答案。

在中国最早研究光通信的不是我们武汉院，是中国科学院福州物质结构研究所。他们1972年就有一个项目叫"723"机，因为是1972年3月列的这个项目，所以叫"723"机项目。在"723"机里面，有一个叫光通信，光通信是激光，通信包括光纤通信，它最早是1972年做，那么刚好到了

1973年，报到国家科委去的时候，那个时候不叫国家科委，叫国务院科技办（科学技术办公室），国务院科技办实际上就是国家科委，当时报上去有两个地方搞光纤通信了，一个是他们的"723"机里面有光纤通信，一个是我这里提出来要搞玻璃丝通信，因此这个项目到底给谁还存在争议，当时是不允许项目重复，大家都是一家人，不是现在是提倡竞争，当时是没有什么竞争，领导要你搞什么就搞什么，但是不要重复，就是这个意思。那么项目到底给谁呢，后来就背靠背地辩论，就是你先发言给领导听，发言时候他走开；然后他发言给领导听，这时你走开。这就叫背靠背辩论。

那个时候我是作为邮电部的一个代表去发言，他们实际上包括三个单位，中国科学院福州物质结构研究所是做通信用光纤，成都电子科技大学是做激光器，清华大学做通信机，三个单位都是很厉害的。我们武汉邮电学院只是第三流的学校，那个时候武汉邮电科学研究院还没有成立。那么我发言我就分析了，我说我们的情况跟他们的比，他们做光纤采用玻璃做成光纤材料，只要用 400 ℃的温度就可以炼玻璃了，400 ℃容易达到，所以物理实现容易，是吧？但是因为玻璃的成分很多，它的提纯很困难，所以物理容易化学难。我主张的石英光纤是四氯化硅加氧气，四氯化硅实际上本来是做半导体的材料，它本身纯度达到 7 个 9，我要提升到 9 个 9，还差 2 个 9，它本身就很纯，氧气也很纯，所以化学实现容易，但是温度要到 1 400～2 000 ℃就不大容易，所以我的方法是物理难、化学容易。但是要远距离玻璃丝通信，化学方法解决玻璃丝纯度是主要矛盾，物理方法不是主要矛盾，所以光纤通信应该是用石英玻璃。

那么激光器呢，他们主张用 YAG 激光器即钇铝石榴石激光器，我主张的是半导体激光器。YAG 激光器完全是一个晶体泵，它很大、很粗，用普通的光照进去，经过泵它会发出激光。但是它的温度很高，它必须用水冷却，寿命是 2 000 h。通信机要经过中继站，设备在马路上的人手孔井里，那么我就说它用水冷却埋在地下是不可能的，它那个东西不可能用于长途通信。而对于我主张的半导体激光器，他们说现在全世界都还没有通信用的半导体激光器，你也做不出来。我说是的，我现在做不了，但是我的方向是对的，现在用 LED[①]暂时代替半导体激光器，将来还是会用到半导体

[①]发光二极管。

激光器的，这是有远见的方向。

那么通信机呢，清华大学主张用增量调制，增量调制比较简单，有增量就有脉冲，没增量就没脉冲，那么你的讲话也好，电视也好，都是有波动的。我主张用编码机 PCM[①]，有很多优点。他说你现在做不出来。因为当时没有集成块，只有单个的晶体管，做 PCM 要用一房子的晶体管。那么他说我这个可以增量调制，我说你增量调制传电视很困难，电视因为直流就没有增量，电视有很多直流成分，那么很多时候你通电（信）就很困难，我用 PCM 不困难，虽然暂时做不出来，我的方向是脉冲（编码调制），我现在用脉冲调相就可以做出来。我用黑白电视不就演示过了吗？对吧？用脉冲调制的电子线路我很精通，我设计用什么方法比他们的好。我们的方案是符合实用的，是有发展眼光的。

后来国务院科技办听我讲得头头是道，认为我们的方案是对的。当时两个年轻人听了我的分析，我的理由比他们三个单位的都充分，就把这个项目交给我们院[②]，加上福州物质结构研究所的所长卢嘉锡（卢嘉锡院士后来是中国科学院的院长）当时就说你们本来就不是搞通信的，搞什么通信，就把这个项目交给了上海硅酸盐研究所，但是上海硅酸盐研究所后来也没有搞成。

1972 年，赵梓森院士通过一本旧杂志了解到美国正在秘密进行光纤通

[①]PCM（pulse code modulation）是脉冲编码调制的英文缩写，这一概念由 A.里弗斯于 1937 年提出，为数字通信奠定了基础，20 世纪 60 年代它开始应用于市内电话网以扩充容量，使已有音频电缆的大部分芯线的传输容量扩大 24～48 倍。

[②]根据《邮电部武汉邮电科学研究院院史 1974—1994》记载：1973 年 5 月，赵梓森院士等在参加邮电科研规划会议期间，为了解国外光导纤维的研制情况，他们访问了随中国科学家代表团赴美访问的清华大学钱伟长教授，钱伟长教授提供了美国光导纤维通信的研究已取得突破性进展，石英制作的光导纤维衰耗已降到每公里 4 分贝以下的可靠消息。在规划会上，首次列上了"并积极创造条件开展光导纤维的研制工作"的一般课题。后来通过深入调研，1974 年 8 月 8 日，该课题组写出《关于开展光导纤维研究工作的报告》。邮电部科技委对报告非常重视，并安排赵梓森院士等专门向国务院科技办公室作了汇报。赵梓森院士讲述了武汉院开展光导纤维研究工作的方案，明确提出了以石英光纤为媒质、半导体激光器为光源、脉冲编码为调制方式的光纤激光通信系统的技术路线。这次关键性的报告争取到了国家的支持，并被列入了国家"五五"计划。1975 年 4 月 29 日，根据邮电部的指示，在省科委领导下，组成了由武汉院、武汉大学、沙市石英玻璃厂等单位参加的研制光导纤维会展小组，并草签了协议。

信研究，这更加坚定了他对光纤通信这个技术路线是正确的认识，那么接下来赵院士具体是做了哪些工作呢？

这是一个复杂而曲折的过程。我是 1972 年还是 1973 年，这个时间就记不清楚了。当时看到那个杂志，也最早听到了这个消息，我也不相信玻璃丝能通信，看到这个报道，美国花了 3 000 万美元做出了 3 条 30 米的玻璃丝，我相信有这个样品就可能真的能成功。因为这个样品是美国贝尔实验室和康宁公司做出来的，康宁公司是世界最大的玻璃公司，他们做出来我就开始相信了。所以 1973 年我就提出来要搞玻璃丝通信，是因为看到这个杂志。但是当时的背景就是比较封闭，我们绝大多数人，也包括院里的领导和邮电部的领导，都不可能去看这个杂志，所以对玻璃丝能通信是不相信的，我提出了要用玻璃丝通信，但是我们院长、党委书记都认为是不可能的。科技处长比较开通，愿意支持实验，就说给他点小经费，还有几个志愿者，让他们自己去搞搞看，那么我们就在厕所边上一个清洗间开始做化学实验。

接下来的那个故事就很长了，比如说最早做化学实验，我们就用四氯化硅加氧气，以为就可以变成二氧化硅，这二氧化硅就是石英，就是我们做光纤要用的原材料。四氯化硅有一个很大的特点，它跟水不一样，水的沸点是 100 ℃，它是 20 ℃，所以说往里面倒四氯化硅的时候它会沸腾。一次我在实验室里倒来倒去的时候，因操作不当，四氯化硅就飞出来了，一碰到水就变成盐酸，又产生氯气了，氯气是有毒的，我眼睛马上发肿，后来晕倒在地，大伙就送我到医院抢救。医生当时也不知所措："你这个是什么病啊？我从来没见过这种病！"我说你这样，用蒸馏水冲我的眼睛，打吊针，那么好，他一冲，我的眼睛就只受到一点小损害，现在这个眼睛比另一个要差一点，反正没出大问题，一打吊针气息就渐渐恢复了，躺在床上两三个钟头就好了，就回来。

这种故事就得出一个经验，后来我对学生讲，科研也有危险，科研和我们上太空去探险是一样有生命危险的，也要有献身精神，没有献身精神就不能够搞好科研。

我们做实验是要氢氧焰的，开始还不懂，四氯化硅加氧气到底用多少温度才变成二氧化硅，变成这个石英，用酒精灯时根本不成功，认为是温度不够高。然后我们用石墨炉可以烧到 1 200 ℃，用石墨炉把气体通过管子，还没有加（热），它已经从那边跑出来了。还没加热，这个时间是不是太短了啊，那么加一个石墨炉，再加一个石墨炉，再加……让它经过的时间长一点。一共加到 12 个石墨炉，让玻璃管拐弯，那么时间应该够了，1 200 ℃的温度，最后出来一点白粉末。这个应该就是二氧化硅了，是石英了，我们高兴极了，但当我们拿着白粉末去化验，原来是硅胶，根本还不是石英。

后来我说我们这样搞不成的，还是派人到石英工厂去问，到底要多少温度？这样乱碰乱撞的几十次上百次都不成功，后来我就派黄定国（后来任职武汉院市场管理部总工程师）跑到沙市石英玻璃厂取经，哦，原来要用氢氧焰，要用 1 400～2 000 ℃，才能炼成二氧化硅。那么我们就用氢氧焰做出了玻璃车床，成功了。当然氢氧焰也很危险，因为氢气容易爆炸，爆炸过几次，后来因此我们安装了回火自动装置，一爆炸它就会自动关掉，要不然可能把房子都炸光。

后来终于烧成了做光纤的预制棒，四氯化硅加氧气，在棒里头沉积高纯度石英，这叫管内法。因为四氯化硅和氧气都是气体，在房间里不好炼，是在管子里面炼。这个管子是一个石英管，是普通的石英管，我们要做的是纯的石英，9 个 9 的石英，光就传得远。普通石英管夹在玻璃车床上，管子里通四氯化硅加氧气，外面加 1 400～2 000 ℃的高温，四氯化硅和氧气在管子里面发生化学反应，产生二氧化硅沉积在管内壁上，一层一层堆起来，那个是很透明的、很纯很纯的石英。化学反应产生的氯气就从管子另一端抽走了。

烧到后来管中总会留有小孔，这时加热到 2 000 ℃，玻璃石英管就软化了，一收缩就把孔填掉了。外面是普通石英，里面是超纯石英，通体是透明的。然后把预制棒用拉丝机加一两千（摄氏）度的高温软化拉成细丝，涂上保护层卷起来，就做成通信用的玻璃丝了。

三、光纤通信实用化：标志着中国进入光纤时代

根据《邮电部武汉邮电科学研究院院史 1974—1994》记载："1976 年 11 月中旬，我院与上海硅酸盐研究所、上海光机所联合用 20 多 m 长的光

纤，进行了传送一路黑白电视的演示试验，图像清晰，还传送单路电话，声音很好，这在国内是首次试验。1977年，在全国工业学大庆会上展出，并进行演示，效果很好，受到领导的重视。1977年3月，研制出第一根短波长0.85 μm阶跃型石英光纤。长度7 m，衰耗300 dB/km，取得了研制光纤的第一次技术突破。1978年10月21日，我院临时党委召开扩大会，讨论办院方向问题，经过充分讨论，决定缩短科研战线，主攻光纤通信。"

而这个主攻任务自然就落到了赵梓森院士和他的团队身上。

第一根光纤拉出来，当然是很高兴，实际上第一根光纤不是一次拉出来的，一开始用折了的棒拉，拉的时候只有几十米长，那么后来随着棒越做越大，我们才能够拉出长度达公里数量级的光纤，大家当然高兴。玻璃丝（终于是）拉出来了，但是问题又来了，就算你拉出来了，你知道这个玻璃丝在当时是什么水平？这个玻璃丝是有七项指标，光纤有七项指标，什么衰减啦、芯直径，还有什么弯曲度啊、柔软性啊，七项指标你根本没有仪表来测，你要测得指标合格了，才算是玻璃丝，是光导纤维。自己要做仪表，要做七种仪表，买不到的，因为没有这种仪表，外国也还没有这种仪表，外国都是他们科学家自己做的是吧？那么好，所以我们要做仪表，还要做激光器等。

有一个故事很重要，我们做了十几米的玻璃丝，然后当时有两个口号：一个口号是"农业学大寨"，一个是"工业学大庆"，两个口号，可能老一辈的人都知道。当时的邮电部部长钟夫翔，他说邮电工业学大庆，就搞了个"邮电工业学大庆展览会"。各研究所把各种先进的实验去北京展览，在北京展览馆，就是当时的中苏友好宫。那么我就知道了，好，我就拿我们拉出来的十几米玻璃丝去北京展览，而且我设计了一个电子线路来通黑白电视，那边放个黑白电视机，这边做个发送机，是吧？把黑白电视信号通过十几米玻璃（丝）就可以传送了。当时还在预展，还没有正式开幕，我在那里把摊子摆起来了。

在预展的时候，钟夫翔部长他们走过来了，就很惊讶地问，玻璃丝怎么能通信呢？他说赵梓森你走开，我要亲自把这个玻璃丝拿掉，看在没有玻璃丝连接的情况下，电视机有没有信号。我说你拿掉一定会没有信号，如果直接放上去，放不准，也不会有信号。因为在这里我没有像微调机构这样的精密设备，我是用橡皮泥把玻璃丝粘在上面，再用螺丝钉去慢慢调它，用了半个钟头才把它对准。如果你再拿掉了，你放半个钟头也不一定对得准。

他说他一定要试试。我说部长，要不你这样，你能不能下个礼拜来。我回去后就把橡皮泥螺丝钉还是固定在下边，因为我没有微调机构，只能搞个大的探测器，面积大一点，这样大些更好对准了，调整后就放在展台那里。钟夫翔部长没有忘记，真来了，他来了之后还是叫我走开，亲自把玻璃丝拿掉，果然信号没有了，后来把玻璃丝一放上去就有了，他笑了笑点点头。

然后回去两个礼拜之后，我们院里面收到个文件，是邮电部的文件，光纤通信是国家邮电部重点项目，实际上这个（是）国家重点项目了，党委书记和院长大吃一惊，你这个实验我们还不大重视，还不是我们院的什么重点项目，现在变成邮电部国家重点项目了。那么院长和党委书记都来问我了，赵梓森你看你光纤通信应该怎么搞？这个现在已经是国家项目了，我们一定要大力地支持。他们问我要多少人要多少钱？我说先不谈钱，全院的人都不够，他们说为什么？我说我们光纤通信做玻璃丝，做化学提纯，还有化学提纯现在都还不够纯。那么做出玻璃丝还要做七种仪表，接下来要搞一个仪表组，有了这个之后还没激光器和光检测器，要开个研究所搞激光器，要做光检测器，还要都能投产。还要有生产光纤的厂，光纤生产出来还要变成光缆，还要有一个光缆厂，不是这么几十米，要以公里来计，对吧？以前打电话是模拟通信，要变成数字通信，所以还要开一个研制数字通信机的研究所和生产这些设备的工厂，那么我们现在这点人都不够。后来院临时党委召开了党委扩大会议，决定全面铺开光纤通信研发，其他项目通通停止，然后我呢就变成副总工程师，那么总工程师是杨恩泽，他是搞毫米波的。杨恩泽总工程师非常好，本来光通信和毫米波通信项目是竞争的，我搞光通信，他搞毫米波通信，后来就一起搞光通信。后来他年纪大了，我就变成总工程师了。所以邮电部的支持和武汉院确定的方向，使得我们光纤通信大翻身，我们院整个成为光纤通信的基地。

"八二工程"①是我国第一个实用化的光纤通信工程,也是我国光纤通信发展史上一个重要的里程碑,当时的情况可以说是举全中国之力,努力破解光纤通信难题。包括赵梓森院士在内的我国科技工作者团队,为中国光纤通信实用化作出了巨大贡献。

"八二工程"是中国第一个用光纤通电话的老百姓打电话的工程,叫实用化的光纤通信,这是因为1978年我们已经改革开放了,我们全院都已经在搞光纤通信了,工厂也生产出公里级的光纤,公里级的光纤光缆生产出来了,1976年的时候,我们在院里面布了一条光纤光缆的通信线,我们院里面人可以打电话,当时还有好几个地方(比如)上海想跟武汉院竞争,他们都比我慢,还有成都,成都也跟武汉院竞争,他们都比我们慢两到三个月,我们是最早的在院里面打电话,是我们科技人员打电话,(但这个)不算数,邮电部说要真正地让老百姓打电话才算数,他们也感觉到武汉院是全中国光纤通信最早最快的一个单位,就把"八二工程"给了武汉院。

那么我们一定要在1982年让武汉三镇老百姓打通电话。实用化工程是什么意思呢?第一,光纤制造,不是实验室里面做的光纤,是要工厂生产的能够重复生产的光纤光缆,第二,这个工程是邮电设计院设计,第三,施工是邮电部第三工程公司来施工。打电话是通过电信局安装的通信设备,武汉和上海两家工厂共同生产通信设备,如光通信机、通信机和数字通信等设备都要安装到电信局,让老百姓真正去打电话。

结果我们在1982年12月31日打通了,有上海的机器,有武汉的机器,但是光纤光缆全是武汉的,所以当时电信局就有两个机器,一个是武汉的,一个是上海的,都通了,这个是全中国第一套,真正是老百姓打电话的一套光纤数字通信系统。

长飞光纤光缆有限公司创建于1988年5月,由中国电信集团公司、荷兰德拉克通信科技公司、武汉长江通信集团股份有限公司共同投资。公司总部位于湖北省武汉市东湖高新技术开发区关山二路四号,占地面积

---

①根据《邮电部武汉邮电科学研究院院史1974—1994》记载:1980年,邮电部和国家科委联合下达了正式建立武汉8 Mb/s(二次群)光纤通信实用化试验工程的任务。武汉院牵头,联合邮电部5所、502厂、515厂、519厂、郑州设计院、第三工程公司等10多个兄弟单位参加,分别承担相关任务。由于限于1982年完成,故简称为"八二工程",1982年12月31日,工程按期全线开通,正式进入武汉市市话网试用,从而标志着我国开始进入数字通信时代。

达17万m²，是当今中国产品规格最齐备、生产技术最先进、生产规模最大的光纤光缆产品以及制造装备的研发和生产基地。当时武汉院代表邮电部参与了长飞光纤的筹建，赵院士全程参与了和外资企业谈判的过程。

我们当时已经可以自己做光纤了，到了1978年改革开放，邮电部要搞合资公司，因为全中国都是这个方向。我们做光纤，要跟外国合作，要跟美国康宁合作，要跟日本住友合作，要跟荷兰合作。先是跟康宁谈，我去谈判了，康宁做光纤要用氦气，氦气的保护比较好，当时中国很少有氦气，美国的氦气很多很便宜，那么一谈要氦气，我们一算，用氦气的成本高得不得了，不能从美国引进，那么谈不成。后来跟住友谈，他们同意合作，就准备签合同，我说签合同要把我们的光纤指标写上，但日本人不肯写指标，哪能这么便宜让我们写上自己的指标呢，他不让你写指标让你做不成好的光纤，这样钱也收了，你也做不成好的光纤，所以也没有谈成。跟荷兰飞利浦合作，他们什么都同意，我们就可以合作了。实际上和飞利浦合作，人家说，赵梓森啊，你们可以自己生产光纤了，为什么还要合作呢？我们说这是国家的政策。跟飞利浦合作，有个什么好处呢？他们的技术水平没有我们高，我们做出来的产品不比飞利浦差，反而比飞利浦好。我们跟飞利浦合作得到的好处是什么？飞利浦拿来的车床是不锈钢的，我们的车床是普通的钢，都是通过改造生产的，两年之后就坏掉了，锈蚀了，精度就没有了，就得重新来。他们的不锈钢可以多用很多年，我们拿来之后就加以改造，我们的技术比飞利浦高，改造好后就变成了我们的车床，所以我们和飞利浦就开始合作了。

改造好了飞利浦的设备后，我们生产的光纤比他们的质量好，价格比他们便宜，产品卖得比他们好，赚钱比他们还多，他们自己就不搞光纤了，他们有25%的股份，靠长飞公司的就可以了。长飞公司原来是武汉院的，后来国家体制改革，划到了后来的工业和信息化部，当时的邮电部部长吴基传不舍得长飞光纤制造，所以就给了中国电信，算是生产业，不是制造业，长飞公司就这样和我们分开了。

所以我们损失了不少的人才，后来我们又重新组织一帮人来组建光纤光缆厂，长飞公司就是这么一回事。

武汉光谷在中国乃至世界如今都产生了极大影响，据说"光谷"这个名字的由来和赵院士也有很大的关系。"中国光纤之父"赵梓森院士，作为中国光纤通信技术的主要奠基人和公认的开拓者，主持建设了中国第一条光纤通信线路，并在20世纪90年代首次提出将武汉建设成光电子产业基地。提到"光谷"名字的由来，赵院士和我们娓娓道来。

"光谷"这个名字跟光纤通信的关联，还有它的来历，"光谷"这个提法一开始是华中科技大学的黄德修教授1998年提出来的。美国有个硅谷，中国应该有一个光谷，当时他说了没人听也没人管。但正是因为黄教授的建议引起了新中原高级工程师许其贞的注意，当时的中原厂在汉口四唯路，工厂很大。许其贞是全国政协委员，武汉市政协常委，他就把黄德修教授的建议写成了一件提案，说中国应该有一个光谷。政协委员的提案国家是要讨论的，要实施的。提案一经提交，国务院国家计委等部委非常重视，组织了很多的讨论，讨论说中国应该有一个光谷，到底放在什么地方，到底干什么、怎么做？一讨论，很多地方就去争了，长春有一个长春光机所，王大珩是名誉所长，是著名科学家，他是中国科学院和中国工程院两院院士，他说应该放在长春，上海说应该放在上海，广州说应该放在广州，武汉说应该放在武汉。

当时的湖北省委书记贾志杰等领导高度重视，专门召开了一个讨论会，把我们很多科学家都找去了，讨论我们要不要去争取中国的光谷放在武汉，我就说不要争算了，因为王大珩他是光学的祖师爷，中国的光学之父，我们跟他老人家去争，跟老前辈去争不好吧。当时省委书记也不是不希望去争，说我们就叫武汉中国光谷，其他地方叫长春中国光谷、广州中国光谷什么的我们管不了。省委书记既然这样讲了，我们也不好反对是吧？

后来国家计委批下来了，批下来的文字是中国光电子产业基地，但老百姓喜欢叫光谷，这是老百姓的通俗语。那么这个国家计委为什么批到武汉，不批长春呢？我就想了，王大珩是著名科学家，他是中国光学的祖师爷，他的光学是几何光学，是做望远镜的，天文望远镜、照相机镜头，我们研究的光学叫量子光学，是激光器通信传输，所以是现代的光学。他是古典光学，现在是要发展量子光学，所以批到我们这里来了。后来光谷广场、光谷路什么的就都搞起来了，光谷就是这个意思，光谷的来源就是这个。[1]

---

[1] 1998年10月，华中理工大学（现华中科技大学）光电子与信息学院院长黄德修教授首次提出在武汉建设"中国光谷"的构想。2000年3月3日，湖北的12位全国政协委员，向全国政协九届三次会议递交了《大力发展光电子产业，建立"武汉·中国光谷"》的提案，从而揭开了全面建设"武汉·中国光谷"的序幕。

因为在光纤通信领域的杰出成就，赵梓森院士经常被人称为"中国光纤之父"，并且到过很多国家进行交流学习，谈到当年一段关于国际交流学习的趣事，赵院士兴趣盎然，还起身给我们翻看当时的一些照片。

中国有了光纤通信，打破了"巴统"[1]在通信领域对中国的封锁，开始有了国际交流。我交流学习到过很多国家，比如英、美、法、德、意、日，不过俄罗斯没去过，澳大利亚也没去过。芬兰是最远的，最北面的是芬兰、匈牙利，还有瑞士和瑞典，南美洲最南边的就是巴西。

有这么一件事，我是上海交大三年毕业，研究生也没有念过，学历很低。邮电部领导说赵梓森倒是好（很好的意见），搞了光纤通信有功劳，但是他学历太低，派他到美国去留学。要派我到美国留学，结果美国来了一个美国科学院院士厉鼎毅，跟我面谈了，我以为要去留学了，他跟我谈，他说赵梓森啊，你不是去留学，你是光纤中国光纤通信的创始人，怎么能到美国留学呢？你的地位很高，你怎么能去留学？是去参观。所以邮电部不了解，我也不懂，我以为是留学。厉鼎毅是位美籍华人，年纪比我大，他是美国光纤通信的创始人。

到美国后他把我带到美国贝尔实验室去参观，并且让我住到他家里，不是住旅馆，住在家里那是很优待的。我一看他家里，哦，这个房间里有宋美龄的题词。厉鼎毅的太太呢，是原国民党时期上海市市长吴国桢的女儿。我在初中的时候，上海市市长是叫吴国桢，我去做那模型飞机得了个第6名，上海市市长来发奖，一看我这个小孩这么小，他看到我做的模型飞机比我个头还大，他说飞机这么大是你做的吗？拍拍我的脑袋，我说这个飞机是我做的。我一看厉鼎毅太太跟她的父亲很像，我说我见过你的父亲，还讲了这个故事，所以厉鼎毅跟我很友好。很可惜的是厉鼎毅几年前因滑雪时突然发病去世了，真是可惜。我这里还有厉鼎毅的照片。

还有一些从事通信的美籍华人和我们院进行过学术交流，如美国科学院院士田秉耕、光通信专家李天培等。发明长波长激光器[2]的谢肇金博士和我们院合作，于1980年建立了合资公司，后来改名叫武汉电信器件公司，生产的激光器和检测器在国内是独占鳌头的。

---

[1] 即巴黎统筹委员会，1949年11月由美国倡导成立，总部位于巴黎，是对社会主义国家实行禁运和贸易限制的国际组织。

[2] 全称长波长半导体激光器。

四、未来期盼：要做对社会有贡献的人

赵梓森院士在工作生活中的很多经历对我们都有普遍的借鉴甚至引导作用。比如说他为了喜欢的专业甚至不惜退学，两次高考的经历，即便是放在今天，都是很特立独行的。所以赵院士也给当代大学毕业生提出了一些很好的建议。

很重要的是选专业，地方不重要，名牌大学不重要。我认为很重要的是专业，因为你将来的工作都是靠专业，你的专业能不能满足社会需要很重要，一是能不能满足社会的需要，二是能不能适合你自己的特点。你自己个人有特点，每个人的特点不一样，能不能结合你的特点发挥作用，这个很重要。所以，清华大学、北京大学这些名牌大学我自己感觉要考也考不上。我的成绩原来是很差的，初中时喜欢踢皮球，喜欢玩，玩到历史、地理都不及格，考不上好高中，只能上很差的高中。在很差的高中我醒过来了，原来不喜欢的课程起码要及格，你不及格连大学都考不上。我当时也不敢考名牌大学，也不敢考工科。那时刚刚解放，解放军是农民，穿草鞋，我就喜欢农民了，喜欢农业了，就去考了浙江大学农学院。农学院的第一年，发现微积分、微方方程、数学物理好像还可以，第二年还没有上，我发现细胞学、植物学、植物分类学，都是靠记忆的课程，我的记忆力很差，我就不喜欢这些东西，我就知道这个专业不是我要的专业。我要的专业是物理数学科学。但我若重新考可能还是考不上，因为自觉水平差得太远，我只好去考私立大学。我考上了大同大学的电机系，电机系包括发电和信息通信两种专业。一念电机系我的成绩就好起来了，因为是我喜欢的东西。我就觉得专业没选错。私立大学是要交学费的，为了省钱，当时我也报考了复旦大学，复旦大学是公立的，免费上学。我也考上了。但是复旦大学看我之前上过农学院，就录取我到了生物系。我就宁可付钱，也不去生物系。当然生物系也不是不好，但是我的性格不符合这方面。母亲也愿意出钱给我上大同大学。后来在大同大学念了两年，第三年国家取消私立大学，大同大学合并到了上海交大。上海交大我考是考不上的。我一到了上海交大发现还好，成绩可以排在前十名里头，不算差。学自己

喜欢的专业，你将来才会有成绩。所以我这经验教训给年轻人知道，你不喜欢的专业不要考。

确实，选择自己喜欢并适合的专业很重要。然而能在高中时代就知道自己喜欢的专业或是明白自己擅长的领域的人肯定是凤毛麟角的，那赵院士是如何发现自己喜欢的就是电子通信学科呢？

因为小时候兄妹八人，家庭负担重，买不起玩具，就想方设法自己制造一些小东西来玩。一做东西，对其他的兴趣就非常少了。这些小打小闹的发明创造，使我非常喜欢，所以数理化成绩很好，比如喜欢做模型飞机，怎么能飞好，物理上空气怎么流动，怎么处理最好，这里不但有几何知识，还包含着些许的物理知识和化学知识；制取氢气，就涉及化学问题；做小马达，更离不开物理。小时候动手多了，钻研问题多了，解决问题的能力也有了。

所以要让小孩子多玩多动手，在玩的过程中发现兴趣，学习科学，培养创造能力。当然小孩子若有兴趣，文学也好。一切还是要根据他的兴趣。兴趣是最好的老师，指引人生的方向。

对于那些刚刚毕业进入信息通信领域的大学生，赵院士做过很多报告，他做报告时主要谈了三点：

第一个，你们现在的专业很有前途，第一次工业革命是机械化，第二次工业革命是电气化，第三次工业革命是信息化，涉及生命科学、新能源、航天。那么你们现在来的时候，参加了信息行业，是大有前途的行业。

第二个怎么样做人，怎么样工作？你们是做有前途的工作，要努力工作，很多人工作是为了钱，我说钱要不要紧？要紧！你如果钱不够，父母养不了，小孩养不了。钱够用的情况下，这事业是最重要的。能够做一番为社会、为人民服务的事业，我认为是很重要的。

第三个怎么样生活？大学毕业出来还要继续学习，要不然水平不会提高。那么还要生活，要注意锻炼身体德智体都要发展，除了德智体还要有爱好，比如拉小提琴、画画、听音乐，但是少玩点游戏，因为游戏对自己进步没有帮助。

五、生活乐趣：德智体美，生活要美

在我国通信行业起步与发展的时期，赵梓森院士除了科研工作，还有教学任务与领导工作，那么他是如何协调科研工作与生活、子女教育等方面的关系的呢？

我有两个小孩，女儿是大的，儿子是小的。女儿念到高中时我与她讲一定要读大学，上什么大学不重要，重要的是专业。你选择的专业一定要是社会上需要的。信息专业国家很需要，也正处在发展的信息时代，你就选择这个专业。像清华、北大我说你是考不上的，南京邮电学院通信专业可能性大。结果她考上了。一考上南京邮电学院，她后来的工作就比较简单，到处都需要信息、计算机、软件制造什么的，后来她的丈夫随公司到美国去了，她就跟着到美国去了，小孩子也带过去了。到美国后很容易找工作，计算机信息因为哪个单位都要计算机信息专业，她一下子就找到工作了。所以我跟小孩子的教育原则是：上大学是一定要上的，选什么专业要根据社会的需要，专业是最重要的，名牌大学不重要。

范老师插话：女儿高中毕业（1983年）的时候并没有确定专业，她曾想上警官学校将来搞破案。但她很瘦弱，我说你的身体不行，警官学校对身体体能要求很高。她的第二个想法是当医生，因为她小时候做扁桃体手术时接触过医生。1981年的时候光通信已在我们院落地，1983年邮电部在院里召开过一次会议，工程师以上的人都听过关于"第三次浪潮"的报告，这里面有个外国人托勒夫宣讲将来的信息社会是怎么样的。我们还看了个视频，当时接受不了，人类将会有多少的改变，听着好像很神奇，可当时我就确定了这是个信息革命，信息是摆在第一位的，所以邮电院校是好的。所以就跟她也讲了这个想法。那么，为什么报南邮（南京邮电学院）？眼睛是盯着北邮（北京邮电学院）的，我自己是北邮出来的，当然希望她去我母校，她那个分数虽过了重点线，可是不够北邮。

对小孩的要求是全面发展：德智体美，生活要美，像拉小提琴、弹钢琴、听音乐、画画、照相等，都是讲的生活美。我女儿也会拉小提琴，我教她的。儿子小时我工作太忙，顾不上他。两个孩子都喜欢画画，受他们妈妈的影响吧。

在子女成长的过程中赵院士一家也遇到过一些生活上的困难，但他们很乐观。

20世纪70年代比较困难。科技人员和其他人的待遇都是一样的。粮食定量供应，肉和油每人每月半斤，豆腐干子和酱油都要凭票供应。那时小孩在长身体的阶段，没有很多东西吃。不过我们都没把这当回事，大家都这样嘛，有的地方还差呢。

那时赵院士是激光室的负责人，那段时间他经常是白天政治学习，晚上在家里看书、做实验，从不放过一丝一毫的学习时间。谈到这些，范老师谈得很动情，她说，人必须活到老学到老。

他当时是激光研究室的副主任。由于正处于"文化大革命"期间，平时在邮电学院经常是白天在单位政治学习，回到家后就看书、做实验。1966年5月北京曾有一个"工业学大庆"的展览，无线系本来有派他去的，但有线系派我去了，他就没去成。这个展览显示电子工业将迎来"大跃进"，新技术上来了，晶体管要取代电子管……。但紧接着的"文化大革命"把这势头掩盖了。看展览中有个老师跑到北京电子管厂，那时的电子管厂已经开始生产晶体管了。晶体管的成品率当时不算高，有很多报废的。报废的晶体管将腿剪光，但总归会剩下两三毫米，还在内部便宜卖，一毛钱一个，这个老师就撸了一大批回来，我们每人分了十个。回来后这些晶体管就变成他晚上做实验的器材。他把它焊上铜丝把腿接长，然后搭各种电路，自己在家里做了示波器，做了振荡器，做了电平表，这三大仪表有了，就可以开展实验了。然后他晚上就搭电路，搞这搞那。也买成品晶体管，那是要几元到十几元一只的，有需要还得买。他还用示波管做了一个小电视机，这个电视机屏幕只有手掌心大，还是绿色的画面。不过那时没有多少人家里有电视机看，所以也很珍贵。

"文化大革命"一结束，要派人出去会战项目，为什么他都拿得下来，这需要实践与积累。"文化大革命"前他教脉冲技术课，这是一门新课，是数字通信需要的基础。特别是电路的核心由电子管变成晶体管，每个专业教师都要赶快学习这些，可是大专院校都在年复一年地搞运动。他就是在这些年里，把这些新东西搞熟了，样样电路都做得出来，后来"唰"地一下子转到光通信就顺理成章了。所以这一个是要积累，一个是肯实践。科技的进步是日新月异的，八九十年代集成电路上来，这些基础电路都不用自己搭，又过时了。只要拼模块，又是一次更新。所以新东西是一辈子学不完的，人必须活到老学到老。

曹文宣：为鱼代言矢志不渝 守护生态初心不改

中国的知识分子要创新，要有自己的观点，这样，我们的学科才能领先于世界，我们中华民族才能在世界上挺起脊梁！

曹文宣

2021年10月14日

曹文宣：为鱼代言矢志不渝　守护生态初心不改

曹文宣，1934年出生，1955年四川大学生物系动物专业毕业，研究员，1997年当选为中国科学院院士。主要研究方向为鱼类生物学、生态学及保护生物学。在鱼类分类学、鱼类生态学及其应用领域的研究均有深厚的造诣。通过对高原特有的裂腹鱼类生物学特点及其与高原环境变化适应性关系的研究，创新性地从裂腹鱼类的起源、演化和分布的角度，论证了青藏高原的地质发展历史。20世纪70年代以来，主持了多项有关水利工程建设对鱼类资源的影响和对策研究，主持"长江上游特有鱼类保护方法和自然保护区的选址及可行性""长江珍稀水生动物流动监测站"等项目的研究。尤其在葛洲坝水利枢纽工程救鱼措施的研究中，确认主要救鱼对象为中华鲟，力主不必修建过鱼设施，代之以繁殖群体保护和人工繁殖放流，不仅保证了中华鲟物种的繁衍，也为国家节约了大量的基建投资。在长江中、下游浅水湖泊生态环境综合治理的研究中，开辟了我国鱼类资源小型化现象研究的新领域。曾获国家自然科学奖一等奖、二等奖各1项，中国科学院科技进步奖特等奖、一等奖、二等奖各1项。曾任中国科学院水生生物研究所学术委员会主任、中国海洋湖沼学会及中国动物学会鱼类学分会理事长。

采写人：何冬梅、杨敏丽、田晗、赵亚琪。根据2021年8月24日采访曹文宣院士口述整理。

曹文宣院士 1966 年在西藏科学考察

曹文宣院士 2007 年 12 月在赤水河考察

曹文宣院士 20 世纪 80 年代中期研究水生物标本

曹文宣院士 2021 年在北京录制"经济大讲堂"节目

4. 曹文宣：为鱼代言矢志不渝　守护生态初心不改

童年里青山绿水的滋养，花鸟虫鱼的陪伴，他用心领悟大自然的神奇与深奥，与生物结缘。他煤油灯下潜心试验，研究野生鲂鱼，让武昌鱼"游"上餐桌；他九进青藏高原，栉风沐雨，创新性地论证了青藏高原的地质发展历史，西藏、新疆、青海、四川以及滇西北的山川河流都留下过他野外科研的足迹与汗水；他心系河川湖沼，为保护全球生物的多样性奔走呼号；他专注鱼类保护，为鱼儿代言，是最早提出"长江全面禁渔十年"建议的学者。从实验室到野外科研，他始终专注于鱼类保护，他就是中国科学院院士、中国科学院水生生物研究所研究员——曹文宣院士。

做人民的代言人，做人民的科学家，这是曹文宣作为一名科研工作者内心深处坚守的最朴素的责任、义务与担当。

一、赤诚之子，自然结缘

老子《道德经》有云"有物混成，先天地生。寂兮寥兮，独立而不改，周行而不殆，可以为天地母。吾不知其名，强字之曰道，强为之名曰大。大曰逝，逝曰远，远曰反。故道大，天大，地大，人亦大。域中有四大，而人居其一焉。人法地，地法天，天法道，道法自然。"道法自然，天人合一，是中华文明内在的生存理念。20世纪40年代，一个男孩的人生梦想与绵绵的山脉、青葱的林木、潺潺的河流、灵性的动物紧密地联系在一起。于是用心领悟大自然的神奇与深奥，让人与自然和谐共生，成为他一生不懈的追求。

对于某些个体的生命，某些地域往往不是以地理符号的形式出现，而是以一种精神的形态出现。四川彭州就是曹文宣的情感地理坐标，那里不仅镌刻着他的童年记忆，也是滋养他灵魂的精神家园。彭州，地处四川盆地西部亚热带湿润气候区，气候温和、雨量充沛、四季分明、水资源丰富，植物及动物种类繁多。1934年5月，曹文宣出生于四川彭县（今四川省彭州市）天彭镇，1941年全家迁至新兴镇[①]，小镇依山傍水、风景秀丽。因为有可爱的小动物和青山绿水相伴，他的童年也是充实的，在一个孩子的眼

---
① 2019年撤销并入通济镇。

中，万物皆有灵，他和小兔、松鼠、金鱼、鸽子、八哥等都成了好朋友。在这一过程中，曹文宣逐步对动物产生了浓厚的兴趣。大自然是曹文宣童年的乐园，长大后曹文宣也如愿以偿地踏上了一条与自然为伴、与鱼儿为伍的野外科研工作道路。

我的父亲酷爱园艺，在家里种了很多花草，养了很多小动物，鸽子、松鼠、兔子以及猫狗鸡鸭，我们家的后花园就是小动物的基地，它们都是我幼时的玩伴。小镇秀丽的山林里、清澈的小溪边，隐匿着各种各样的小动物，有锦雉、画眉，有松鼠、螃蟹，当然还有种类颇多的鱼儿。我家在山区里头，江边当地老百姓引水过来冲水磨，里面小鱼很多，在涨水的时候，用绳子绑几个钩，提起来，就有几条小鱼。我小时候经常在河边上抓鱼，挽起裤脚踩到水中凉丝丝的感觉，翻开一块石头看见藏在下面的小鱼时那种兴奋和激动的心情，让我至今难以忘怀。

彭州乡间钟灵毓秀的自然环境，还滋养了曹文宣的艺术禀赋。他对二胡和手风琴倾注了超乎年龄的兴趣，自己动手制作乐器，并得到高中音乐老师的极度认可。爱才惜才的老师建议他走音乐的道路，未来进入音乐的艺术殿堂。但是显然动物对他的吸引力更大，这个彭州的孩子明确知道他要走一条怎样的人生之路。因此，在选择前途的时候，他毅然报考了成都华西大学生物系（1952年，院系调整后，转入四川大学），立志成为一名动物学家，而仅仅将音乐作为其业余爱好。

对择业谨慎的他认为，艺术的造诣需要天赋的加持，灵感比技术更重要，具有相当的不可控性，把音乐当作兴趣陶冶人生是更好的选择。高中毕业，他报考成都华西大学生物系，师从动物学家刘承钊。刘承钊是研究两栖爬行类动物学的著名专家，倡导野外考察，曹文宣受其影响最终选择了鱼类生物学专业。

我是1945年抗日战争胜利后考上彭县中学上初中的，我除了对生物感兴趣，还对化学比较感兴趣，考大学的时候我的化学考得很好。备考大学的时候，生物就没有遇到多少困难，因为我爸爸养花、种水果，所以我也懂一些植物学的东西。我记得大学考试的时候，有个题就是列出10种植物，问它们分别属于哪个科，我都能回答得出来，这都是跟我父亲学的。我相信"热爱是人类最好的老师"，我就是热爱大自然，也愿意用一生的时间去研究这门学科。

之所以学音乐，是因为家里有手风琴。有一个姓胡的朋友，他是妈妈朋友的侄儿。他教一个外国人学中文，就住在我们家，平时就教我弹琴。刚开始的时候一般就学钢琴的曲子。后来在高中的学校里，老师教唱歌的时候，我就负责伴奏。在学生会中，音乐教师极爱惜我的才华，推荐我做康乐部长，相当于现在文体部委员。1951年我高中毕业，暑假就考大学。1951年上学期学校初中成立了少年先锋队，队歌是《我们是新中国的儿童》（应该是《我们新中国的儿童》）。校长早上才拿到歌单，下午要开会，音乐老师说他没有练过这个曲子他不教，校长就让我来教这首歌，于是新一批少先队员由我在成立大会之际教唱这首歌。我自己知道我不是个艺术家，只是喜欢搞点乐器，仅仅是技术，而不是艺术。所以真正把音乐作为艺术学习那会好一些，我没有那个天赋，我有自知之明的。

"一代人有一代人的长征，一代人有一代人的担当"曹文宣没有成为音乐家，最后却成了生物学家。20世纪50年代是中华人民共和国重建社会秩序的重要时期，他如饥似渴地读书学习，渴望自己能为祖国的建设添砖加瓦，用自己的青春热血开始弹奏属于他自己的生命乐章。榜样是一种精神，一种力量，一面"镜子"，更是"一个标杆"。青年时期的曹文宣遇到了影响了他一生的老师——我国著名动物学家、教育学家刘承钊。刘承钊非常提倡学生要到野外去观察和采集生物标本，在前辈的感召下，曹文宣加深了对自然科学的浓厚兴趣，对野外考察也充满了向往，没想到科学这条路一走就是一生。

那个时候上大学，因为刚解放不久嘛，开始我上的华西大学，曾是个教会学校，1951年由教育部接管。刘承钊先生是一个很有名的两栖生物专家，他那时出任了第一任校长。华西那个时候有很多有名的医学专家，很多都是英国皇家学会的会员，互相都不买账的，但是都佩服刘先生，刘先生可以很好地团结他们。在华西的时候我只读了一年（1952年院系调整后，转入四川大学），二年级的时候，他们要出去实习，去峨眉山野外考察。我对此非常感兴趣。我很佩服刘先生，那个时候他大概有五十几岁了，却常常去野外采集大量的资料，他不是坐在实验室搞研究的。他研究两栖类像青蛙这一类的，不光是研究蛙的样子和颜色，还观察它的生活史。它在哪里生长，在哪里繁殖。不光是蛙类成体形态，他还研究蝌蚪，研究蝌蚪的形态，从卵到成蛙整个生活过程、生态适应都要全面了解。从树上、河滩上、河流里，这些知识都需要到野外去观察……我很佩服他，也对野外考察萌生了兴趣，我在野外工作时的态度和习惯完全是受刘承钊先生的影响。

二、格"鱼"致知，冰心为民

"才饮长沙水，又食武昌鱼。万里长江横渡，极目楚天舒。"这是毛泽东主席1956年巡视南方后，在武汉畅游长江写下的词，一代伟人毛主席写下的佳句让武昌鱼闻名海内外。在湖北这个鱼米之乡、千湖之省所出产的各种河鲜、湖鲜当中，最知名的当然是武昌鱼。武昌鱼，学名"团头鲂"，俗称鳊鱼、草鳊等，是我国所特有的优良淡水鱼类。它具有能在池塘中产卵繁殖、成活率高、生长较快、容易饲养和捕捞、含肉率高、有较高的营养价值和味道鲜美等优点，深受消费者和养殖者的喜爱。

20世纪50年代，曹文宣被分配到中国科学院水生生物研究所，来到了令他仰慕已久的著名科学家伍献文身边，开始了对鱼类分类学和鱼类生态学的研究。也是从那时起，曹文宣如愿以偿地踏上了一条与鱼儿为伴的野外科研工作道路。他就像一只畅游在广阔水域的鱼儿，在他所从事的科研领域里，找到了自己的方向，在开拓性、创新性研究中找到了自己的价值，践行了尊重自然、取己所需的朴素哲学观。

1955年11月，我被分到了武汉水生所，然后被安排到梁子湖工作两年，研究团头鲂。我1955年下半年就到梁子湖，一直到1957年上半年7月团头鲂繁殖期间，我一直在做团头鲂的研究。那时候水生所有很有名的老专家，像伍献文先生和刘建康先生都是很著名的鱼类学家。到梁子湖去的时候，刘建康先生是我们鱼类生态学科组的组长。我们那里有六七个年轻的同志，都比我年龄大。我们一个人分两种鱼进行研究，我就分到团头鲂和三角鲂。团头鲂是梁子湖渔民早就认识的，他们叫"团头鳊"，另一种鱼叫"三角鳊"，现在也叫"三角鲂"。1955年易伯鲁先生发表了一篇《关于鲂鱼（平胸鳊）种类的新资料》的文章，命名新种"团头鲂"。自此，团头鲂成为了新中国成立后被命名的第一种淡水鱼类。经过研究我就发现团头鲂和三角鲂在生物学上有一定差异：团头鲂主要吃草，幼鱼吃浮游动物；三角鲂吃一种名叫"壳菜"的小蚌壳，当然也吃草。团头鲂的繁殖与鲤鱼、鲫鱼一样，把卵产在水草上，黏附在水草上面孵化。三角鲂是把卵产河里头的石头上面，不一样的。梁子湖的团头鲂品质好，因为这里的水好，团头鲂的食物主要是苦草和轮叶黑藻，梁子湖的水是很清的，那个时候可以直接饮用的，水质好，水域也大，有六十几万亩。

武昌鱼的由来，要从一句民谣说起："宁饮建业水，不食武昌鱼。宁还建业死，不止武昌居。"说的是东吴末帝孙皓迁都武昌，人民怨声载道，不愿迁徙。毛主席的"才饮长沙水，又食武昌鱼"就是根据这个民谣来的。东吴的武昌，并不是现在武汉三镇之一的武昌，而是不远处的鄂州。鄂州边上有个地方叫"樊口"，它是梁子湖畔水流入长江的出口，建有水闸控制梁子湖水位。秋天的时候，长江水位下降时，闸门就打开，梁子湖的水就流出去。那个时候渔民就用网在樊口捕鱼，捕的鱼是非常好吃的，特别肥嫩，据《湖北省志》记述"鳊鱼产樊口者甲天下"，味道是天下第一的。樊口属于武昌，当时鄂城在三国时代就叫"武昌"。武昌鱼那个时候很有名，指的就是指产于鄂城樊口的鳊鱼，而这些鳊鱼都是在梁子湖里生长的。后来从20世纪60年代末期开始养殖鳊鱼，现在叫武昌鱼。

当时梁子湖出产的团头鲂仅占总鱼产量的10%左右。之所以出产占比不高，是因为当地渔民捕食了较多的幼鱼，为了提高团头鲂在鱼产量中的比重，我和同事们在条件简陋的工作环境下，经常点着煤油灯，在实验室熬夜观察团头鲂的发育、孵化过程，研究它的生长习性，经过反复研究和试验完成了论文《梁子湖的团头鲂与三角鲂》。论文中，我提出可以通过人工繁殖获得团头鲂鱼苗，实现池塘养殖。我也因此成为提出武昌鱼人工养殖的第一人。

1962年我在《人民日报》写了一篇文章叫《漫话"武昌鱼"》，介绍了团头鲂作为养殖鱼的优点，把团头鲂人工繁殖推广。你问武昌鱼为什么味道这么好吃，因为武昌鱼生活的梁子湖水清，水清溶氧量就高，浮游生物生长得好，水草主要是苦草，还有黑藻，都是团头鲂的食物啊，溶氧量在

8 mg/L 以上，氧气充分，营养就好，鱼生长得就好，肉味肥而不腻。现在的问题就是养殖的鱼，要喂饲料，有时候鱼生病了就用鱼药，所以味道就没有野生的好吃嘛。要想让鱼的味道鲜美，要不断改善水质，更要改善养殖条件。

曹文宣的研究不仅让人们首次从科学的角度重新认识了鱼类，也让人们看到人工养殖武昌鱼的市场价值和可能性，也使武昌鱼从此"游"上千家万户的餐桌。"以自然之道，养万物之生"，在曹文宣的眼中，鱼类同人类一样，都是自然界的一员，这些"小小生命"也应拥有自己的生存空间。为了珍稀鱼类的保护，也为了丰富民众的餐桌，曹文宣的鱼类生物学研究一直立足于将科技成果服务于民生的宗旨。

三、不畏艰险，千淘为真

"如果远方呼喊我，我就走向远方，如果大山召唤我，我就走向大山。双脚磨破，干脆再让夕阳涂抹小路。双手划烂，索性就让荆棘变成杜鹃。没有比脚更长的路，没有比人更高的山。"这种纯粹、执着而又充满艰险的诗歌意象在曹文宣多年的科学考察中都变成了亲身经历的现实。从 1956 年至 1983 年，曹文宣的野外调查涉及新疆、西藏、青海、四川等 13 个省区，长江、黄河、澜沧江、怒江、雅鲁藏布江畔都留下了他的足迹。他曾九进青藏高原，征服最高海拔达 7 000 米的地方，只为开展鱼类生物学的科学考察，他创新性地论证了青藏高原的地质发展历史。跋山涉水，他用执着的脚步走出自己的科研之路。

1959、1960、1961 这几年我都是参加中国科学院西部地区南水北调综合考察队。南水北调工程是我国的战略性工程。南水北调规划除了东线、中线还有个西线（毛主席提出来的），当时中国科学院的副院长竺可桢先生，提出来西线的自然条件、自然资源都不清楚，就组织了综合科学考察队，了解调水地区的地质地理条件和自然资源。我在 1959、1960、1961 这三年，都参加了考察，到横断山区、独龙江、怒江、澜沧江、金沙江、青藏高原、甘孜阿坝这些地区调查，采到了大量的标本。伍老（伍献文）这个组是鱼类分类学组，正在编写《中国鲤科鱼类志》，我就负责裂腹鱼这一章的编写，参与鱼类分类学这方面的工作。1956年我随鱼类分类学组到青海湖考察，青海湖的湟鱼也是一种裂腹鱼。1962年的时候，我为了补充一些编志缺乏的标本，到新疆采了一些标本回来。1964年我完成了裂腹鱼内容的编写工作。1966年，我参加中国科学院珠穆朗玛峰地区综合科学考察队进入西藏。后来1970年，1973～1976年青藏高原考察我也参加了。1973年到的是察隅，1974年到的是墨脱，1976年是穿过羌塘高原无人区到达阿里地区去搞了半年，搜集了大量材料。我搞鱼类分类工作大部分时间是在高原上，当然也去过像云南、广西等地方。生物是在自然环境中生存的，你不到它生活的环境去，你怎么了解它的生物学特征呢？再说，我们青藏高原鱼类研究得比较少，过去都是一些外国人进行研究，作为中国人要对中国土地上的生物有深入的研究。

我研究的主要是裂腹鱼类，1977年在威海举行青藏高原学术讨论会的时候，我提交了一篇论文就是《裂腹鱼类的起源和演化及其与青藏高原隆起的关系》，把我发现裂腹鱼的起源和演化跟青藏高原隆起相关，从时间、幅度都有很大关联，与青藏高原新近纪末期开始的隆起所导致的环境条件的改变密切相关。这篇文章为探索青藏高原隆起的时代、幅度和形式提供了佐证，引起当时科学界的反响，成为中国科学院重大课题"青藏高原隆起及其对自然环境与人类活动影响的综合研究"的重要内容。该课题获国家自然科学奖一等奖。有位老先生、老院士施雅风，他看到我就指着我说"三个阶段"。我提出的裂腹鱼演化分三个阶段——即裂腹鱼类演化系统中的三个性状等级所反映的演化过程中的三个发展阶段，与青藏高原隆起的三个主要阶段存在着对应关系。通过很多地质学方面的研究成果证明了这不是偶然的巧合，说明是自然的过程。因为鱼类是离不开水的，它的演化和当地的自然环境有很密切的关系。三个不同高度的垂直带，体现着裂腹鱼类的三个显著演化阶段，隆起的海拔越高，鱼类的特化程度越甚。由此可以推论，裂腹鱼类三级主干属各自聚群地带的海拔高度，大体即是高原历次急剧隆升后所达到的高度。

"以天为被，以地为床"，披荆斩棘栉风沐雨。野外考察的艰苦条件对身体及意志是双重的考验。带着简单的行李、简陋的渔网和他心爱的试管，凭借坚韧的毅力和过人的胆识，怀着对自然的无限敬畏及对科学的无限痴迷与热爱，曹文宣终于查明了青藏高原的鱼类情况，建立起裂腹鱼亚科的分类系统，理顺了一百多年来中外学者对珠穆朗玛峰地区鱼类分类学的混乱状况，并首次把鱼类演化与青藏高原的隆起结合起来研究，从而发展出了我国自己的动物地理学理论研究。除团头鲂、裂腹鱼外，曹院士还对另一种小鱼情有独钟。

稀有鮈鲫是长江特有鱼类中的小鱼。稀有鮈鲫长不大，只有五六公分（厘米）长，但对病毒和重金属非常敏感。现在，我们的环保部门已把稀有鮈鲫作为化学品生态毒性的一种测试鱼类。1982年四川农大的两位老师傅天佑、叶妙荣带了很多种鱼的标本来让我来帮他们鉴定。鉴定的时候我看稀有鮈鲫就不同于一般的中华细鲫。他们说这种鱼是个新种，我说可能是个新属，这鱼的学名还是我建议取的。我建议他们把这种鱼的特点写出来，就在1983年《动物分类学报告》中发表了。1989年我带研究生开始做稀有鮈鲫的研究。稀有鮈鲫的形态有点像中华细鲫。张孝威先生1944年发表文章《川西、康东鱼类志》，他曾经在川西、康东进行调查，他也去过富林，这个小鱼当时他没有采到。稀有鮈鲫学名就是这样来的。我在指导硕士研究生选题的时候，考虑到它在两岸生长杂草的山溪中栖息，稻田沟里头也有。我提出了自己的想法，第一能不能作为实验鱼，第二就是能不能作为灭蚊鱼。这类鱼全世界都有，我国浙江一些地方也有。食蚊鱼对温度的要求高一些，温度低一些的地方食蚊鱼少一些。另外20世纪80年代开始养观赏鱼，有些养金龙鱼、银龙鱼，它们要吃小鱼的，所以第三可以大量繁殖小鱼作为饲料，喂金龙鱼、银龙鱼这些观赏鱼类。于是我决定将"稀有鮈鲫生物学研究"作为研究课题，将研究生王剑伟带到汉源县农村一个农民家里，在那里做了一年多的研究工作，发现了稀有鮈鲫有很多特点：首先它繁殖要求的温度较低，14℃就可以产卵，而一般用作实验的斑马鱼需要28℃才能繁殖；其次它和斑马鱼一样，每四五天产一批卵。只要食物充分，水温保持在14℃以上，它一年四季都可以繁殖；繁殖很快，经4个月便达到性成熟，一年可传三代；再就是它对水中的低溶氧有很强的耐受力，可在0.5 mg/L的水中生活一段时间……基于这些，我就考虑把它作为实验鱼是很好的。后来所里有很多同志搞其他研究工作，用稀有鮈鲫来做实验，特别它对病毒非常敏感，比如草鱼出血病是一种病毒，用它来研究草鱼出血病就有很大好处，它一年可以产三代，而草鱼要四五年才能产一代，太慢了，所以这个稀有鮈鲫作为实验动物是非常好的。这也算把研究应用于民吧。稀有鮈鲫从1989年开始研究，2003年关于化学品实验室的检测规范就写出来了，要求生态毒理学数据要在中国境内用中国的供试生物来做检测，指定用稀有鮈鲫来做受试鱼类，因为它对化学品非常敏感。普遍使用的实验鱼斑马鱼，不如稀有鮈鲫对重金属敏感，稀有鮈鲫可以作为检测化学品的一个很好的实验动物。

曹文宣对自己的研究如数家珍，信手拈来，他总在不断思考问题，关注新品种的形态、习性和特点，不仅自己研究，也积极带动年轻一辈科研工作者和指导学生继续深入研究。这股孜孜不倦的劲头在他早年多次野外考察中也早有显现。

那时候的野外科考，没有越野车、GPS、鱼探、水下摄像，任何高端装备。野外采集鱼类标本全靠自己撒网、手捞或用渔网等原始渔具。

比如像甘孜阿坝横断山区，现在西部大开发建了许多水电站，像金沙江、大渡河、雅砻江上游修很多水电站，那个时候我都会去采标本，大鱼在哪里，小鱼在哪里，吃些什么东西，我都清楚得很。水电工程对生态系统的影响，导致太多问题出现。在野外我是自己抓鱼的，那些个地方没有渔民，都是自己撒网、钓啊、钓啊，想办法大鱼、小鱼各种鱼都采到。到高原去不仅要证明那里有什么鱼，还要证明那里没有什么鱼。我尽量采集，包括一些小鱼，大鱼采不到，小鱼采得到。如果小鱼都没有的话，就说明这个地方没有这种鱼了。

西藏的雅鲁藏布江自西向东流经藏南谷地，沿途有温泉汇入的河段水温较高。正常情况下西藏很多河流结冰，但有温泉的河流不结冰，因此在雅鲁藏布江水系发现了如泥鳅、黄鳝、麦穗鱼、鲤、鲫等外来种，且已经形成了自然种群。

20世纪60年代初，我所在的考察队来到滇西北的深山峡谷中考察了三个月，到最后从贡山到德钦途中弹尽粮绝，队里叫我们三个人打前站，去借粮。借粮要渡过澜沧江，而溜索是唯一的渡江工具。那时候没有钢索和滑轮，溜索由两根差不多七八厘米粗的竹篾片编的绳子，有七八十米长，是弯曲下沉的，绷不直。一根西高东低，一根东高西低，安上木制的轴瓦形的"溜壳"，便可以来回滑行。"溜壳"就是一棵树，剥开后中间掏一条槽，上面打两个洞，穿上皮带，"溜壳"就扣在竹索上，打点油，让它光滑。我将溜索附带的牛皮带绑在腰间和腿上，双手抱紧轴瓦形的"溜壳"，在岸上猛跑几步，借助惯性，飞速地向对岸滑去。耳边是呼呼的风声、脚下是三四十米深的江水。我过到半中央的时候，突然滑不动了，我发现"溜壳"的槽居然脱离溜索，翻出来了，歪向了一边！如果皮带不扶正，再用劲儿拉的话，保准两下就断了。当时离对岸还有三十几米，周围除了风声就是水声，向下看，感觉人像坐在飞机上一样，底下的水流非常湍急，情形十分紧张。我镇定下来，用一只手作支撑，努力做"引体向上"，用很大的力气才把"溜壳"的槽重新翻进溜索归位，再使劲用力把自己往对面拉，拉过去后，人就筋疲力尽了。

在这次考察中，曹文宣发现了新种小裂腹鱼、吸口裂腹鱼、怒江裂腹鱼、澜沧江裂腹鱼、保山裂腹鱼、贡山裂腹鱼等。丰硕的科研成果背后，是数不尽的艰辛与付出。从1956年到1976年的21年间，他前后9次踏上青藏高原。有人统计过，曹文宣从事野外考察研究的时间，累计超过十五年，采集了三百余种、上万个鱼类标本，并发现了22个鱼类新种。爬雪山、下深涧，长途跋涉于荒无人烟的冰原之上，野外恶劣的环境，对曹文宣的健康产生了很大的影响，由于下湖捉鱼，他不幸染上了血吸虫病；双目也因为高原的缺氧及强辐射而患上了白内障，就连指甲也悄悄地变形了，但曹文宣对科研的热情并没有因此消减，他不断向着更高的科研山峰攀登。1984年曹文宣荣获首届"竺可桢野外科学工作奖"，可谓实至名归。

四、为鱼代言，矢志不渝

长江是我国第一大河流，也是生物多样性资源极其丰富的一条生态河流。在长江流域，鱼类资源具有种类丰富、资源量大，特有性高、经济物种多和分布区域差异大等特点，是我国淡水渔业的摇篮。据不完全统计，长江流域有水生生物 4 300 多种，其中鱼类 400 余种，特有鱼类 180 余种。

这里曾是中华鲟、长江鲟（又名达氏鲟）、白鲟等国家一级保护动物的乐园，近三四十年来，伴随经济发展、工业繁荣及人类活动的影响，渔业捕捞强度急剧上升。白鳍豚、白鲟已难觅踪迹，中华鲟、江豚的数量也岌岌可危，就连青、草、鲢、鳙长江"四大家鱼"的资源量也大幅萎缩。

曹文宣最爱长江水，也最爱长江鱼。他说鱼儿虽是动物，也需要保护。一辈子同鱼打交道，最了解它们，他有责任帮鱼类讲点话。曹文宣是鱼类研究专家，了解它们的结构、习性；更是鱼类的代言人，鱼类家园的守望者，他深知鱼类的危机、鱼类的窘状，他要守护鱼类生存栖息地。20 世纪 70 年代以来，曹文宣长期致力于长江鱼类资源和珍稀特有鱼类物种保护的研究，他主持了多项有关水利工程建设对鱼类资源的影响和对策的研究，他深切地体会到，因为人类的不合理开发，鱼类的生存环境越来越差，生活空间也越来越小，一些鱼类甚至濒临灭绝。2016 年 1 月 5 日，习近平总书记在重庆"推动长江经济带发展座谈会"上听取对推动长江经济带发展的意见和建议，并发表重要讲话，曹院士对此记忆犹新：

习近平总书记 2016 年 1 月在重庆的讲话，就提到当前和今后相当长一个时期，要把修复长江生态环境摆在压倒性位置，共抓大保护，不搞大开发，要把实施重大生态修复工程作为推动长江经济带发展项目的优先选项。现在长江生态怎么修复，这个问题就涉及水电大开发的问题。

我很早就注意到人类经济社会发展导致生态环境变化并对鱼类生态造成影响。1958 年我在重庆工作站的时候，长办（长江流域规划办公室）就委托我们调查岷江一带的水生生物，我们也写了相关的调研文章。后来 20 世纪 70 年代的时候我在汉江、富春江做调研，还发现了一个新的问题，就是鱼的产卵期推迟了，比长江的产卵期推迟了。情况是长江 4 月底～5 月初鱼儿开始第一批产卵，富春江那里要 5 月下旬才产卵。后来我就追溯这个原因，追溯到新安江，就是千岛湖，新安江水库是一个多年调节水库，发电出来的水是低温水，7、8 月份的时候那里的自来水都是很冷的，只有十几度，冰手的。人们游泳都不能在下面河里游，都是在水库里游。我通过查阅资料及 60 年代以来每年我们研究室的野外调查资料，发现江鱼产卵温度没有低于 18 ℃的，都是 18 ℃以上才能产卵的。所以 18 ℃是后来搞人工繁殖的水温需要，如在云南，四季如春，十几度水温，很难达到 18 ℃，所以云南搞人工繁殖往往是不成功的。因此，1983年的时候，我们写了一个研究报告探讨人类社会发展与水生生物的生态环境保护问题。

人类对鱼类的影响有多种因素夹杂在一起，其中渔业捕捞的失控，一度成为影响长江珍稀、特有鱼类生存的最关键因素。我发现捕捞对鱼类资源破坏得很严重，从80年代开始用尼龙线和胶丝代替传统的麻、棉、丝等织网材料后，捕捞强度明显提高，特别是用机器织胶丝网，很密，直径1.5厘米的网眼能把小鱼、小虾都捕起来，对技术要求不高、利润也大。过去渔民用手工织渔网，没有捕鱼技术。现在只要有钱就能买得到那种网，雇两个人就可以搞"迷魂阵"，"迷魂阵"有9个网袋，而网织得更密。倘若有鱼不慎游到"迷魂阵"里，它就像进入了一座迷宫，根本绕不出来。把网袋解开，里面好多都是长不盈寸的小鱼。拉一两百米长拦河的网围起来，各种小鱼都能捉到。再加上搞电捕，用两条轮船横拉电缆在江中捕鱼，所到之处所有动物悉数击毙。

2003年渔业部门规定了3个月的休渔期，长江中下游是4、5、6三个月。休渔期过了我让学生下去调查，发现"迷魂阵"中有大量5月刚刚生出来的小鱼，是四大家鱼的幼鱼。9厘米长的草鱼、5厘米长的鲤鱼……那些如手指般细长的小鲦鱼，平均每条的体重仅2.5克。所以休渔三个月可以起到一些保护产卵期鱼的作用，但是幼小的鱼还是会被捕捞起。特别是"迷魂阵"、电捕这些手段，可以把大鱼小鱼都抓到。2007、2008年我去洞庭湖调查，发现那些渔民一早上要搞一船小鱼到岸上卖给养鱼的个体户，养甲鱼、养鲇鱼的这些养殖户作为饲料，几毛钱一斤，其中有鲤鱼、鳜鱼的幼鱼拿去做饲料，很浪费，资源破坏得非常严重。20世纪60年代，我在江西湖口调研，经常能看到上百斤的青鱼，现在都看不到了。2000年以后，白鳍豚、白鲟等国家一级保护动物相继功能性灭绝，让人心痛！2006年我提出来要求保护长江资源，现在渔民靠传统的方式捕不到什么鱼，也没办法生活，所以只能靠非法的"迷魂阵"、电捕。你看汉江的渔民拖网周围都拴着电极，一个电瓶充电，都用这种方式来捕捞的。电捕是明文规定禁止的，违法渔业一定要被禁止，因此我建议休渔时间要充分，以至要有一定的恢复期，连续10年，给鱼类繁衍以足够的时间。让长江充分休养生息。

二十世纪八九十年代，一些水电的无序开发，使河流断断续续断流干涸，河流生态系统遭到严重破坏，生态系统服务功能丧失。1981年，曹文宣将中华鲟确定为救鱼措施的主要对象，并科学地论证了其可以在坝下自然繁殖，主张进行繁殖群体保护和人工繁殖放流，保障了这一珍稀鱼类的繁衍生息，并提出建立自然保护区、恢复河流原来的自然流态、人工繁殖放流等保护措施。

为了守住鱼儿已经非常有限的生存空间，经曹文宣多方呼吁，2005年国务院批准建立包括整条赤水河在内的"长江上游珍稀特有鱼类国家级自然保护区"。从2017年1月1日起，赤水河成为长江首条实施全面禁渔10年的一级支流。近年来，曹文宣致力于长江鱼类资源和珍稀、特有鱼类物种保护的研究，包括"赤水河水域生态和水生生物调查"等监测研究项目等，耄耋之年的他仍然为保护鱼类的生长栖息地不懈努力着。

对中华鲟的保护要从20世纪70年代说起，我国开始修建葛洲坝水电站。当时有两种意见，一种意见认为要为中华鲟修鱼道，让它通过鱼道上去；一种意见认为修鱼道不能解决问题，因为中华鲟太大了，它是一种大型的洄游性鱼类，中华鲟可以长到1500磅，大概是1300多斤[①]。国外还没有大鲟鱼能够通过高坝的例子。北美和欧洲一些国家在水利枢纽修建过鱼设施，主要是针对鲑科鱼类(如大麻哈鱼、鳟鱼)，其次是鲱科和鲟科的洄游性鱼类。鲑科鱼类有强烈的回归性，并且有很强的游泳能力，必须返回到原来的出生地繁殖，亲鱼繁殖后死亡，像大麻哈鱼，大麻哈鱼上去后生了（产完卵）就死了，也不存在下坝问题，这是欧美修建鱼道有一部分获得成功的原因。我国的鱼类区系与欧美有很大的差别，中华鲟生后还要回到海里去，它不是生一次就完了，它还要下来。对这些鱼类的保护问题不是修建鱼道就能够解决的。修建过鱼设施是一项花费巨大的工程，如果不尊重科学事实，硬性要求每个水电工程均修建过鱼设施，不但不能达到保护资源的目的，还造成资金上的浪费。上游原有的中华鲟产卵地没有了，可以代之以繁殖群体保护和人工繁殖放流，不仅保证了该物种的繁衍，而且为国家节约大量的基建投资。令人振奋的是，1982年10月底到11月初，我们科研团队在葛洲坝下游发现了中华鲟在新形成的产卵

---

① 1斤＝500克。

场自然繁殖的情形，捕获了吞食中华鲟卵的鱼和捞到了刚孵化的中华鲟鱼苗。

2021年5月21日，以庆祝"国际生物多样性日"和第二个"国际茶日"为契机，中国常驻联合国代表团与《生物多样性公约》秘书处、联合国粮农组织共同举办网络研讨会，主题是"通向昆明之路，共建地球生命共同体"，各方围绕2021年10月在云南昆明举行的《生物多样性公约》第15次缔约方大会筹备工作进行深入讨论。

2021年在昆明召开了国际生物多样性保护会议，提出保护生物多样性就要保护多种生物的栖息地，从生态系统的角度来保护它。栖息地是一个很大的概念，不同种类要求的栖息地不一样，有些在湖泊里面，有些在河流里面，比如圆口铜鱼、岩原鲤就是在长江的流水里生活的。水利大坝一修，600多公里①长的长江上游江段将由急流环境变为缓流环境，这将使124种长江特有鱼类中的40多种面临生存变化。金沙江下游溪洛渡原来也是1000多公里长的江，水电梯级开发后流水变成梯级水，梯级是一段接着一段的，中间是没有河流流水的，下面从向家坝横断口到重庆马桑溪河口的干流江段，只有300多公里，受到金沙江水库调节调速后下来低温水的影响，不光是水库的栖息地没有了，就是河流里的鱼类栖息、繁殖的生态条件也改变了，水温、涨水条件、水生生物的组成都发生了改变。

长江上游的特有鱼类有124种，分别分布在不同的河流或河段，它们是上游鱼类的代表性物种，是生物多样性保护的主要对象。在上游的金沙江、雅砻江和大渡河等水能蕴藏量较大的河流修建梯级大型水电站后，这些特有鱼类的栖息地已大部分丧失甚至完全消失，已经不能继续在原河段生存。

现在来说，这个问题非常严重。中华鲟从2013年开始长江宜昌就没有产卵，上游的长江鲟从2007年开始就没有产卵了，就靠人工放流，过去每年放流都被渔民捕起来了，今年我们调查赤水河的时候，发现了体重十几斤的长江鲟，但是还要过两三年，特别是五年后要看看能不能在赤水河产卵。赤水河分布有鱼类160多种，其中长江上游特有鱼类46种。赤水河鱼

---

①1公里=1千米。

类种类组成与长江干流和金沙江下游的鱼类组成相似。原来在金沙江中、下游繁殖的长薄鳅、中华金沙鳅等鱼类，受向家坝电站阻隔，已进入赤水河产卵；2018年也发现草鱼在赤水河繁殖。现在赤水河干流没有修水坝和电站，保持着天然的河流特征，同时流程较长、流量较大，水域生态系统较有代表性，但支流像桐梓河等还是修了一些水电站，需要加以整改。长江上游珍稀特有鱼类国家级自然保护区干流段的水温、径流过程等生态因素受上游不断增多的梯级电站叠加影响，可能更加不利于鱼类繁殖，到那时赤水河的物种保护作用将更加凸显。

在目前的情况下，要保护这些特有鱼类，只有从一些与上述梯级开发河流相连的支流着手。因为在这些支流内，原来就生存有与相连通干流相同的特有鱼类，只是由于二十世纪八九十年代无序的小水电站开发破坏了支流的水域生态，使它们生存条件恶化。建议首先在青衣江、安宁河、水洛河和藏曲进行生态修复。对这些分布有较多特有鱼类的支流进行生态修复工程建设，将整个支流水系的小水电站全部拆除（小支流上游的蓄水水库除外），恢复河流原来的自然流态，建立自然保护区，使适应于这种生态条件的鱼类得以正常生长繁衍。这将发挥巨大的生态服务功能，不但能维持原有的生物多样性，保护珍稀、特有鱼类，还有净化水质、美化景观、便利灌溉、调节气候等生态服务功能。

比照赤水河生态河流的自然状态，防止大型水库径流调节对水生生物造成的不利影响，在水生生物重要栖息地和关键生境建立自然保护区，建立健全生态补偿机制，实施全面的生态修复工程，充分发挥自然河流净化水质和维护生物多样性的生态服务功能，使一些濒危的上游特有物种得到切实有效的保护。这是落实《国务院办公厅关于加强长江水生生物保护工作的意见》提出的"坚持保护优先和自然恢复为主"意见的重要举措。

"婴儿期即被捕捞，没有繁殖力的长江哪还能有鱼。长江渔业的根苗，根本来不及长大，根本没有机会长大。禁渔期太过短暂，而人类的贪婪又太过膨胀"，2006年曹文宣院士在一次学术报告中建议"十年禁渔"，并在各种相关媒体上进行呼吁。2007年首届长江生物资源养护论坛上，曹文宣和13名中国科学院院士和中国工程院院士联名倡议保护长江生物,建议长期全年禁渔。接下来的日子里，曹文宣和他的同事们不断地在包括全国两会在内的相关渠道建言献策，呼吁长江流域"十年禁渔"。2010年7月曹文宣代表近百名院士在"世博会长江水生生物养护宣传周"上宣读《长江水生生物养护院士倡议书》，倡议"行动起来，保护母亲河，建设和谐长江！"一份《长江"十年禁渔"政策制订落实过程》共7页，记载着曹文宣和同事们的不懈坚持。2020年7月8日，国务院办公厅专门印发《关于切实做好长江流域禁捕有关工作的通知》，长江流域重点水域"十年禁渔"全面启动。长江的"十年禁渔"，终成现实。

长江禁渔期制度，对渔业资源保护将产生一定效果。阶段性休渔治标不治本，不能从根本上解决长江生态问题。禁渔不仅是保护鱼类的举措，而且是关乎修复长江生态、保护自然资源的大问题，这将关系到长江生态的可持续发展。如果说长江"病了"的话，那么"十年禁渔"是对母亲河的一次抢救。如果长江没有鱼，渔民也没鱼可捕。我国作出长江"十年禁渔"的决定是下了很大决心的。长江里最常见的"四大家鱼"青、草、鲢、鳙等鱼类通常性成熟年龄一般为3～5年，连续禁渔10年，它们将有2～3个世代的繁衍，种群数量才能显著增加。

很早时候，长江里都是捕一些大的鱼，留着小的让它继续长。那时长江的水质好、水草多，鱼的种类也多。这是可持续利用的渔业，没有对水环境和水域生态系统造成损害。长江禁渔十年，实际上就是修复长江生态，让鱼类种群规模增大、水域生态健康，为我们子孙后代谋福利。禁渔十年，不是说十年内就不能吃长江的鱼。野生的不能吃，但养殖的可以吃。我们每年养殖的草鱼有500万吨、鲢鱼400多万吨、鳙鱼300多万吨，产量很大。我们从养殖条件、饲料各方面进行改进，养殖鱼的味道和野生的差不多，是一样可以吃的。人工养殖解决了大量繁殖和营养需求的问题，这些还需要做进一步研究。10年后，长江应该可以实行可持续捕捞，简单地说就是"捕大的、留小的"，捕捞的方式、地点、数量等都要有严格的规定。禁渔的目的不是说不吃鱼，而是让更多的人能够吃到更好的鱼、更长久地吃鱼。

长江不仅是鱼类的栖息地，也是长江边人类的栖息地，人与自然应该和谐共生。因为我在中国鱼类协会担任理事长差不多有二十年的历史，我就代表鱼类呼吁给它们一点生存的机会吧！有很多鱼，哪怕是很小的，诸如虾虎鱼等，在日本都把它们当国宝，因为他们是特有的。但是我们长江上有170种特有鱼类，现在可以作为国家保护动物的有几种，有很多鱼可能很长时间都没发现了。现在不注意保护的话，以后可能就绝种了。野生鱼类种群的恢复将有利于长江整体生态环境的修复，并为养殖鱼类提供优质的种质资源。

我们也要保护几条河，让它成为自然流淌的河流，让它生态系统能够完整，为各种生物提供适合生存的栖息地，使物种能够不断地繁衍。再就是维持生物的多样性，如果维护得好，确实也能对水域生态提供很好的保护。水域生态最重要的服务功能就是提供清洁的水源，我们中国最缺乏的就是淡水资源，由于多种原因，现在很多湖泊很多地方形成水质性缺水，污染得很严重，像我们东湖原来是自来水的水源地，后来水质变差，不能饮用了，最近东湖又发生了蓝藻水华。我记得以前东湖原来水草很多，鱼也很多的，现在生物多样性严重下降，说明水质比较差。如果生物多样性恢复了，它的水质自然就会好。鱼类的栖息地更好了，人类的栖息地也会更好。

保护长江，不光是在保护几条鱼，也是在保护整个生态系统，保护我们人类的健康。我相信禁渔十年之后，长江不光是鱼类能够很好地恢复，长江的水域生态也能够向好的方向发展。给长江十年，养中华命脉。爱它，就让它喘口气。十年禁渔只是长江保护迈出的一小步，修护长江生态环境还有很长的路要走。湿地、河流是地球的"肾"，如果它们的功能不全、水被污染了，生态就难以平衡。中国是水资源缺乏国家，人均占有量只有世界平均水平的1/4。生态修复就是要修复生态系统，保护生物多样性，使其结构都发挥正常的生态服务功能。

长江千百年来哺育了中华儿女，"十年禁渔"是以习近平同志为核心的党中央从战略全局高度和长远发展角度作出的重大决策，是落实长江经济带共抓大保护、不搞大开发的战略导向，扭转长江生态环境恶化趋势的关键之举。曹文宣作为长江"十年禁渔"政策首倡科学家，为了保护祖国的鱼类资源，保障生态安全，实现人与自然和谐共生、中华民族永续发展呕心沥血，砥砺前行。现在，长江武汉段经一年多时间的禁捕，已有了水生态好转的趋势。从2020年起，长江武汉段几次有江豚出现，渔民"洗脚上岸"后，鱼类慢慢回来了。"水中大熊猫"江豚现身长江、在水中逐浪嬉戏的消息屡见报端。这说明，长江武汉段全面禁渔后，水生态水环境正在向好的方面发展，能为珍稀特有鱼类提供良好的栖息空间。

五、砥砺初心，薪火相传

童年，梦想破土而出；青年，伴梦想御风而行；壮年，以梦为马，攀高远航；耄耋之年，曹文宣还是曾经那个怀揣梦想的少年，种在心中的信念丝毫未减。守护长江水生物，倡导人水和谐，这是曹文宣做得最浪漫的事，也是最幸福的事。而今，珞珈山麓、东湖之滨，曹文宣院士工作的地方——中国科学院水生生物研究所就坐落于这里。曹文宣钟爱此地，不仅因为东湖景色秀丽，风景宜人，更因为这里有他一生挚爱的事业。他爱鱼儿、他爱江河湖泊，他对大自然的爱永无止境，这种爱也让他在科研道路上不断地奋勇前行。

我们搞这项科研工作，除了要证明采集标本河段里有什么物种，还一定要证明出它没有什么。没有调查就没有发言权。我的老师刘承钊七十几岁还到野外去考察，我很敬佩他，他的为人、他的学识、他的品德一直都在影响着我。搞野外生态确实比较辛苦，但要解决具体问题，特别是结合生产生活，解决与我国民生有关的一些问题，做一些实在的工作，就离不开野外生态的科研工作。特别是现在的年轻人，一定要到野外去接触实际，这样才能有灵感，不能光是在实验室去看别人的文章，这样没有办法创新。

我们每做一件事情，总要有它的目的、意义，现在的社会，特别是年轻一点搞研究的人追求发表论文，发表论文能说明什么问题呢？这没有很好地联系实际和解决具体问题，不光是生产上的实际问题，即便是理论上的问题，也应该深入研究的。2014年我给年轻人题过一幅字，说"做科研工作，既要有激情，又要有耐心"。我觉得敬业很重要，干什么工作没有激情，没有劲，当成完成任务，工作是搞不好的。每一篇学术论文、每一个新的学术观点都做到实事求是，万无一失，好比说裂腹鱼的鳞片很小，特别要数侧线上下鳞片的时候，那都是在解剖镜下用针挑着数的。一般是要求数三遍，没有差异就说明你看准确了的，那时候要求不能马马虎虎的。

再就是要团结周围的人，要有团队意识。此外，对待工作要有耐心，要严谨，自己写的东西，要经得起时间的考验，尽量用最充分的数据。我现在一直在坚持建设赤水河生态检测站，让更多年轻人，包括一些研究生，在那里搜集野外的资料，现场做一些研究工作，为他们的研究工作提供平台，年轻人是我们的希望及未来，我希望年轻人能到野外，让自己的科研做得更扎实。

我们常说创新，创新来源于什么？我觉得我在学校的时候受刘承钊先生的启发，他能够研究两栖类的生态，像蝌蚪的形态和生态，这就是很有特色的研究。我的导师伍老教导我，做研究工作要"Original"，就是要开创性的、首创的，我们也经常考虑这个问题。特别是我现在也跟所里的年轻人讲，学生物的，应该到野外去，到野外去增长创新的思维，考虑一些在室内想不到的问题。很多院士都是在青藏高原锻炼出来的，都是在野外工作中激发创新的活力，在书本上看不到的或者其他没有想到的问题，可以在野外自然考察中发现。中国的知识分子要创新，要有自己的观点，这样，我们的学科才能领先于世界，我们中华民族才能在世界上挺起脊梁！

曹文宣院士有着给人启迪、催人奋进的榜样的力量，他有胸怀祖国、服务人民的爱国精神，勇攀高峰、敢为人先的创新精神，追求真理、严谨治学的求实精神，淡泊名利、潜心研究的奉献精神，还有集智攻关、团结协作的协同精神，甘为人梯、奖掖后学的育人精神。相信未来会有更多的年轻一辈继承老一辈科学家院士独特的精神气质，向着科学技术广度和深度进军，为建设科技强国继续踔厉奋发、勇毅前行！

5

刘经南：仰望星空筑梦北斗 大国重器行稳致远

我这一代的中国科学家有着一种与生俱来的强烈家国情怀和责任感，也是一种使命意识。即希望把中国建设得像发达国家一样——国力强盛、科技发达、民族复兴、人民幸福！

刘经南 二〇二一年八月廿三日

刘经南：仰望星空筑梦北斗　大国重器行稳致远

刘经南，男，汉族，1943年生，湖南长沙人，教授，中国工程院院士。1982年9月毕业于武汉测绘学院天文大地测量专业，获硕士学位。曾历任湖南省煤田物测队技术员、助理工程师，湘潭矿业学院（现湖南科技大学）教师，武汉测绘科技大学（现武汉大学测绘学院）教师。1992年1月任武汉测绘科技大学大地测量系副主任兼地学空间测量与地球科学研究所副所长；1993年12月任武汉测绘科技大学地球科学与测量工程学院卫星测量所所长；1995年9月任武汉测绘科技大学地学测量工程学院院长；1997年2月任武汉测绘科技大学党委常委、副校长（副厅局级）；1999年当选为中国工程院院士；2000年8月任武汉大学党委常委、副校长；2003年7月任武汉大学党委常委、校长（副部级）；2012年9月至2018年8月任昆山杜克大学校长。刘经南院士还是教育部科学技术委员会委员、湖北省天文学会副理事长、《武汉大学学报（信息科学版）》主编、《测绘学报》编委、国际GPS（全球定位系统）地球动力学服务组织（IGS）协调成员、国际杂志《全球定位系统解决方案》（*GPS Solutions*）编委。现任国家卫星定位系统工程技术研究中心主任、中国测绘学会常务理事、国际《全球定位系统世界》（*GPS WORLD*）杂志编委、国际GPS地球动力学服务组织协调成员。2008年当选全国政协第十一届全国委员会委员。

刘经南院士负责完成了国家A、B级GPS网的设计方案和数据处理、深圳市连续运行卫星定位服务系统、湖北清江隔河岩大坝GPS形变监测系统的总体设计方案和软件开发、中国广域差分GPS建设方案等多项科研项目，推动了中国省级及城市级连续运行卫星定位服务系统的建设。先后获得3次国家科技进步奖，多次省部级科技进步奖和1次国家教委教学成果奖一等奖。曾获得中国科协"全国优秀科技工作者"等多项荣誉称号。代表著作为《GPS广域差分定位原理和方法》，发表论文150余篇，其代表作有《精密全球卫星定位系统多期复测研究青藏高原现今地壳运动与应变》等。他还是国产卫星准实时厘米级精密定轨系统及其重大工程应用的主要完成人之一，2019年度国家科学技术进步奖二等奖获得者。2019年12月26日，入选"新中国70周年百名湖湘人物"榜单，并获得湖北省2019年度科学技术突出贡献奖等诸多奖项。

采写人：何冬梅、杨敏丽。根据2019年12月、2020年8月先后两次采访刘经南院士口述整理。

刘经南院士 2003 年在打乒乓球

刘经南院士 2012 年在第三届中国卫星导航学术年会上作报告

刘经南院士 2014 年在昆山杜克大学开学典礼上发言

刘经南院士 2020 年获 "2019 年度湖北省科学技术突出贡献奖"

刘经南院士 2021 年捐资 200 万设立奖学金签约仪式

5. 刘经南：仰望星空筑梦北斗　大国重器行稳致远

一、动荡年代，幸福童年

一代人有一代人之精神、一代人之风骨，更有一代人的风华正茂、一代人的艰苦卓绝。刘经南院士的童年里不仅有父辈们在动荡与纷扰中作出的正确抉择，有"人间正道是沧桑"的家国情怀，更有融入生命中的温暖与爱。其中，不乏祖父夸赞的临摹帖，祖母口述的牛郎织女故事，还有一本本生动的连环图以及关于星空的梦想……"北斗人生"的大幕就此缓缓拉开。

我们家是在抗战期间从重庆坐船来到武汉的。那时候我的祖父及外祖父都在竞聘南京的一官半职，没有聘上，于是辗转来到武汉。据说我祖父读过私塾，后来又去外面读了所谓的"洋学堂"，回到乡下后，就进了当时长沙靖港古镇（传说唐朝李靖将军在此驻过军）的靖港学校教书。他们按照现在的方式教学，教白话文。其间，共产党领导下的湖南农民运动兴起，祖父曾告诉我他们也帮农民运动干部写材料、做宣传。记得当时在《湖南农民运动考察报告》里有几句话，好像是"头等的跑到上海，二等的跑到汉口，三等的跑到长沙"。[①]我外祖父听说广东比较热闹，就直接跑到广东去了。他写信给我祖父，让他到广州来，告诉他读黄埔也可以，读农民运动讲习所也可以。我祖父收到信后就跑到广州去，毛泽东在那里搞"讲习所"[②]嘛。我的外祖父从黄埔军校毕业后，经过三个月的专门警务培训，到了南京，成为一名警察。抗战以后去过重庆，后来又在汉口警察局当了局长，我的祖父也是他的部下。现在汉口有个警察博物馆，里面还收藏了我外祖父的手迹。我外祖父和祖父都写得一手好字，他们跟我讲，汉口很多商户铺面的招牌都是他们手书的呢。

大概1948年底、1949年春节前，大别山一带已经解放了，汉口快要解放了，仗已经打到江北的时候，汉口的民心不稳了，国民党已经开始大撤退了。那时候我的祖父和外祖父就到长沙去了。我父亲是中央大学学法律的，他毕业后本在上海实习，想留在上海，但因为家里人都在武汉，所以父亲最

[①] 原文是"在农会威力之下，土豪劣绅们头等的跑到上海，二等的跑到汉口，三等的跑到长沙，四等的跑到县城，五等以下土豪劣绅崽子则在乡里向农会投降"。

[②] 即广州农民运动讲习所。

后还是回到武汉。最初他想进武汉大学的法律系任教，但是长辈们还是希望他当官，所以他还是到汉口法院当了检察官。我们湖南人就是有这样一个特点，可能因为受曾国藩的思想影响，觉得"学而优则仕"嘛，觉得当官才能光宗耀祖。而我的父亲在重庆读中央大学时就积极靠近共产党，觉得国民党比较腐败，因此参加了共产党的地下党组织。解放的时候他就按照党组织指示负责保护所在法院的资料。因为我父亲对共产党的坚信和向往，所以我们一家留在了大陆。1949年8月长沙和平解放之后，国民党的飞机来炸长沙，我还记得那个轰炸的时候，家里人吓得要死，就把小小的我塞在一张床的下面，上面还堆了好多桌子板凳，然后他们也躲起来了。后来发现轰炸的对象主要是政府机关，不是我们平民，但当时心里还是很怕的。轰炸后第二天，解放军就进城了，我还清楚地记得欢迎解放军的情景，那时候长沙的太平街、北正街不像现在的街那么宽。坦克进来了，我们还去看坦克，很是壮观。那个时候长沙城里不太安全，我们就回了靖港老家，在农村里待了半年。那时候我的老爷爷（曾祖父）还在，他在乡间是有名的中医，在药铺坐堂，当时已经七十多岁了，小时候我还见过他。所以那个时候相当于我就停了半年学，直到过了春节才回到长沙，然后接着读小学，我的童年就是在战乱的动荡中度过的。

我的家庭对我影响还是很大的。我是三岁到武汉，那时候我已经开始有记忆，我印象中先后搬了几个地方：韩家巷、一元小路等。我记得三岁多到四岁的时候，祖父就开始让我练毛笔字，那个时候叫临摹帖，就是一种叫毛边纸的半透明的纸，把字帖放到纸下面蒙着写，用这样的方式练字。在祖父的教导下，我还读一些古诗。因为祖父是教师出身，所以我的启蒙教育开始得比较早，大概三岁半四岁就开始了。我对练字这段经历印象深刻，字写得好就一个字用红笔画五个圈，差一点的字就是三到四个圈都有。一看到五个圈，祖父就会摇头摆脑地点点头表扬一下。我从小受祖父教育的影响比较大，他经常鼓励孩子，很少批评孩子，他会经常跟我说"你行"。他说我的脑瓜子很聪明，将来一定能干大事。他常在来访的亲戚朋友、警察叔叔们面前显摆我，让他们看看我写的字啊、听听我念的诗啊。

我小时候胆子比较大，也比较调皮。记得有一次，我跑到江边的码头玩儿，看到长江里面有很多船，觉得很好奇。我现在知道了，那时停的不是普通的船，而是当时的中国军舰。我一个小孩子就自己跑到军舰上去了，军舰上的人看我是个小孩，都逗着我玩。我这里玩一下，那里玩一下，玩了好久，等到和船上士兵一起吃完晚饭，已经很晚了，家里人急得一塌糊涂，到处找我。我小时候记忆力好，有个特点——"不迷路"，玩完了我自己回到家，结果我妈妈狠狠地打了我，那是我记忆中挨打挨得最厉害的一次。我印象中爸爸和祖父是不打人的，妈妈打人，奶奶是经常劝和的，一般妈妈打我的时候奶奶总会出面拦着一点儿，但那一次就没有拦，她还说"该打！"

我奶奶和我母亲的文化并不高，但她们出身还可以。那时候重男轻女嘛，所以她们没有读过多少书。因为是从农村出来的，所以她们身上吃苦耐劳、善良淳朴、坚韧不拔这些美好品质一直影响着我。记得小时候，逢年过节，家里都会做一大钵饭、一大锅菜，菜主要就是红萝卜、白萝卜炖肉汤，就摆在院子外面，给"叫花子"、穷苦人们过年吃。记得有一次，也是过年的时候，我从外面玩累了，饿了跑回来，看见有肉汤，锅上也没有盖子，里面还有我最喜欢吃的红萝卜、白萝卜，一阵阵诱人的香味从锅里飘出来，我就舀了一碗，正准备吃，奶奶看见了，跑过来打我的手说："这不是你吃的！你一吃，那些穷人就不敢吃了！"这件事情给我留下了深刻印象，奶奶是从来不打人的，奶奶很喜欢孙子，就那次把我的手打了一下，她好像还很心疼。但是就是奶奶那一记打，让我明白了做什么事都要先考虑别人，好东西都先让给别人。

祖父教我读诗写字，奶奶就喜欢给我讲故事，大部分讲的也都是民间传说。最早给我留下记忆的就是"牛郎织女"的故事。因为武汉的夏天比较热，所以武汉人喜欢晚上在外面乘凉。夏日夜晚的星空尤其漂亮，天河看得很清楚，奶奶就告诉我："这是银河，天上的河，旁边最亮的星是织女星，对面那颗也很亮，但比织女星暗，那是牛郎星。牛郎星旁边还有两个小星，那就是他们的一子一女，牛郎用扁担挑着的，每年的七月初七他们就要在天上架桥相会了……"牛郎织女的爱情故事吸引了我，但更吸引我的是浩渺的银河和璀璨的星空，有那么多未知的、有意思的领域等着我去探究，这时候可能就扎下了我想学天文的根。奶奶还教我认识一些星，比如北斗星啊、北极星……我现在就会问我们的大学生，认不认识牛郎星、织女星啊？北斗星、北极星认识吗？结果发现这些星星他们都不认识。这是一种欠缺啊！应试教育培养出来的学生，只会做题目。而很小的时候我就已经认识了北斗星，包括那个"斗"是怎么转的，爷爷（祖父）奶奶也告诉我了。我认字以后，最开始是喜欢看中国的一些民间故事，再就是看连环画，也叫"小人书"，长沙叫"连环图"，看了《水浒传》《三国演义》等，中国古典名著的连环图都基本上已经看了，这就引发了我想读原著的兴趣。在读高小[1]的时候，我就开始读原著了，首先是《水浒传》，再然后是《西游记》，最后看的是《三国演义》，基本上在小学六年级以前就已经看完这几本书了。那年代算看原著看得比较早的，因为那些书都不太好啃的。《水浒传》好看一点儿，语言浅白，都看得懂。《三国演义》就难看懂一点儿，它是文白[2]夹杂的。《红楼梦》是小学毕业以后等录取通知的时候开始看的，因为连环图的已经看过了，知道一些故事情节，在看正本时由于诗太多，有时就选择跳过，单看情节。以前有人采访我，问我看《红楼梦》是不是都看了很多次，其实我是看了多遍，里面的很多诗我都背得下来，像"恒王好武兼好色，遂教美女习骑射；秾歌艳舞不成欢，列阵挽戈为自得……"像这种很长的诗我都背得下来，毕竟小时候受祖父影响比较大，文学底子较好。

二、好学少年，图书馆情缘

"衡岳峨峨湘流浩浩，神秀启文明；莲溪通书，船山思问，湘学夐扬名。法前贤兮迪后进，厥任在诸生；贯中西兮穷术业，遗粕而咀精。愿毋忘坚苦真诚，期相与修齐治平……"这是长沙百年名校明德中学的校歌，歌词中鼓励学子效法前贤、陶冶心灵、钻研学业、坚苦真诚，探求修身齐家治国平天下的学问。刘经南院士求学时的勤奋努力也恰如其分地践行了母校的校训，冥冥中这位翩翩少年开启了"为中华之崛起而读书"的求学征程。

我初中是在百年名校长沙明德中学读的。我与祖父住一起，他教我写字读书。祖父很钦佩共产党，他以自身经历告诉我们，还是共产党优秀，共产党的政策比国民党的政策更适合中国。在我很小的时候他就给我灌输"共产

---

[1] 一般指五、六年级的小学，即高年级小学。
[2] 指文言文、白话文。

党好"这种思想。我父亲是1953、1954年左右,到地方中学去教语文了。我父亲虽学法律,但他其实想学中文,想做新闻记者,而且他在中国古典诗词上还是有点儿底蕴的。

我小时候受祖父、父亲的影响,从小语文就比较好,数学也还算可以。但是我比较贪玩,五年级后开始学应用题。我对三大类型的应用题把握不好,我记得一个是鸡兔同笼,一个是几个水龙头对池子进水放水的,还有一个就是时针、分针、秒针的追赶,这三类题目做不好。所以第一次考试时,就没有考取明德中学。明德有毛泽东的题字,1919年毛泽东在《湘江评论》上追述并赞誉"时务虽倒,而明德方兴",我十分向往明德,这次考试落选让我第一次尝到了人生的挫折,有些沮丧,然而家里人也没怎么批评,祖父和父亲还鼓励我——努力一年明年再考。

第二年家里让我随父亲到他所在的湘潭县一中去自修。那也是一所蛮好的中学,我父亲那时是语文教研组组长,我就在那里(1955年8月—1956年6月)自学了近一年,复习备考明德。那个时候看了很多有关趣味数学的书和自学辅导材料,最后把那几个类型数学应用题都搞通了,甚至都可以自己出题了。这一年的自学带给我的另一个好处是学会了图书分类。那时候我父亲工作很忙,他工作的时候也没时间管我。他们中学有图书馆,比小学图书馆大,在我的印象里,是个老祠堂改造的。老祠堂相当大,像大户人家几进的院落,差不多有三间屋子,大概两间屋子藏了书。这里就成了我的"乐园",我整日徜徉在书的海洋里,还学会了给图书分类。后来我如愿考取了明德中学,一进学校,初中一年级就当了学校图书管理员。明德中学的图书馆就更大一些,当时据说外地明德学校的大学部办不下去了,就把他们的图书都搬到长沙明德中学来了,全是一箱一箱的线装书,要我们帮忙分类、清理。这个过程让我又熟悉了图书的管理与分类的流程。后来图书管理员的工作我一直做到高三,并且还不断"升级"。学校还把我推荐到长沙市青少年宫图书馆,我就在里面当图书管理员,再后来青少年宫图书馆直接跟不远的长沙市图书馆合并了,我就又当了长沙市图书馆的业余图书管理员。

在初中、高中6年时间里,我当了整整6年的图书管理员。每逢礼拜六下午、礼拜天的上午,这两个半天时间我都在图书馆,有时候晚上没事也会在图书馆。对我而言,这真是一个博览群书的好机会。所以一到大学,在开放书架区自主借阅前要考图书借阅知识时，我一下子就考过了。那个时候武汉测绘学院可以让考试合格的学生自己进图书馆书库选书，一次可以借十本书。我进到图书馆呢，就随便抽，一次夹了十本书就准备走，也没有插板子。那个图书管理员呢就很生气，他不知道我有这个本事，因为图书分类规则我都懂啊。他当时说："哎，你怎么板子不插进原处？书就这样随意拿出来了？！"接着训了我好久。最后他说让我自己把书都放回原架，要看看我能不能还原。结果他发现我不仅还原到位，而且书的小号大号都依次对上。因为一般书的名字可以对上不奇怪，但是同一名称书下面可能作者不同等有码区分，同名书有几十本，都分了小号，结果我连小号都对得上，他一看，发现我居然全都放对了。我猜他当时心里肯定想：你这个家伙还挺厉害的啊！不过后来我见到这个老师还是有些发怵。我初中的时候就喜欢天文，后来到了初二、初三看书看得多了以后，就喜欢上了看传记，科学家的传记看了很多。我印象比较深的是数学家高斯的传记。后来也看了一些政治家的，包括中国的、外国的，古代的、现代的。那时候看书很快的，那么厚一本书一天不到就能看完。我现在读书速度快，我想跟中学6年期间养成的阅读习惯是分不开的。

三、勤思敏学，勇于挑战

随着读书广度的拓宽和深度的延展，少年刘经南对求知欲越来越强烈，从文学到生物、从天文到物理，甚至对早期的"人工智能"也有涉猎……知识学科的边界已经无法阻挡这位少年的探索的脚步，20世纪50年代的杨振宁、李政道获得诺贝尔奖的消息，更是坚定了这位中学尖子生叩开科学大门的初心。

我初中时候还喜欢看小说，读《吕梁英雄传》《新儿女英雄传》《烈火金钢》《野火春风斗古城》等。1959年刚念高中，电影《青春之歌》就上映了，《青春之歌》这部书也看了很多遍，那时候情窦初开，喜欢看里面的恋爱故事。书中林道静对革命理想和真爱的执着追求深深影响了我。我看小说看多了后，就喜欢找文学评论来看，对照别人的评论，就更容易看懂原著了，越看越懂，越看越专。阅读这些小说及其相关评论文章对我影响很大，使我的社会知识和历史知识更丰富了。

初中时代我就非常喜欢生物了，我当时非常相信达尔文的进化论，做业余图书管理员的时候，特别爱看遗传学方面的书。那时候科学家已发现了染色体中DNA双螺旋体结构，彼时大家对生育的知识都还不了解，认为生女孩是女的不争气。我阅读了相关文献，知道了人类性别决定因素与X、Y两种性染色体有关。XX结合就是女性，XY结合就是男性……搞明白之后，我就理直气壮地去批评那些大人，说生男生女不是取决于女的，而是取决于男的，你们都搞错了！那时只有十几岁。初二我曾自制过显微镜，放大倍数可达100倍左右，可看见单细胞草履虫的活动，细胞核、胞口、胞肛都可看见，吸引了很多同学围观。

我也喜欢看天文地理方面的书，也爱看报纸，关于政治形势之类的也看。祖父、父亲那时候在天文地理生物等方面的知识都不一定有我多。刚进初中时，因为身高还没发育，个子比班上同学要矮一点，胖胖的，显得矮墩墩的样子，他们都叫我"刘矮子"，可是到初中二年级大家就都叫我"刘博士"了。那时我在长辈和同学们的心目中很博学，他们觉得我很厉害，给我起了"刘博士"这个外号。而我祖父爱用"万宝全书"这个词来形容我，还夸我比《万宝全书》还多一页。1957年，杨振宁、李政道获得诺贝尔奖，当时到处都在宣传他们，大家都为中华儿女在美国得到诺贝尔奖而感到非常振奋。当时我也暗地里想，将来我搞科学也要争取拿个诺贝尔奖。这让我萌生了当科学家的愿望。

我对自己未知的领域都很感兴趣。记得初一下学期时勤工俭学我们到农村去劳动，我是城里长大的孩子，不会搞农活，插秧有点儿慢，常遭取笑，但我有一种好胜心，下决心要学会它。于是我就找到最要好的来自农村的同学教我插秧技巧。我们俩在下雨时大家都在休息的空档，找了一块拔了秧苗的田地，他来教我插秧。就这个事情，我还写了一篇小散文，题目是《雨后》，大概内容是"下雨了，收工了，我们还在插秧……"，文章中我把学插秧的那个雨后场景写得挺美、挺动人。体现了两个小孩一个认真地教，一个虚心地学，生动地描写了我们当时是怎么做的。我们那个初中语文老师还把这篇作文读出来当范文。初中时期，有了自修一年的底子，我的数理化成绩就很突出了，数学一般在班上都是前一两名，没出过前三名。到了大学，我的数学一直也都是全班前两名。

初三后到高中时期我就更喜欢看生物方面的课外书了，而且开始对人的思维能力感兴趣。1956年以麦卡赛、明斯基、罗切斯特和香农等为首的一批有远见卓识的年轻科学家共同研究和探讨用机器模拟智能的一系列有关问题，并首次提出了"人工智能"这一术语，它标志着"人工智能"这门新兴学科的正式诞生。当时我就想人为什么会思维，于是就看了很多这方面的书。我当时也跟着认为思维就是生物电流传递过程。那么生物电流是怎么产生的呢？当时有文献说是生物感知外界产生的化学作用形成的生物电流传导过程……我总在思考。高中时的我学了达尔文主义，还有米丘林学说，这些都是非常理性的，逻辑和实验也很清晰，跟数学的"味道"差不多，达尔文讲物种进化，米丘林讲物种杂交与嫁接，两种学说时有争论，但我更佩服达尔文一些，认为更理性，因此我就萌生了学生物学的想法。所以我高考志愿第一表填写的第一志愿是北大生物系，想去研究生命思维的传递，探究思维到底是怎么完成从感知到认知这个传递过程的。

谁知到大学之后，学习的是天文大地测量。我们最初的基础知识学的都是量尺子、量距离、量角度这些东西，我就觉得太简单了！觉得没什么科学含量。而且传说当时钱学森在一次国家科学规划会议上讲过"测绘不是科学，是技术"。钱学森那时是多大的权威啊！他那会儿刚从外国回来，我们都很敬重和信任他的。我当时就想学数理化天地生，本来想搞科学的，结果他说测绘不是科学，把我心里搞得一下子就"拔凉拔凉"的。起初我对测绘热情并不高，但老师和家人都劝我坚持下去。大二时在我接触到更多测绘专业基础课之后，发现了测绘也有很多探索性和挑战性的领域，因此我逐渐对本专业产生了兴趣。

宋代理学家张载云："在可疑而不疑者，不曾学；学则须疑。"刘经南院士相信"怀疑"是进步的开始，是创新的起点，只有对旧知识进行大胆质疑，才会有探求事物本质、发现新知识的勇气和毅力。他深深认同马克思的"怀疑一切，敢于挑战"的精神，还多次因为过于专注思考，而在走路时撞头，这也为他日后成为顶尖科学家，形成科学素养和精神奠定了重要基础。

大学时，我依然喜欢生物。读大一时，我时常去旁听武汉大学生物系的课，也听文学评论课。那个教文学的教授姓名现在忘记了，我中学就看过他很多文学评论，很崇拜他。我的学习受了《马克思的青年时代》一书的影响，书中马克思的二女儿劳拉问马克思"你最喜爱的座右铭是什么"，马克思回答"怀疑一切"，这句话影响了我一辈子。从那个时候开始我就对教科书的证明和理论并不十分迷信，如果有可能都要下手用与书上不同思路推证一下。一般情况下，我都要先学习然后找出问题和不足，我经常想的问题是："我可不可以用另外的方式来推导它？"因为我看参考书多，可以尝试用不同的方法来证明。现在保留的当时课本，还留有我当年自己写的不同的证明过程。

大学时一般听课我就听二三十分钟。我有经验了，老师讲的是一般的理论，听懂了就可以了。大学的课上得很快的，跟中学的不一样，一下子就几十页过去了。特别是我们学自然科学的，有很多公式，公式也很烦琐的，老师一黑板的公式哗哗地就写出来了，很容易跟不上。所以大学里一般的同学上课时是很难完全吸收的，特别像数学这样的科目当堂消化吸收很难。而我基本上课只用花最多三分之二的时间，少的话三分之一的时间就会听懂，于是后面我就不听了，就去看课本参考书了。

我的精力常常放在推论一下老师说得合不合理上面。我在大学的时候就发现一个著名的公式，教科书推证不严谨，不太合乎数学的逻辑规律，就去找了很多书，其中有本当时苏联最著名的教科书，也是这样推的。我又去图书馆找，阅读了好多参考书，包括高斯"徒弟辈"的德国数学家、大地测量学家赫尔墨特参与编写的《大地测量学的数学和物理学原理》，这是大地测量界权威著作，也是这样推证的。赫尔墨特是我最崇拜的一个人，是最有名的德国数学家。在研究了大量相关参考文献的基础上，我就运用数学理论进行了严密的推理，大概在一两个月的时间里，我一边听课一边搞这个推论，最后终于把它推出来了。给我很崇拜的一位一级教授看，他是中国测量学的创始人，可以说是国内第一个人，在同济大学测量系还当过系主任。同济大学的系主任都是德国人，只有他是中国人，他是从德国留学回来的。他一看就说"你这个思路是对的，是完全从纯理论到理论的，是严格抽象的理论推理。从微分图形推证理论，是因为教科书要便于学生和专业人士理解进行了某种直观的简化。但是你这样是严密的、正确的",他肯定和表扬了我。我问这个可以发表吗？他笑了笑，说可以发表，但是你这个只能用"关于某某公式的一个注解"这样的标题，意思是这个公式已经证明出来了，是别人发现的，而我这个推证过程只是关于它的证明的一个方法，虽跟别人的不同，但不算新发现。他的话影响了我一辈子，即"学习要注重发现"！后来当我准备发表时，"文化大革命"开始了。

我思考问题的时候，注意力会非常地集中，这是我在学生时代养成的学习习惯。当我想问题的时候或者看书的时候，即便有再大的动静，我都听不到。甚至有时候在外面走路的时候想问题想得入了迷，周围有什么东西完全感受不到，只沉浸在自己的世界里，所以撞树也撞了蛮多次，撞人也撞了很多次。

四、分配风波，初心不移

中学毕业后，刘经南被录取到武汉测绘学院天文大地测量专业，开始了他此后为之奋斗一生的测量科研之路。大学毕业时又遭遇"分配风波"，命运多舛。在艰难的岁月中，他没有放弃理想，初心不移，依然对科学问题大胆质疑，不唯师、不唯书。后来他常用自己的信条告诫学生要超越自我、超越前人、超越时代。

我虽家里"出身不好"，但不论在什么境遇下都一直坚持学习。在毕业的时候"文化大革命"来临了，大家闹得很，我算是逍遥派。在此期间我一直坚持学习，我喜欢看书，看报纸杂志。这时候《参考消息》和一些科技杂志还没停刊，上面还经常登一些欧美科技动态的报道，比方说，美国阿波罗登月计划的研究和发射进展。另外，我买了本英文版《毛主席语录》，对照字典，借此学英文，一举两得。

1967年我读完工科5年后准备毕业分配，我们班的毕业分配方案在"文化大革命"前就做好了，但是他们告诉我政治上不合格不能被分配。回想起我刚进校时，学校的校长就讲："今年入学学生成绩很好，有几个得了99分。"后来班主任悄悄告诉我："校长说得了99分的那些人中有你。"按成绩我是可以进北京大学的。后来听说国家地震局测量总队驻扎在北京，我就很向往去北京，找机会去北大读地球物理的研究生，继续我的科研梦。谁知在毕业分配时，因为说我政治上不合格而不被分配。当时也有人因为我的"家庭出身"问题说一些比较难听的话嘲讽我，令我非常难过，心情很郁闷。

那时我的大多数同学毕业分配都走了，只剩我一个人留在学校。如果不能被正常分配，就只能到第二年再分配，但具体要等多久，谁也说不好，也可能就此下放到农场劳动去了，那样当然更背离我想搞科研的初衷了。为此我郁闷了好多天，那会儿真是觉得有些想不通，有些"灰暗"念头也曾在脑海中一闪而过。后来我遇到一些很好的老师，他们对我说："会解决的，不要怕！"到现在我还记得他们，我很感激那些可敬的师长，他们在我人生低潮时给了我安慰和鼓励。再后来学校把另一位家庭出身比我稍好的同学分配去北京，我才有机会顶他的名额到了湖南野外地质勘探队。刚到地质队时，上面还专门安排了个小伙子"监视"我，相处久了他发现我的思想作风都很正派，他说："你的思想比我的还要好！"后来到了湖南的单位报到后，我被派到最基层去做工人的工作。

1967年刘经南带着深厚的理论知识和娴熟的专业技能回到家乡湖南，在湖南省煤田地质局物探测量队干起了测绘外业工作。他和队友们一起，背着笨重的仪器，走过一座座山峰、越过一个个沟坎。特殊的年代里远离理想，奔赴艰苦环境的他始终没有停下前进的脚步。

我做事情爱动脑筋。那个时候毛主席指示"三线建设要抓紧，你们要大踏步进湘西"，我们湖南勘探的整个队伍就奉上级调度命令向湘西三线开拔找煤田。大家都认为三线建设的测绘资料有限，不能满足我们所在地区地质勘探的需要。结果我发现这些资料中既有不好用的，也有好用的东西。我联想起我们测绘算法里有个"过滤噪声"的说法，那些不好用的地方被称为"噪声"或"误差"，于是我设想如果把"噪声"过滤掉，而资料里面真正好用的东西，是能够变废为宝、为我所用的。有一个当时技术方面负责人听说了我关于滤除误差"变废为宝"的想法，觉得很有道理，就跟领导说："刘经南的这个意见很好啊！不要去搞那些费钱的方法了。"因为那些方法要花钱买很多设备和仪器，有些仪器设备还是进口的，而且要等很久时间，时间一拖久，我们的任务很有可能完不成。在"抓革命、促生产"的年代下，任务完不成还是很麻烦的，所以他们就采纳了我的建议，准备去北京收集相关新资料。

　　于是不久后负责技术的副主任和我一起去了北京，去收集国家测绘局的相关资料。等资料拿到手里了，我一看，果然和我想的一样，里面还是有很多有价值的东西。国家测绘局的人对我们说"这些资料很重要，湘西的建设也要抓紧了，你们还有什么困难就告诉我们，我们支持你们"，我们告诉他们还缺一些仪器设备和工具书，结果他们帮忙找的时候发现库存里就有现成的，而且还是进口的昂贵设备。于是马上将详尽的资料连同一些我们急需的高精度数据处理工具书一起转给了我们，这可把我们高兴坏了，立刻发电报回单位报喜，大家听了都很振奋！

　　最后按照这个思路，我被借调到队部参与了这个测量队成立以来承担的号称最高等级大地测量工程的总体设计和数据分析处理，我们的工程任务顺利完成了，通过多种检验，证明精度满足地质详细勘探工程要求，节省了大批经费。我所在的单位也因此被评为"全国活学活用毛泽东思想先进集体"了！1969年底我们的革委会主任因此直接去北京见毛主席了，和毛主席握了手，回来后得意地跟我们说："我是不回队不洗手的啊！"大家都很高兴，都抢着要跟他握手，都想沾沾毛主席的光。我们勘探队当时就算个中队，能够成为全国的优秀集体很不容易，是很大的荣誉了。

　　1979年刘经南考取研究生，回到阔别已久的母校，怀着对逝去岁月的努力追赶和对理想的执着追求，他如饥似渴地钻研专业知识，度过了无数个紧张而忙碌的日日夜夜，正式回归到自己最初的"当科学家"的理想大道。1982年他毕业后被分配到湘潭矿业学院任教，1986年调回母校武汉测绘科技大学工作。历经重重波折的艰难岁月之后，他开始深耕于卫星大地测量和全球定位系统（Global Positioning System，GPS）技术及其应用领域，推开了测绘科学通向现代高新技术的大门。

五、攻坚克难，勇攀高峰

　　刘经南院士一生不断探索、创新和实践，一次次登上科学高峰，用敏锐的眼光、缜密的思维、勤劳的手和执着的心，描绘出中国测绘科研的一幅幅美丽蓝图。作为高精度地球物理测量技术领域专家的刘经南院士有机会参与了国家西部石油资源的勘探工作。

那时国家在新疆塔里木盆地发现了石油资源，就决定开发那里的石油资源。塔克拉玛干沙漠幅员辽阔，但环境恶劣，被称为"死亡之海"。要进行石油资源的开发首先必须获取相应的地理信息资源（包括矿产所处位置、深度、面积等数据）。我们去那里勘探就是帮他们把钻探的孔和坐标确定好。

在二十世纪五六十年代的时候，我们国家曾经做过大面积的地理测绘，但因为当时缺乏良好装备，所以塔克拉玛干沙漠这一地带的坐标基准并没有做起来，属于测绘资源空白区。石油部门引进了美国当时的卫星定位技术，属于世界上第一代的"多普勒定位系统"。它不能像现在这样连续地、实时地定位，只能在一个地方把仪器天线架好，大概一个小时后得到数据。还记得我们进行数据测量时，经常是开着美国生产的大轮胎沙漠汽车，冲进沙漠深处，用卫星多普勒系统在塔克拉玛干沙漠无人区进行紧张有序的测量，获取数据后再开车子立刻冲出来，回到驻地，很不容易。可这些都还不是大问题，摆在我们面前的还有另一个更大的拦路虎——如何将美国定的"全球坐标系统"获取的地心坐标系数据转换成我们需要的中国地面大地坐标系统的数据。这既是当时全世界范围内的一个学术性难题，又是我们必须面对和要解决的现实问题。

当时的石油勘探单位不会处理美国卫星定位系统获取的数据，所以请我们的老师帮忙。我在读研究生阶段正好研究的是这种数据处理，国际上关于卫星测量基准的地心坐标与地面大地坐标之间的转换存在三个模型，它们孰优孰劣，大家争论了十几年也未见分晓。我发现三种模型只是表象不同，由于当时人们认知有限，忽略了某些重要因素，其实把这些忽略掉的要素放进去以后，这三个模型就是一模一样的。也就是说在我读研期间，我第一次从理论和实践上证明了三个坐标转换模型的等价性，发现它们之间没有好坏之分，实际都是一回事，算是为这场历时十几年的国际前沿学术之争画上了一个句号吧。老师就要我在塔里木地区石油勘探中运用我设计的高精度转换模型，修正了卫星定位的数据，解决了石油勘探的难题。当时大家都是很高兴的，既然算出来了，我们就把方法告诉了石油部门，他们也能用我们提供的方法去继续实施勘探了。

再后来我们学校决定第二年去申报国家科技进步奖时，才知道石油部门去年获得的国家一等奖主要是因为包含了这个内容，不能再报一次了。后经过一些协调，科技部决定不撤销我们的申报，允许我们从测绘专业的角度再次申报，并获得了1987年国家科学技术进步奖三等奖。那时国家科学技术进步奖没有特等奖，只有一、二、三、四等奖，所以这个奖也是很难拿到的。

说起技术攻坚克难，能为国家解决实际需要和难题，刘经南院士很是骄傲与兴奋。他静心笃志做好自己的本职工作，历经无数艰难而巨大的挑战，渐渐形成了自己研究领域的优势。1988年在匈牙利举行的第一届国际整体大地测量学术会议上他和导师提出的"武测模型"引起很大国际反响，大会主席德国海恩（HEIN）教授称"武测模型和影响率是一个新思想"。他研究的卫星网与地面网联合平差软件，承担了国家西北三大含油盆地卫星定位网的数据处理工程，为国家节约了5 000万元的经费，先后获得石油部科技进步奖一等奖、国家测绘局科技进步奖二等奖、国家科学技术进步奖三等奖和原国家教委（1998年更名为教育部）推广类成果的最高奖。他结合中国实际，率先提出了广域差分GPS系统以对抗美国技术限制的构想，并制定给出建设中国广域差分GPS系统的初步方案，他还研制出我国第一个GPS数据处理商品化软件，一度占领了国内80%以上的市场，并作为专利技术出口日本。他和他带领的团队经过不断攻关，将我国测绘行业GPS大地测量技术大幅度推进，使其与发达国家水平接近，精度达到国际先进，同时广泛应用于各个国家重大工程之中。1998年湖北清江隔河岩电站水库大坝请他所在的武汉测绘科技大学做大坝GPS技术安全形变监测系统，该系统为大坝安然无恙地度过1998年长江特大洪水作出了突出贡献，赢得学术界、工程界一片赞誉，也得到国家领导人的赞誉和肯定。回想起当年清江隔河岩项目，刘经南院士说：

这个项目最大的考验就是大坝的形变监测关系着大坝和坝区人民的安全。大坝之前用了比较先进的内观为主的光电监测系统，不知何故常常失灵，就请我们来做大坝的外观形变监测系统，来监测整个大坝的外观形变。常规测量比较耗时费力，我们就采用了GPS卫星技术进行测量，在大坝和山体上安装了基准站和仪器。由于测量的精度越精细越能保证大坝形变监测的准确性，从而作出安全性预判和决策，所以我们就提出了测量精度要优于1 mm，这绝对是个世界性的难题。可以试想一下，一座高150多m的钢筋混凝土的大坝，如同一座庞然大物，要精准测量它仅仅 1 mm 的变化幅度，是多么困难！当时国际上 GPS 测量的精准度一般是 1~2 cm，在极其理想的环境下精准度可达 2~3 mm，而我们是期望在各种复杂变化的自然环境下大坝形变测量的精准度能够达到 1 mm。为此想了很多办法，最终那些消除误差确保精度的方法被我们一点一点地摸索到了。除此以外，我们还希望把监测系统的设备放在那里后，不需要人管，能够进行全自动化的监测。这样一来，数据处理不要人管，只要把软件编好，监测系统发现危险时就能自动报警，提前做好准备和采取措施。这些科研思路和解决方案在 20 世纪 90 年代中期是比较有开创性的。

我当时因为其他工作比较忙，中途才参与这个项目。我主要负责整个项目中软件处理和数据处理，再就是系统自动化运行方面的建设，这是我的强项。我带着一批老师和学生，具体负责了"精准监测"和"全自动化"，重点考虑怎么样跟国际上最先进的数据处理方法结合在一起，怎么把数据从不同的地方集合到一个控制中心，将计算机与光纤、无线电通信构成一个网络系统，并且全部让它自动转起来等问题。当时我们干得非常起劲和投入，我还记得在当时的地球科学测量学院实验室区域还摆了一个 GPS 实测仿真模型，实验了很多天，直到不再发现任何问题，才把整个系统搬到大坝去。这也是我们做工程项目的一种方式，先用实物模型反复实验，排查各种问题，直到确认无误后，再到真实的场景中去实现，这样能最大限度保证工程的顺利进行，现在我们国家做大工程都是这样的。

后来这套系统在实际运转过程中，特别是水流量较大时不定时常常发生停机的情况，我们内部也有很多争论，我自己进行了反复思考，想起软件之前都运转了好几个月都一切正常，怎么一到春天就出问题？难道系统也会"感冒"？我们团队中有软件组、网络组，团队里面都是一些很有经验的工程老师，最后大家推测可能还是网络和软件方面出了问题。我们前面其实做得相当细致，连导线光纤这些都是用钢管屏蔽，不可能受到电磁干扰，而且我们的设计全部是超标准的。因此，经过分析，我认为网络系统设计和整体安装以及软件研发应该是没有问题的。在反复琢磨之后，我把怀疑的目光聚焦到了光信号转换成电信号的转换器上，我想会不会是因为只有它是连接光纤和计算机且不得不暴露在空气中的一个小器件，若本身没有抗电磁干扰能力就成为整个系统最易受到电磁干扰的薄弱环节，从而导致系统停机呢？我越想越觉得心里有底了，去过现场的同事也支持了我的推测。我要他们查查光电转换器是什么型号，并多拿些其他型号资料让我比较一下，一看资料，我就明白了，说："你们采用的是最便宜的进口型号，立即去更换成价格高五倍的德国进口型号。"我们一起到现场立刻采取措施，换掉原先的转换器，很快解决了经常停机的问题。当时大家很奇怪，说我不是学网络的，也不是学光电子的，怎么能发现问题的核心原因在这里呢？我想可能还是和我有多年的野外工程背景而养成的工程思维和多学科知识背景有关吧，这些造就了我在科学研究和工程实施中解决具体问题的能力。

我认为工程思维是解决大科学和大工程中所有问题很重要的一种思维方式。大科学项目和大工程都是为人类服务的，是不容许犯错误的。因此工程思维的首要出发点是为工程的长远正常和安全运行负责任，所谓"责任重于泰山"。工程中很多问题是复杂的，不是单一学科、单个行业就能解决的，因此要具备多学科多个专业的知识背景和协同合作的精神。我认为处理比较复杂问题时，除了需要科学家具备一定的工程背景知识和经验外，还需要有一定决策能力，当遇到难点时有承受强大心理压力的能力，要能扛得住，冷静科学地决策，让问题一个一个化解。我心里十分清楚的是——工程不允许失败。就像建房子，如果房子垮了，那搞工程的就要负责。大家常说失败乃成功之母，搞科学技术研发可以这么认为，但对于工程而言，失败是不被允许的！一项大工程要保证其设计和建设至少是一百年不出安全问题的。当时可能学校觉得我是具有强烈清晰的工程意识的科研人员吧，就把一些影响大的项目任务交给了我们。

我们在隔河岩项目中搞出来了大坝外观变形GPS自动监测系统，后来进行科技查询，我们发现这个是全球第一个完全无人值守连续自动运行的大坝GPS自动监测系统。并且在全球范围内能达到如此高精度的监测精度，我们是世界第一。在1998年长江特大洪水中，我们的大坝监测预警发挥了重要作用，对荆江大堤超蓄调度分洪科学决策起到关键性作用，也因此出了名。当时我还参加了荷兰一个国际水利组织的学术交流，荷兰是全世界做大坝做得最好的国家之一，他们让我作了一个专门介绍隔河岩大坝监测系统的专题报告，得到了比较强烈的学术反响。如果把研究分成"跟随—超越—引领"

三个阶段，我想隔河岩电站水库大坝外观变形 GPS 自动监测系统是我在科研上实现引领的开始。

刘经南院士几乎放弃了所有节假日，带领研究团队奔赴科研一线，关键时刻以多年的科学经验指导了诸多重大工程的建设。他先后服务三代北斗系统，是名副其实的"布星者"之一，也是国家重大项目"北斗三号系统卫星轨道精密定轨项目"的重要参与者，为中国实现"北斗梦"不懈努力。2012 年第 11 颗北斗导航卫星成功进入天空预定转移轨道，定位服务区域扩大到新疆和西藏西部，在全国范围内形成了分米级、重点区域厘米级的定位服务能力，打破了被国外垄断的局面。

2020 年 6 月 12 日，北斗三号系统完成全球组网之际，刘经南院士获得"湖北省科学技术突出贡献奖"，在颁奖大会上他说："在与祖国科技事业共同成长的经历中，我深刻认识到一个大国，在涉及国家安全等关键领域，一定要能自主可控，一定要完全掌握具有引领性、原创性的核心技术，才能步入强国之列。"

1990 年我作为南海岛礁大地联测科考行动测量分队的技术负责人，用 GPS 卫星定位仪首次将黄岩岛与祖国大地控制网点同步联测，精准测定了黄岩岛的地理位置，在那里的一块岩石上还刻着"中华人民共和国 GPS 卫星定位点"的字样，我那个时候心潮澎湃啊！当时深深意识到没有属于自己国家的卫星导航系统，那么就连领土岛礁的测量定位，都得靠别人的技术！后来 1994 年我应邀参与了北斗一号静止卫星上是否引入发播对 GPS 广域差分修正信号的方案相关论证，当时我在国内最早开展了广域差分的研究，因此坚持在北斗一号上开展试播示范，后来工程总体同意了开展不定期试播这个论证建议。应该说，这些试播为北斗三号广域差分的正式发播积累了经验。

2003 年北斗一号系统建成，并为国内提供定位、导航与授时服务，当时只有三颗卫星，但我认为也是意义非凡的，这是属于我们中国自己的系统。我们是世界范围内继美国、俄罗斯之后第三个拥有卫星导航系统的国家。我先后参与了国家北斗卫星系统第一代的广域差分增强系统研究，第二代的地基增强系统总体论证、实施和卫星精密定轨研究，北斗三号的总体方案论证的主要过程有地基链路及星间链路联合精密定轨的项目研究等。北斗三号全球定位系统其实有很强的后发优势，比如我们北斗能与用户进行双向通信，美国的 GPS 是没有的。我和一些专家成员也一直坚持并论证如何让北斗三号实现拥有全球搜救功能，现在北斗三号实际上实现了两种全球性搜救功能，一种是国际标准的，一种是有北斗特色的，集双向通信和定位于一体。北斗一号、二号也多次在地震、泥石流等灾情的监测、定位施救、指挥调度等方面发挥了重要作用。

目前我们还在继续追寻让北斗拥有纳秒级别的时间同步精度和稳定度。2020 年北斗全球系统建设完毕，尽管起步不如某些发达国家早，但是它的后发优势是明显的，比如它拥有导航、通信、搜救、遥感等多项功能，北斗三号卫星可以发送 1000 个汉字短信，供 1000 万用户同时使用，依靠星间链路自主测距和数据通信，哪怕在卫星意外失去地面支持的情况下，还能在太空至少能自行运控 90 天。

关于未来的北斗的发展方向，我认为是在于人类时空信息感知体验的获得感提升。比如通过北斗导航在我们开车时，可以准确地知道哪些路段堵车、哪些路段路况比较宽松，从而选择比较宽松的道路等，北斗将结合普通老百姓衣食住行和休闲娱乐、旅游、体育活动等日常生活所需的场景进行研发应用，建立一个个北斗系统的全产业体系，让老百姓生活更有幸福感和安全感。随着 5G 时代的来临，关于北斗如何与 5G 结合是我现在正在思考的问题。我相信北斗未来能够为各行各业开展更为广泛和深入的应用服务，互相赋能，产生更大社会效益。

从我最开始学习大地测量起，到我逐渐进入卫星导航相关领域的研究，我亲眼见证了从 1994 年启动北斗一代研发开始，国家投入了大量人力物力财力，一直到属于我们自己的、拥有自主知识产权的卫星定位系统的诞生，见证了北斗的不断发展壮大，作为一名科技战线上的老兵，我是感到很骄傲的！同时我也希望北斗能够为国家经济社会继续服务，给老百姓带来幸福生活。我也将继续奋斗，发挥所长，努力奉献！

刘经南院士每每谈到自己的专业领域，特别是谈到国家需要的时候，眼里总闪着光，他让人们看到了胸怀家国天下、不断攻坚克难、勇于开拓创新的科学家精神。他们这一代的科学工作者扎根祖国大地，用智慧、汗水凝聚成了中国科学家的精神丰碑。

我在学校搞测绘时就一直被教育要"严谨"，校训里就有"严谨"这两个字。搞工程要严谨，搞科学也要严谨。因为我们是跟数据打交道，数据要真实可靠，也要毫厘不差。我们这个严谨的习惯是在学校老师的熏陶和严格要求下养成的。严谨是最重要的素质，也是最基本的要求。

还有重要的一点：科学无国界，但科学家应有家国情怀。我们国家科学技术起步晚，是在一穷二白的基础上发展起来的，至今一直在追赶发达国家。我这一代的中国科学家有着一种与生俱来的强烈使命感，希望把中国建设得像发达国家一样，国力强盛、科技领先。所以我在做事情的时候，一旦遇到难题，这种内心的使命感给了我使不完的劲，好像血液在沸腾一样，这让我面对困难时，总想用尽一切办法解决它。作为从事科学研究的人员，我在研究生涯中，接受了最现代的科学教育，也懂得世界发展的大势，我考虑更多的是我们怎么才能做得更好，让我们国家的科学技术在我们这一代人手中发展起来！

当我承担科学技术研究中有挑战性的任务时，压力往往不是来自研究本身的挑战和难度。我接受的教育和多年野外工作经历以及我血液里湖南人"吃得苦、霸得蛮、耐得烦"的性格，让我喜欢干有挑战的事，自信务实，善用团队智慧，冷静思考和周密分析去应对。即使最难最险的事也会事必躬亲，我常常不会去选择那些看似容易的坦途，而选择更有挑战的小径，我觉得这是崇尚创新的科学家最基本的素质和责任。而在科研以外的工作中也会遇到一些压力和困难，这个时候我觉得要有一种担当精神，更要理性思考，认清哪些是你觉得正确的，同时用批判精神反复不断地斟酌自己的观点，就像鲁迅先生所讲的"我的确时时解剖别人，然而更多的是更无情面地解剖我自己"一样，我认为这种自我剖析、反思和思考的过程就是我面对压力时的责任担当。

我认为勇于挑战和担当精神是当好一名科学家的两个最重要前提。再就是我常讲的严谨、创新，既要严谨，又要富有一定的激情，没有激情就不可能有创新。我们同事总是评价我非常有激情，有时候讲话时会把自己激动起来，就比如现在就是如此。

六、言传身教，砥砺后人

作为科学家的刘经南院士，过硬的专业素养和突出的科研能力早已让他在测绘领域声名鹊起。2003年他受命担任武汉大学校长，作为教育管理者，他把发现、培养、举荐青年人才作为一项重要任务，为培养国家创新人才，甘为人梯、勇于领路。

我原本一心想做自然科学研究的，但是在1993年的时候学校搞民主推荐，我被高票推荐为院长（指原武汉测绘科技大学地学测量工程学院院长）。我个人第一兴趣是科学研究，在当老师的时候也一直在做具体的科学研究方面的事情，我并不想搞什么领导工作，于是就跟书记、校长很诚恳地表示了我的老师辈院长都还没退休，还能继续干几年，正好在这期间能把我自己的学术研究往前推一推，他们接受了我的建议。又过了两年，我的老师辈院长真正要退了，我才接替了院长一职。

做了几年院长后，我又当上了武汉测绘科技大学的副校长，三年后，武测与武汉大学合并，我又担任了武大副校长。2003年春，武大领导班子要换届，据说在民主推荐中，我又被高票提名为武汉大学校长的候选人。在任职命令宣布那会儿，网上也有教授发出反对声音，认为我是搞工科出身的，不适合管理文科优势见长的武大。我想推选是由大家一票票投出来的，推荐结果组织上也是认可的，我觉得自己应该有点担当，于是当时也没太多关注这些声音，而是把精力主要放在管理好学校上面。我认认真真分析了当时武大的优势、劣势，思考了武大的发展方向，并在就职典礼上把我的想法开诚布公地说了出来，大家也很认可我的这些思索，看到了我对武大未来发展的规划。

在我出任武汉大学校长期间，由于当时武大为几所学校合并起来，我就提出我们要用"和而不同"的理念来治理武汉大学。因为我上任前就接受了党校的系统性学习，开始在理论和实践上思考和探索大学管理的思想体系和方法，才会有这些心得。

有个小故事，是我开始当院长时在党校学习的事，当时党校快毕业了，要求交一篇关于高校体制认识的学习论文，我因为有其他重要工作要参加，就匆匆交了论文后离开了，没参加毕业典礼。后来同学说我的论文引起了很大反响，我在文章里谈到大学管理体制应该是党委领导下的校长负责制，但当时"大学学院管理体制停留在科、处长领导下的院长跑腿制"。我把当时高校管理中存在的这些普遍现象很生动灵活地写了出来，并提出学院是构建大学最重要的基础、高校学院管理应该是以党委领导为核心、学校应该给予学院更大的自主权力等。其实这些问题的提出，仅仅是源于我自己做管理工作时喜欢对一些关键性问题进行思考，喜欢批判性思维罢了。没想到他们在我不在的情况下，念了我的文章，台下竟然还气氛热烈，我想这包含了他们对这种现象的感同身受吧。

刘经南院士担任学校领导时凭借认真务实的工作态度受到师生认可，在教书育人的老本行上也有自己的见解和坚持。多年来，无论最开始当普通教师，还是后来慢慢成为硕士生导师、博士生导师，甚至当院士后，都一直坚持在教学一线，给本科生授课。

很多人都知道，我一直在坚持给本科学生授课。因为一方面学生一般很愿意接受高水平学者的授课，另一方面我觉得只有本科生们有真正的敢于向权威挑战的精神，那些博士、硕士已经被我们这些导师训导得唯唯诺诺，缺乏挑战精神了。我属于比较开明的人，我常常对学生讲，我希望你们要跟我"顶牛"，如果你们不跟我"顶牛"，我认为你们没出息！学生和我争论不论多大声音，我都不会生气。我跟我的学生真就干过这种事，两个人曾为某个问题争起来，争得脸红脖子粗，后来我的学生气得拂袖而去了，但是大家也很清楚这是为了争论学术问题。事后我们仍然是相互信赖的师生关系。

我认为教学相长，新的东西都要靠师生一起互动，才能够做出来。我给学生带来了许多新的思考，在这个过程中我也能从学生身上学到许多东西。正是由于本科生是天然未经雕琢的，他们确实有种"初生牛犊不怕虎"的劲头，敢于挑战我，他们问的问题不会受限于我们的思维定式，有时候他们提出的问题你还真的不好回答，反而会给我新的启示，激发我新的思考，如同计算机科学里有条定律"越复杂的东西越好解决，越简单的东西越不容易解决"一样，在这个过程中我也从学生身上学到了许多东西，所以我说我这个院士也是被学生培养出来的。

在教育教学方面，我认为最重要的就是要把学生放在第一位。所以我当武大校长时，就提出"以学生为本"。当然除了以学生为中心之外，我认为大学以教师为中心也很重要。另外，我认为管理对象不是人，而是事务和其中的问题。管理要以人为本，人是服务的对象。这和以往很多领导干部所认为的相矛盾，我认为那种"管理就是管人"的观念不算正确。管理如果仅仅局限在管人，请问你管他什么东西啊？管事务中的问题才能真正找到现实中人与人之间关系是否存在不和谐的地方，管理者就要想办法解决这些不和谐的地方，让他们变得和谐。管人的观念是存在误导的，比如哪一个人调皮点或者哪个人让你印象不好，就会让领导对某些人有先入为主的印象，这样不行。这是我做管理工作的一个观念，我向来不对人，而是对事、对问题，我认为管理的对象是"问题"，管理者是来解决问题的。

直面问题，重视一流大学学科的建设与发展，重视创新人才的培养，刘经南院士在任期间做了许多提升学科发展水平的实事，并为了学校的发展四处奔走，争取多方支持。

武汉大学是个历史悠久、人文底蕴深厚的综合性大学，在民国时期曾是中国最好的五所大学之一，被英美等国家的法律文件所承认，世界著名的剑桥大学、牛津大学等都与武汉大学互通文书，表示武汉大学的优秀学生可以享受他们优等生的同等待遇。在我刚到武汉大学任校长时，就深感武汉大学在国际国内的影响力远远不能跟它应有的地位相匹配，怎样让武汉大学快速发展起来，获得它应有的位置，是我这个当校长的考虑最多的问题。

同时我们发现要想让武汉大学迅速崛起，自然科学必须发力，应该要发挥出合并进去的两所工科院校的优势，于是我们提出"振兴基础学科计划"等系列方案，希望发挥数理化生和资源环境以及文史哲等基础科学优势，推进武大自然科学、人文社科等基础科学的质量振兴计划。在课程体系上，适当增加自然科学的数、理、化、生等基础科学的比重。同时也对文、史、哲等人文基础学科较大幅度提高专门拨款。我当大学校长的时候，学校的资金远不如今天这么丰厚，为了经费我们往往非常积极向国家争取，有时候还发生激烈争论，甚至与教育部领导直接争论。因为我们觉得有必要让国家意识到高校发展中资金的重要性，毕竟我们是代表所有的中西部大学去争取的。

我很关注高等教育的内涵发展问题，在党的十九大报告里曾经提出"人才是实现民族振兴、赢得国际竞争主动的战略资源"，实现中华民族伟大复兴的中国梦，就离不开一流大学的建设，离不开创新人才的培养。我们中国从"211工程"到"985工程"，再到现在中国特色社会主义进入新时代的"双一流"建设，客观来讲我们的高等教育水平肯定是不断提高，服务国家的能力也在不断增强，但这并不意味着我们已经是世界顶尖了。我们和美国等其他发达国家相比，仍然有差距，造成差距的其中一个重要原因就是原始创新不足，对于创新人才培养的不足，这是值得我们关注的教育中的弱点。

我觉得创新型人才的培养离不开创新的机制，我们高校要继续完善人才培养机制和培养方式，培养出一些前沿和基础领域的创新人才，培养那些能够将市场和技术紧密结合并产生颠覆性技术的领军人才。所以我在当武大校长期间，学校提出了把培养能创造、能创新、能创业的"三创"型复合人才作为学校发展目标，并推进了系列改革。

2012年9月至2018年8月我任昆山杜克大学校长，在昆山杜克大学时我仍然坚持创新发展的准则，我们把化学、物理、生物三门课合成一门课，先招收硕士，再招收本科生，做了一些在美国大学一时做不到，在中国大学一时也做不到的事情。昆山杜克大学的创办，是希望找到一条路，能够培养出符合党的十九大报告中提到的"具有国际水平的战略科技人才、科技领军人才、青年科技人才和高水平创新团队"，所以我们当时瞄准了世界一流的教学资源，将它的办学理念、办学模式、教学方法、课程体系与中国的人才需求结合起来。随着中国日益走近世界舞台中央，我认为我们培养出来的人才不仅仅是中国特色社会主义的合格建设者和可靠接班人，还要是能够积极参与全球治理体系改革和建设的人才。这是站在实现中华民族伟大复兴的中国梦、构建人类命运共同体的美好愿景的顶层角度上，去思考和定位人才培养的理念和目标问题，培养未来社会的引领者、开创者、建设者才是我们高等教育工作者的使命和责任。

美国人骨子里有点天然的、高傲的思想。我认为既要跟他们合作，又要在该维护利益的时候敢于维护，斗而不破，这是一个最大的挑战。再就是文化、制度、体制和社会发展水平等方面的差异，这导致他们与我们的思维方式不一样，话语表达体系不同，由此带来的矛盾有时候就比较尖锐。这个时候我就要跟他们谈这是中国的法律制度，不能退让，美国人一听到你说这是中国法律规定的，他就理解了，他知道这是我们最后的底线，然后就基本能达成一致了。

我觉得与他们沟通时要学会用美国人能够理解的方式来表达，才不至于造成理解上的差异。比如中国办学方面的话语比较抽象，美国人是不听这一套的，跟他们沟通需要讲他们能理解的、比较具体的东西，所以我就用美国人听得懂、能理解得了的表达方式去沟通，甚至比他们美国人表达得还要清楚，这就化解了许多沟通的障碍。哈佛大学有个国际大学教育论坛就曾经邀请我去做了一个特邀报告，我专门讲了我在昆山杜克大学办学的那套思想。因为教育无小事，外交无小事。昆山杜克大学正是这两个"无小事"之间的交叉的焦点，既有外交无小事，又有教育无小事，所以还是有许多挑战要面对的。

刘经南院士作为科学家展现出来的追求真理、严谨治学的求实精神彰明较著，他始终坚持独立思辨、严格求证的科学原则，并且始终坚持德为先、诚信为先的学术品性，彰显了科学伦理的真善美。他将爱国、求实、创新、奉献与甘为人梯的科学家精神融入了自己的血液里，他以昂扬的精神状态和奋斗姿态，积极投身于科技强国的宏伟事业，肩负起历史赋予的科技创新重任。

我认为一流科学家应该兼具人文精神和科学精神。科学精神最核心的东西，就是实事求是，追求真理。当然新一代的科学家也应当具备追寻真善美的人文精神。如何才能"真"？用过去老浙大校长讲过的话，科学精神就是"只问是非、不计利害"，即没有功利，如果利害意识太强了，往往会备受打击，那就会扭曲人性。而"善"就是对待人要善良，尊重人的尊严和生命。那么"美"呢？实事求是才是美，良善也是美。这些我认为是人文精神的核心，像我小时候亲眼所见我的祖母、母亲她们每逢年节都会煮一大锅肉和菜给贫穷困苦的人吃。她们本身文化程度不高，但是深受中国传统文化的熏陶，骨子里懂得尊重每一个生命，她们是追求真善美的，也是有人文精神的。我们中国从孔子时代的教育就讲得"仁爱"也是人文精神的体现，用现代语言讲就是"以人为本"，或者叫"以人为中心"，所以当我们中国面对新冠疫情这种前所未有的重大疫情灾难时，党和国家不计成本，没有一丝犹豫，把人的生命救治放在首位，勇于担当和作为，才换来今天疫情迅速被控制住的良好局面。我想，我们新一代的科学家也要继承和发扬中华优良文化传统，具备强烈的科学精神的同时也具有深厚的人文精神，勇于担当自己科学研究的使命和责任，为国家科学技术更快速发展、社会更繁荣进步和人民生活更幸福美好作出更大贡献！现在是百年未有之大变局时代，你们新一代面临的机遇比我们多，挑战也会更大，只要你们坚定"四个自信"，贡献一定会比我们更大！

6

茆智：扎根泥土情系节水 躬耕不辍润泽沃壤

做学问的经历就像瀑布形成过程：蔚然壮丽的瀑布，都是游众多山泉、荒溪、小沟一类汇集，经过狭窄的河谷和舒缓的河床，遇到陡峻的崖坎，急冲直下而成。最终发出惊人的力量。

茆智　　2021.11.17

茆智：扎根泥土情系节水　躬耕不辍润泽沃壤

茆智，1932年9月20日—2023年1月13日，男，汉族，中国共产党党员。中国工程院院士、教授、博士生导师、节水灌溉工程专家。

茆智院士长期致力于农田灌溉领域的教学、科研与生产工作。1953年毕业于华东水利学院（今河海大学）水工结构系。1953年12月至1955年7月，在天津大学随苏联专家学习农田水利。1955年至今，在武汉水利学院（后更名为武汉水利电力学院、武汉水利电力大学，现并入武汉大学）历任助教、讲师、副教授、教授、博士生导师，国家节水灌溉北京工程技术研究中心技术委员会主任。

主持弯沉管理在内的10余项国家级及国际合作的重要节水灌溉研究项目，在节水灌溉的理论与技术方面取得了创造性成就，作出了重大贡献。在国内率先提出水稻水分生产函数及其时空变化规律的系统成果，为水稻生产地区的优化用水提供了依据；提出理论上较完备、实施简易的作物需水量与灌溉实时预报方法，国际上对此方法高度重视、评价很高，国际灌排委员会及联合国粮食及农业组织（Food and Agriculture Organization of the United Nations，FAO）专家认为是一整套创新的理论，修正了联合国粮农组织的传统方法；提出了水稻高效节水、持续高产、能保持土壤肥力的灌溉新技术及其与农业措施的合理配合；创造性地提出了作物受旱后再灌溉的"反弹效应"理论，为指导农业节水探索了新的途径。10余年来，上述理论与技术已在我国累计推广应用面积100余万hm^2，节水10多亿m^3，增产粮食20余万t，创造经济效益4亿多元。发表论文40余篇，撰写专著1部，主编书籍3部，参编书籍3部，主编规范（国家标准）1部，参编规范（国家标准）2部。获国家科学技术进步奖二等奖1项，省部级科学技术进步奖一、二等奖4项。2000年荣获国际农业节水技术杰出成就奖。2003年当选为中国工程院院士。多年主持治理水质污染科技项目。

采写人：卢世华、朱晓青、孟慧君、李潇。卢世华、朱晓青于2020年8月27日，在武汉大学农田水利楼院士办公室采访茆智院士本人。2023年1月茆院士不幸离世。

茆智院士 1989 年在国际水稻灌排会议上做学术报告

茆智院士（中）1992 年 1 月在曼谷作为执行主席主持国际水稻灌溉管理学术研讨会

茆智院士1993年于国际可持续发展灌溉管理研讨会上作学术报告

茆智院士2012年在实验站考察

6. 茆智：扎根泥土情系节水 躬耕不辍润泽沃壤

一、少年壮志，家风筑基

茚智，1932 年 9 月出生在江苏省江浦县（现南京市浦口区）的一个知识分子家庭。1937 年日寇侵华占领南京，全家由家乡逃难到四川，历时一年多。当时正值抗日战争时期，幼年的茚智几乎没有机会接受系统教学，仅上过两年小学，主要跟着父母学习。1944 年，考入由江苏省几所重点中学合并内迁到四川合川县的国立第二中学。1946 年迁回江苏，先后就读于江苏省立常熟中学和南京市第三中学。1950 年夏，毕业于南京市第三中学，并成功考取南京大学①水利系。在那个战火纷飞、国家命运危急的年代，学习科技报效祖国是少年时代茚智的愿望，而来自父亲的良好家教则是他日后学习突出、教学科研硕果累累的人生基础。

父亲毕业于国立东南大学②数学系，毕业后就职于江苏省教育厅。抗日战争以前，主要是管学校方面的事情。那个时代，已经开始引进新东西，正是新旧交替的时候，新思想、新观念的引进带来了很多改变，旧的东西也吸收得不少。父亲的职业主要与开办学校有关，属于最早办新式学校的那批人。1937 年末，侵华日军占领南京前不久（前一两个礼拜），我们全家开始内迁，经过湖南等地，到达四川。江苏省好多名校合并，内迁到贵州铜仁，建立国立第三中学。江苏省扬州中学与南京市第一中学等几个学校合并，内迁到四川合川③，建立国立第二中学。父亲先在第三中学任教，一年后从国立第三中学调到国立第二中学。当时，我父亲在第二中学任教务主任，学校总共有三大主任：教务主任，总务主任，还有训导主任。

由于逃亡，我小学只读了两年，1944 年春考入国立第二中学。这次考试很有意思，语文入学考试的题目，当时是写在黑板上的，要求写新年景象，而试卷上写的是"题目见黑板"。我当时粗心大意，以为是以"黑板"为题，我就从黑板联想到粉笔，从粉笔联想到老师，我就认为是要歌颂老师。作文写得文不对题。没想到还考上了，升上了初中。我在四川那边上了三年学，抗日战争胜利后，1946 年就跟着学校一起迁回江苏。

---

① 口述人自注：即由民国时期中央大学改名而来。
② 口述人自注：民国时期中央大学的前身。
③ 编者按：今重庆市合川区。

现在，我主要会参加中学阶段一脉相承的四个中学校友会：扬州中学、国立第二中学、省立常熟中学、南京市第三中学。当时国立二中迁到江苏常熟，叫省立常熟中学，我也就去了江苏常熟中学。在常熟读书半年，后考入南京市立第三中学初三下插班生，后来考入该校高中。1950年，考入南京大学水利系。国立第二中学办了8年，三千多名学生从这里毕业，出了三十多位院士。为什么这么多人才呢？因为教师资源好，都是正规大学毕业，有时候上课都是全英文授课。我父亲一生从事教育事业直至去世。父亲去世的时候，《新华日报》专门发讣告：享年八十多岁。所以，小时候受家里气氛影响很多，可以说是深受父亲的影响。父亲为人十分正直、严肃，对我从小要求也比较严格，比如我写字，都是他写好帖子，我照着描摹。

二、响应号召，投身水利

1952年全国高校院系调整，南京大学水利系并入华东水利学院（现为河海大学）。1953年，由于国家"一五"计划对建设性人才的急需，全国工科学生全部提前一年毕业，大学生茚智也结束了在华东水利学院的学习生涯。在这短短三年的时间里，茚智深感南京大学、华东水利学院的学风淳朴，教授实力雄厚、敬业肯干，这也是他毕业多年依然心系母校的原因。1953年，苏联专家来华，在天津大学主教农田水利方向。刚大学毕业不久的茚智被派往随专家学习。

1950年考入当时的南京大学，1952年院系调整，南京大学与过去的金陵大学等高校合并，仍叫南京大学。原南京大学水利系与华东的5个学校水利专业合并为华东水利学院。这5校为上海同济大学水利系、浙江大学水利系、南京大学水利系、南京水利专科学校和上海交通大学水利系。这5个校系合并的华东水利学院，后来又更名为河海大学。我1950年入南京大学，读到1952年，院系调整改名字，我们就合到华东水利学院，校址还是原来那个校址。一年以后我从南京毕业。当时正值我国第一个五年计划正式实施，国家鼓励我们到艰苦的地方去，西北艰苦，东北是刚解放，华北也很艰苦。填志愿分配，我当时在地区方面，填了6个字："华北、西北、东北"，在职业方面，到底搞哪一行呢？恰逢《人民日报》发表社论："人民教师队伍一定要加强。"我就知道当时缺教师，所以我在"职业"栏就填了两个字：教师。

刚毕业的时候，我填的第一个志愿地区是华北，我就去了华北。第一职业志愿是教师，去了河北农大（当时是河北农学院）当教师。当年，帮助中国的两个苏联农田水利专家到中国，一个在水利部当顾问，一个在天津大学搞教学科研。全国抽调了20个年轻老师和刚毕业的学生到天津大学，跟这个苏联专家全脱产学农田水利。1953年，我刚毕业不久就被派到了天津大学，专门跟苏联专家学农田水利。

根据专家的建议，1955年以农田水利系为主的武汉水利学院（2000年并入武汉大学）成立。当年，茆智随苏联专家调入武汉水利学院农田水利系，并继续在此随苏联专家学习，从此和武汉大学结缘。

这个苏联专家是莫斯科水利学院农田水利系主任，他提议，中国的现代农田水利科学不发达，最好建一个新的学院，按照苏联的莫斯科水利学院的模式建一个水利学院。他考察中国以后，认为武汉地方比较适中。1954年他就提议，建立武汉水利学院，以农田水利系为主，当时高等教育部就批了。以武汉大学为基础，武汉大学有水利系，把它和全国的工科院校以及农科院校之中的农田水利专业全部并到这里来，全国十几个农田水利院校，包括大连工学院、大连农学院、河北农学院、山东农学院、沈阳农学院、河海大学、天津大学、武汉大学等，就是十几个院校的农田水利系都并到这里来（当时另外还保留了一个，是在陕西的西北农学院中的农田水利系），成立了武汉水利学院，1955年暑假后即开课。

我是苏联专家的学生，在天津大学跟他学，学了一年。1955年下半年我也跟他来到了武汉，在武汉水利学院任教。我在华东水利学院是学水工的，到了武汉水利学院，就转成了农田水利老师。1958年，水利部、电力工业部合并，增设电力专业，这样学校就更名武汉水利电力学院。1993年更名为武汉水利电力大学。

三、科研报国，漫漫征程

确立了教学科研服务祖国的人生志向后，茆智院士的科研人生分为两大阶段、六小阶段，各个阶段均有创新性科研成果。

现在，我们学校也在写我的传记，湖北省科协也在写。我认为，从我大学毕业至今，人生中主要有六个明确的阶段，每个阶段有一些创新性科研成果。

首先，主要有两个大阶段，"文化大革命"前十几年和"文化大革命"结束后至今是两个大的阶段。两个大阶段各自又可以分为三个小阶段。

1. 多思善学，敢于创新

茆智于20世纪50年代末提出以水汽扩散原理为基础的推算水稻需水量半经验公式。这一方法的主要因素和计算精度与彭曼法（Penman method）相类似，在中国南方一些灌区采用，20世纪60年代初，亦被苏联及越南水利刊物介绍。

我的科研历程，可以划分为两个大阶段，每一大阶段中又分为3个小阶段。第一个大阶段，"文化大革命"以前。其中第一小阶段，是跟苏联专家学习时的1954年到去海南从事橡胶研究的1960年。当时，指导我的苏联专家是卡尔波夫教授，他的导师是苏联科学家院士考斯加可夫，是当时苏联农田水利方面的第一权威。卡尔波夫专家很有创新精神，富有批判性。考斯加可夫专著中提出了计算作物需水量蒸发蒸腾量的简易公式，是需水量 ET 等于一个系数乘产量 Y，即 $ET=KY$。我们叫作 K 值法的公式，产量公式。卡尔波夫专家是考斯加可夫的学生，他自己提了另一个计算方法，以水面蒸发量为主，他认为水面蒸发量 E_0 越大，需水量越大，关系密切。他就提了另一个公式：$ET=\alpha E_0$，就是这个水面蒸发量公式。我跟他学了一年多，我认为，他们两个人的公式都有道理，但都不够全面。我认为两个方面都应考虑，植物产量方面也要考虑，水分方面水面蒸发也考虑，亦即既考虑植物 Y，又考虑气象、水面蒸发量 ET_0，我提了一个双参数模型，$ET=2E_0 \times ky$，以水面蒸发量和产量两参数代表。

当时还是20世纪50年代,我就提了这个东西,更全面一些,反正是半经验公式。当时我们学习苏联,未学英美。英国有个彭曼,他就老早提出三个参数:植物、土壤、大气。我把土壤和植物放在一起,就是产量,所以双参数仍然是植物、土壤、大气三方面因素。

当时苏联和越南在国家权威水利杂志都介绍我提的这个公式,我们也将此写进了国家第一版全国通用农田水利教科书。

刚从大学毕业,茆智就展现出惊人的创造力,科研能力和科研成果就跻身世界最前沿,有许多原因,其中之一就是受苏联专家影响,大胆试验、敢于创新。

第一个大的阶段,1953年从河海大学毕业,到1960年,第一个小阶段是1960年以前,就是创新,我主要也是受卡尔波夫专家的影响,进行创新。这个专家很能创新,他经常辅导我,个别谈话,他就是胆子很大那种,他就说搞学问,不能是"瞎猫捉死老鼠",不能当"瞎猫",要与原因作斗争,不要单与结果作斗争,要根据结果来探原因,他提了一些新东西。我受他影响,这个专家很好。

当时,我还提出了另外两个东西,就是排水沟过水流量过程的确定方法,排水流量是确定排水泵和排水沟的尺寸的依据,很重要。我就提一个逐沟累积的方法,递减法,当时《中国水利》就登了,这是第一个。在1960年以前,是1957年。

还有一个创新就是抽水站站址规划。我在天津大学跟苏联专家学习的时候,每个教师要帮学校代一门课。我就代"抽水站",在天津大学里教学生的"抽水站"课。在山地、丘陵地区、坡地,抽水机要分级抽,抽高100 m以上,不能这样一次抽上去,只能 30 m、40 m 这样分几级抽上去。我就想 100 m 抽上去要费很多的能量,水从 100 m 淌下来,灌下面农田,费能量嘛!要分级接力抽,分级怎么个分法、分几级、每级站设在哪里,怎么最节省能量。我就提出了一个根据抽水灌区地形和灌溉面积、作物分布,采用直观简洁的图解法,结果效果很好。我们水利学院的第一期学报就把我的论文(成果)登上去了。

当时就搞了这些东西:一个是需水量,一个是分级抽水的节能规划,还有一个排水沟的流量确定。1960年以前,大概1954至1960年,这个小阶段内,搞了这三件事,有用啊,到现在还在用。

2. 研究灌溉，发现"反弹"

20世纪60年代，国家把"橡胶灌溉研究"列为重点项目，由茆智承担。经过4年的试验研究，对橡胶树灌溉效应及其原理、需水规律、灌溉制度、灌水方法到海南岛橡胶灌溉区划、胶园灌溉系统规划设计均做了深入的科学探讨，取得系统成果，从而填补了国内外空白，其中许多成果，成为开发海南橡胶灌区的重要依据。

第一个大阶段里的第二个小阶段（1960—1964年），就是研究橡胶灌溉。全世界的社会主义国家只有中国和越南种橡胶，汽车轮子、坦克轮子和飞机轮子都要用橡胶，属于战备物资。水利部到我们学校来，找人去搞橡胶灌溉试验，怎么灌溉促进增产、提效。我带着两位老师、一位研究生和20个毕业班的大学生，在1960年生活最困难的时候到海南，那里有大片橡胶树林，从零开始，进行橡胶灌溉研究。这个项目的主办单位是华南亚热带作物研究所（现在叫研究院）和亚热带作物学院，简称两院，两院是由农垦部（中华人民共和国农垦部）、中国科学院和广东省合办的。国家决定由两院管理橡胶灌溉的生产和试验研究，试验基地设在海南的儋州。

当时去了之后，他们给我在院部留了很好的办公室跟宿舍，楼房啊，什么都很好，但是那里距离我们进行试验的胶林，骑自行车单程要50分钟，这么远的路程，天天来回跑，对试验不利，我就提出住到在橡胶园旁搭的茅棚里，一住4年。住茅棚里方便观测，日夜观测，我的学生也住茅棚。学生在外面以试验代替毕业设计，在那儿住了半年多。另外的老师和研究生住了2年，我一个人在那住了4年，一天都没有去那个院部留的洋房里头。

当时，橡胶灌溉是空白技术，从原理、技术、方法，以及中国海南和广东的橡胶的区划、分区，怎么划分，哪个地方灌几次，哪个地方怎么灌溉，全是空白。4年之后，全部出了成果。当时，橡胶是战备物资，不能出书，我的研究成果是手写稿，几经周折，最终未能出版。

海南工作期间，茆智发现了著名的"反弹"灌溉规律，奠定了他的学术基础。

当时社会主义阵营就中国、越南两个国家搞橡胶种植，越南它又不搞试验研究，我们去搞，当时很艰苦。因为我在胶林观测气象、植物、土壤，反弹效应就是我在那个阶段搞出来的。当时，我提了两个东西，第一个，纠正大家一个错误的观念："橡胶因土壤水分不足而需灌溉"。人们发现，头天下雨，第二天高产，或者夜晚下雨，早上高产。于是提出为高产而需灌水，派我去海南研究灌溉。我搞了几年以后，说你们搞错了，它不能高产的原因不是缺水、土壤湿度低，而是空气湿度低、不够潮湿。在成龄树干上 50 cm 高处割一个斜口子流胶，搞一个半圆形的楔子插进去，接胶，我守在那里要数多少滴，一个钟头产多少，称量，测出流出的橡胶产量。称出结果来我发觉，在当地气候条件下，橡胶产量跟土壤湿度关系不大，跟空气湿度关系大。喷灌可以显著提高空气湿度，效果很好；地面灌溉的胶树根浅，一刮大风，因根浅，易倒伏。

第二个东西就是后来我们为了探明不同土壤水分条件下的胶树吸肥效应，就施同位素示踪元素磷酸二氢钾的肥料。在海南搞了对比实验，三种处理：干的、中等的、湿的。干的，就是土壤含水率为饱和含水率的 85%～100%，控制这个阶段的水分；中等的，70%～85%（不含 85%）；低的，55%～70%（不含 70%）。选了一批原本同样茎粗、长势的树，在 0.5 m 的高度，量茎粗和茎周围长度。茎粗用卡尺量，茎围长用线量。3 天就要测一次，降雨或灌水后加测，水分已经控制好了。结果是差异明显，平时干的那个长得很慢，湿的长得非常快，中等就是中等。下一场大雨，或一次喷灌以后，空气湿度变高了，橡胶生长态势变了，我就叫"反弹"了，原来水多的那个还是那样子，原来很干的那些猛长，长得超过原来水分高的那些树。我学生采 100 张叶子，测叶的同位素肥料含量，原来很干的那个，空气湿度大增以后，叶中同位素肥分含量很高，原来水分高的那些树还是原来那个样子。干到一定天数以后，水分低的叶同位素含量超过水分高的，亦即吸肥速率超过水分高的，长势也好。因为它的土壤水分条件差，被迫根就扎得深、分布广、吸肥广、深，而且吸收根（白根）多，烂根少；水多的就烂根多、黑根多了。那时候我不叫"反弹"，叫"赶超"作用。现在叫"反弹"。

这个"反弹"作用不仅出现在橡胶，我最早从这里的橡胶树结果提出来的，后来我做了很多不同作物的试验，水稻、玉米等都有这个现象。我说作物各个阶段就没有最优水分这个指标，他跟前后的水分状况都有关系，不要固定哪个阶段、哪天最优是多少，没有这事儿，前面干的，只要超过它的限度，就会反弹、赶超过去，这样很节水了。不该要水的时候，不需要很早灌水，到需要水时再灌，所以这是一个新的节水的思路，就这样利用它。搞灌溉试验，大家主要做探优试验，怎么搞最高产、最优。我不搞探优，我叫抗逆试验，在劣势中试验，既省水又高产，而且品质还好。

20世纪60年代的海南，生活条件极其艰苦，茆智和他的助手在当地科研过程中也是困难重重，其中一些生活小事即便是现在从院士的口中平淡地说出来，仍然让听者有惊心动魄的感觉。

海南有两大祸害，尤其在农村里头，一个是蛇，一个是白蚁。水上建筑物不能用木料，蛀空了就倒塌。蛇很多，我们遇了几次险。我住茅棚的一张床，是四根木桩搭木柱和横梁，然后摆上铺板做成的。由于怕蛇爬上床，柱子腿都用植物的刺绑起来。一年四季都挂蚊帐，床隔墙一定距离。我的床旁边摆了一张两斗桌，一个抽屉装我的文具、书本，另一个抽屉只装三种东西：一个手电筒，以便及时查看险情；一块刀片，万一被蛇咬了就赶紧用刀片放血，怕蛇啊；一瓶蛇药，万一被蛇咬了，赶快吃药、擦药。就是防蛇啊。还是出了危险，有一天，中午休息的时候，咚！一个东西掉到我的帐顶上，我就怕是蛇掉到我床顶上了，我就赶快打拍，把它打出帐顶。当时我们那个草棚每个房间的隔墙没有封顶，隔壁是另外一个老师住房，结果一下打到他那边去了，那边老师说有蛇打过来了，真的是蛇，不太大，打过去后，他赶快起来弄，蛇钻到房内墙旁边一个洞里去了，我们弄那个黏土塞住洞口，使蛇从这里钻不出来，结果蛇从茅棚外的洞口钻出去了。

还有一次，我们干部劳动，种红薯，红薯要高产，需要翻藤，将红薯藤阴面翻到阳面，阳面翻到阴面。我一翻，藤子是个绿颜色的，一翻一条绿色竹叶青蛇（蝰科竹叶青蛇属，有毒）裹到我手腕上去了，当时我未发现，还好我很快发觉后，反应比较快，用力赶快把它甩掉了。人们晓得了，说亏你反应很快，否则就出事了。有一次，晚上睡梦中，突然，床垮了，床倒下去，整个塌下来了，原因是床腿被白蚁蛀空了，自己又不晓得。有时我们带去装测量仪器的木盒子，都会被白蚁蛀坏。就那样子，我在那搞了4年。

我在海南橡胶实验基地蹲了4年，住在橡胶园旁的茅棚里，经常半夜打着电筒观察橡胶昼夜的反应，到最后就我一个人在那里了。

深明国家建设的需要和科研工作的重大意义，是茆智克服工作上的各种艰难，坚持科研探索的动力。

那一阶段前前后后有3名老师、1名研究生和20名大学生。1名老师和研究生在那里待了2年，1名老师待了1年，大学生待了半年多，我在那待了4年。因为实验还没有结束，当时想着国家对这个项目那么重视，橡胶还属于战备物资，而且全世界只有两个社会主义国家种橡胶，我必须要搞好，现在有了人工合成橡胶，但是那个时代都是自然橡胶，国家也处于最困难的时期（1960—1964年）。

那4年里，我每年都到华南热带林业科学研究所（现中国热带农业科学院）里做学术报告。当时国家很重视橡胶试验研究，水利部派人检查，胡志明也去过，很多领导人去过，多个部长去过，都到我们试验点检查。郭沫若跟我们座谈时讲，你这合作研究是高级的合作呀。当时在社会主义国家，橡胶很重要，人造的不行。汽车轮子、坦克轮子、飞机轮子，把天然橡胶质量与产量当宝贝。当时水利部点名让我去，搞了4年，从1960—1964年，这是第一大阶段中的第二个小阶段。

幸好茆智本身就是农业专家，在三年困难时期，他的工作条件虽然十分恶劣，但是他通过自力更生，能保证自己基本的粮食供给，避免了生活条件给科研工作带来的干扰。

在海南4年间，我的院长很关心我们的身体状况，来海南探视我们，让我们一天工作不要超过6小时，我说："我们生活很好，不要担心。"

当地有一个试验站，站上从事农业生产和负责生活事情的人员是调来的复员军人，生活方面条件都可以。学校从3个小班60多学生中选20个人让我带去海南，选调的前提是不能有任何病的男生，去的时候一个个都身强体壮的，回来的时候强壮得都成了"标本"。我们在那劳动，吃的红薯都是自己种的。我们还种甘蔗，每年可以收几千斤。我们施肥1天，收割就得3天。用甘蔗换糖，10斤甘蔗换1斤糖，有时候一个学生可以带几十斤糖回校。我每年带回60斤，都是下火车后挑回学校的。我在那边写东西，就立志一定要把成果写出来。生活、工作虽然艰苦，就想着当地人民都那样过，也还好。那时候没有电，为了赶工，用煤油小灯，我想办法日夜写。海南那边还会刮台风，刮的时候我就靠到大柱子旁边去，若柱子刮倒了，我会在倒的另一边，怎么都压不到我，比较安全。

日常生活用井水，吃饭一日三餐。每人每月有基本粮票21斤粮食，自己种的红薯可以补充，吃饱没问题；甘蔗补充糖分，糖分摄入也不成问题；自己门前屋后种些蔬菜，还有木瓜、香蕉等水果，实验基地旁边还有很大棵的荔枝树，每年我都有荔枝吃。除此之外，还有水库鱼等等，营养摄入是够的，但是生活条件着实艰苦。

从海南回来后，茆智又投身到水稻灌溉试验研究上。

那就是第三个小阶段，从海南回来以后的1964年到1966年。当时就试验研究水稻的高产节水技术。那两三年，一直蹲在农村里头，探究新的灌溉技术。当时我提出来，水稻不是水生作物，分类叫作喜水作物，水稻不要长期水淹。过去水利条件不好，水稻要长期水淹，用以抗旱，它可以一两个月没有水补充都不要紧，慢慢消耗吧。我提出水稻可采用"半旱栽培"灌排方法，提出好多个节水高产模式。当时，我在田间开展试验，那也是很艰苦，没地方住，就住到农民家的堂屋里，鸡笼、狗窝都在旁边，天天早上四五点钟鸡就叫，睡不好，我当时就说上帝为什么要造鸡出来啊，条件真的是很艰苦。就在这种条件下搞出几种水稻的高产节水方法，就是"半旱栽培"。以后办培训班时，也是讲这些事。所以这就是第一个大阶段第三个小阶段。第一个小阶段搞需水量的计算模型，第二个小阶段研究橡胶灌溉，和其中的反弹现象与利用它的节水高产技术。第三个小阶段，试验研究水稻的节水高产的"半旱栽培"灌排技术。"文化大革命"的十年就没搞了。

3. 论见超卓，屡获殊荣

20世纪80年代以来，茆智率科研组研究节水条件下农作物的需水规律。他在河北、湖北、广西、江西等地进行田间试验研究。

20世纪90年代初，他主持了"水稻水分生产函数及稻田非充分灌溉原理研究"等3个国家自然科学基金研究项目。他在国内外首次发现水稻水分函数与反映大气干湿程度综合气象指标——参照作物需水量存在密切关系，提出了相应的数学模型，并根据该模型提出探索与分析作物水分生产函数时、空变化规律的理论与方法，为国内外此项研究开拓了新的途径。

在节水机理方面，提出了农作物早期和中期受轻度、中度干旱再复水后作物的生长、耗水会产生"反弹效应"的理论，从而提出了利用"反弹效应"指导节水灌溉和非充分灌溉的方法，提出了农作物需水量与灌溉的实时预报方法，促进了农作物的节水高产。作为第一获奖人，1995年以来获省部级二等奖以上奖励6项：国家科学技术进步奖二等奖，教育部提名国家科学技术进步奖一等奖和湖北省科学技术奖二等奖各一项，水利部大禹水利科学技术奖二等奖两项。他的研究成果填补了国内外空白，获国家科学技术进步奖二等奖，受到联合国粮农组织和国际灌排委员会的高度评价，居国际先进水平。2000年，获国际灌排委员会"国际农业节水技术杰出成就奖"，该年全世界仅茆智一人荣获此奖。并被美国传记研究院评选为"近25年全球500名突出成就学术带头人"之一。并于2003年当选中国工程院院士。

从1977年到如今的第二个大阶段内，其中又是三个小阶段。

从1979年到1990年，是第一个小阶段。在此阶段内主要试验研究实时灌溉预报。根据需水量模型，结合天气预报，进行灌溉预报。在河北省，在《河北日报》上，根据我的方法，进行灌溉预报，提示还有多少天要灌溉了。我们做实验，几十个处理呀，不同阶段，不同干旱、湿润的程度，看作物长的什么样子，然后结合天气预报，发出灌溉预报。其中预报的原理与方法，在中国工程院科技刊物《中国工程技术》上发表了，也获得国家自然科学奖二等奖。

从20世纪90年代初到2004年，这是第二大阶段内的第二个小阶段。就是搞水稻水分生产函数问题，水和产量的关系，它不是总量多少的问题，是各阶段水的多少对产量影响的问题，是不同阶段水怎么调配的问题。还不是一种作物水量分配问题，是很多种作物的作物组合与水量如何分配问题。在这方面，我们研究组连续承担了三个国家自然科学基金和一个国际合作的研究项目。在北方的河北、河南，南方的湖北、广西、江西，共五个省布设试验研究点。在这个小阶段内的成果，获得了国家科技进步奖二等奖一项、省部级二等奖两项和国际农业节水科技杰出成就奖，并撰写由科学出版社出版的专著一部。

从2004年后至今，是这个大阶段内的第三个小阶段，重点是试验研究灌区灌排后农业面源污染防治。转向了生态方面研究与实践。

4. 生态调控，健康发展

2004年以后，茆智院士把学术重心转向环保灌溉研究。鉴于我国许多地区农田施化肥量偏高和施肥方法不尽合理的现象，并且导致化肥利用率低、农田排水中污染物负荷高的问题，茆智院士提出田间水肥综合调控和"四道防线"的生态防治理论与技术，大幅度（70%~80%）降低了污染物含量，净化了水质。

主要是现在存在一个大毛病，灌区里面农田排出的水中，氮、磷含量，特别是氮含量过高，污染河、湖、库等水体。稻田长期渗透，地表排水，排到各种水体里，污染物超标很多。这个不好解决。大片的排水，你又不能做很多减污厂。工业排水可以搞污水处理厂。大面积的农田排水污染，是农业面源污染，这种水污染难以建污水处理厂解决。农村禽畜水污染，生活污水污染，怎么办。

我们提出用灌排生态法解决，从源头解决。我们中国的亩均施肥总量过多，施肥方法不合理，结果植物对肥料的利用率是30%~40%。一大半都流失掉了，国外利用率是60%~70%。我提出来要用生态的方法解决这个问题，我现在跟美国合作，联合搞项目，现在结题了。在南昌、桂林等地做试验，现在效果比较好，跟美国大学合作的。2004年开始，好多年了。我有个很好的美国的朋友，他是搞灌溉排水的，我去了美国，他跟我介绍，他在搞这个生态防治面源污染。我就去考察他那个点，我们水稻灌区这个问题更严重，我认为我们也可以搞。我把我这个课题组分成三批去美国考察，一批三四个人左右，统一思想，全部科研转向。

我提出，治理面源污染，用农田水利方法，走生态治理道路可以解决，而且已经取得显著成效。这就是这个阶段的贡献。具体的技术是，我提出四道防线，来防治面源污染。第一道防线，田间水肥综合调控。就是节水灌溉、控制排水、合理施肥三个配合起来，国际上有规定，氮肥为主的化肥总量，每公顷不能超过225 kg。超过了225 kg，污染了不好治理。

我们做过对比试验，提出一些上限指标和施肥技术。施肥高了之后没有什么好处，不仅对产量没好处，还污染环境。为什么这样高，有社会经济问题嘛，我们的生产销售是鼓励你多施肥的，鼓励消费；农民嘛，过去说，"庄稼一枝花，全靠肥当家"，一个过量施肥，一个施肥不合理。没有结合起来。水肥要综合调控。

我们国家施肥主要是氮肥，水稻田70%左右施在底肥，一般插秧以后追肥再施一次，约占总量30%，这样不合理，现在我们已经改进了，30%施底肥，追肥施两到三次，占70%左右。田里水多的时候不要施肥，预报下大雨暴雨前、灌水前，不要施肥，你一施肥，它跟着水流走了，次数、时间都要准的。田太干时也不要施追肥，施肥后吸收能力差。水稻全生育期，至少两次，多的三次施追肥，这样调控以后，就是第一道防线，就是田间水肥综合调控。这个可以降低化肥污染含量的1/3左右。

还有2/3呢，就第二道防线，就在田间做一级或两级小沟，水从这里排走，沟中种降污效果较好的植物，如蒲公英、狗尾巴草、猫尾巴草等，或者，再在稻田里的田边，做个小土埂，埂子首、尾不堵，中间与大田隔起来，这个里头不要施肥，照样种稻，水跑过去，它就给净化一次。田间小沟，叫生态小沟，我们很多研究生深耕在田间，作对比试验，它可以削减从田间流出的污染物负荷20%~30%，都有感性认识。这是第二道防线，叫田间生态小沟。

第三道防线，南方塘堰湿地特别多。把塘改成湿地，四周种一些净化效果比较好的作物，里面做相通的土埂隔离，水在里头，弯弯曲曲流，塘有个净化生态的办法，好的话也可以净化污染物荷载40%左右。

还剩30%~40%，污染物负荷。最后一道防线叫骨干生态沟，或者生态骨干沟。从湿地流出来的水流到河（湖）里去。我那个沟比较大，里头种（作物），北京很多地方都可以见到，这个效果也很好。而且有的里头种莲藕等，有经济效益。经过四道防线以后，70%~80%氮、磷负荷被削减，很受欢迎。

所以，我们整个组转向，以这个生态为重点。我提出两个并重，第一个是水量、水质并重。过去农田搞水利，提出水量一个重点，水多水少的问题；现在，水量与水质两者并重。第二个是自然科学和社会科学并重。你不解决社会科学、经济问题，他（农民）还是不按你的搞啊。

三个十分关注。第一个，关注人的生命和健康。2004年提出来的。人是第一位的，以人为本嘛，人的生命、健康第一，污水影响人类健康，我们过去没有重视，应十分重视。另外是重视水利建筑物导致死伤人的问题，大型混凝土的三面光的渠道上，我的学生在实习的时候，掉下去，淹死过，我们教师也有骑自行车掉下去，跌伤了。所以现在要防控治理。

第二个十分关注，可持续发展。致富、节水、可持续地节水，从脱贫到小康，到富裕，这一条路，我可以给规划出来。

第三个十分关注，现代技术的应用，如云计算、大数据等。我们实施预报灌溉、精准灌溉都是对现代信息技术的应用。

两个"并重"，三个"十分关注"是我2004年提的，在都江堰建堰2260周年庆祝大会上，我就把都江堰作为样板提出来。现在中央提出长江经济带共抓大保护、不搞大开发，生态为本呐，绿水青山就是金山银山。要体现这个精神。

自1984年起，我几乎每年都要出国，大概走三四个国家，参加学术会议，做学术报告，开展国际科研项目合作试验研究，等等。吸取了国际经验，扩大了视野，也让国际同行了解我国教学、科研水平与状况，起到良好影响（反响）。

四、乐于创新　敢于创新　善于创新

茆智院士通过长期的艰苦卓绝、不辞辛劳的工作，取得了杰出的科研成就，他的精神和经验很值得年轻人学习，他总结了长期从事科研工作的感受，十分质朴也十分深刻。

（1）要善于学习、善于观察，重视一些反常的细节，才能够创新。

数学，我是从大学的时候开始学的，函数、微积分等等。我刚开始学的是水工、海港、河港等相关的专业，我的课程设计和毕业设计做的是船闸和码头设计，后来转行学习农田水利。工作之后，我跟着苏联专家慢慢转型，苏联专家讲究创新。最近我在美国校友会上提出："一个人要乐于创新，敢于创新，善于创新。"我为什么会想到水稻田可以不要水层？就是因为生活中的两件事情给予我启发：一是中国有的田面积比较大，但是不够平整。湿润年，即雨水比较多的年份，地势高的地方水稻长势较好，低洼的地方因水分过多反而没那么好；二是在安徽省做试验，西瓜地和香瓜地等地里长出几束水稻，西瓜和香瓜都是旱作物，作为瓜地，从来不淹水，但水稻生在其中长势却很好。所以，我认为在实践中要善于观察且善于创新。

（2）搞科研需要有科学精神，不能因为生活、经济等因素分心。

我认为，搞科研不是搞经营，要有科研精神，即使面对生活压力，过得去就行了。受社会主义市场经济的驱使（动），是要搞经营，但是不能事事都钻进钱眼里去。

搞科研最忌浮躁，一定要耐住寂寞，要胆大、心细、实事求是、勇于创新。科学研究不要过分关注结果，要学会抓住过程中偶然迸发的灵感，并与专业知识结合考虑，善于发现。

刻苦做科研和任何事情，会经历十分艰苦的时候，要不怕艰苦，要勇于克服艰苦，有时候，"吃苦也是好事"。他们说，我有个瀑布论，作学问嘛，过程像瀑布，瀑布有很大的力量，瀑布怎么形成的，就是很多小溪汇流成的。

（3）茆院士还把科研与教学结合起来，把科研的精神融合到自己的教学。

后来，我的学生，不论是研究生还是本科生，我要求他们最少要在实验田里干100天（插秧到收获）。插秧的时候就去，去了就在那住下。我一般一年去三四次，一住就住好多天。为什么要学生住满100天呢？因为不住满容易闹"笑话"，光看书本上讲得不行。我的学生闹了两次"笑话"，"考种"本来是指"考察品种"，结果他跑到厨房去"烤"种；学水利的学生有时候站在土坝上找土坝……所以，我认为学生必须要到实验基地里去实践。我作报告的时候往往都会讲很多例子。

我最多的时候1个礼拜6天上32节课，教师稀缺，每位老师都得带几门课，怎么办呢？就提前把讲稿写好，在河堤读、背。如果不做这些准备，讲的时候可能就没有那么顺畅。当时在学校是4个人住1个房间，里面每人有1张小桌子。教的学生多，作业份数也多，所有同学交上来的作业无法都放在桌子上，甚至铺在床上、地上，按名单编号，一题一题地改。因为一次就是几十本，工作量很大，这样改卷效率高，不然就会来不及。

20世纪80年代以后，茚智院士率小组为全国及许多省（自治区、直辖市）共举办灌溉试验培训班10余期，培训试验骨干500余人，占了中国试验技术骨干的一半以上。许多试验人员称茚智举办的培训班，是灌溉试验的"黄埔军校"，为提高中国灌溉试验水平，促进灌溉试验现代化起到了核心作用。茚智院士担任国家《灌溉试验规范》的主编，分析我国农田水利灌溉中的问题，引进国际先进经验，提出了众多技术改进方法，该书成为我国农田水利灌溉工程的重要指导书籍。他还被推选为全国灌溉试验站学术组首席专家，为发展中国灌溉试验事业呕心沥血，对提高中国灌溉试验站工作质量发挥了重要作用。

茚智院士的生活方式和人生态度完全超越世俗，他全心全力投入事业，不畏艰险。他去西藏讲学，经历了人生一大关口。1986年，中国水利学会组织讲学团前往西藏开展水利知识普及讲座，茚智第一时间报名参加，感冒了仍坚持入藏，为了做好工作报告，一直忙碌到凌晨两点，结果病倒了，武警医院因技术有限，必须转到人民医院，最终幸运脱险，但是他坚持不休病假，继续回到工作岗位上。

从20世纪50年代到现在，茚智院士长期在他的领域不断进取，不断创新。是什么支持着他，一直保持如火的激情、持久的动力，一直站在学术前沿，努力贡献，发光发热。

在抗日战争期间，我跟随父母辗转到了四川，曾多次遇到山洪暴发、江水泛滥，目睹淹地、毁屋、灾民四处流离。我那时就下定决心将来要选择水利专业，学会治水、防灾，造福于民。小时候经历战乱，知道生命可贵，要投入到最值得投入的目标（事业）之中。我多年受党的教育、培养，要献身祖国、人民。我记得中学语文课本里有一句孙中山先生的名言"要立志做大事，不要做大官"，给我印象很深。再一个，我父亲一生从事教育工作，为人师表，胸襟开阔，他教导我们要做有意义的事。

7

朱玉贤：毕生奉献棉花研究　潜心问学以农报国

我从小爱好生物学，特别是农学。因为我是农民出身，一直有一种使命感，就是希望能够让农民的生活过得好一点，活得轻松点。

米兆宽
2021.8.18.

朱玉贤：毕生奉献棉花研究　潜心问学以农报国

朱玉贤，浙江省杭州市富阳区人，1955年12月生，植物生理学家，中国科学院院士。朱玉贤出生于一个普通农民家庭，作为农民的儿子，比起上学，在家务农似乎才更像是正业。然而从小学到高中毕业，再到后来参军期间，他从来没有放弃学业。1978年，朱玉贤考入浙江农业大学，苦读4年后毕业留校任教。在他不懈努力下，于1986年进入美国康奈尔大学植物科学系学习，1989年12月在美国康奈尔大学植物科学系获得博士学位，之后在圣路易斯华盛顿大学生物系从事博士后研究工作。1991年，在祖国的召唤下，他义无反顾地选择回国，在北京大学生命科学学院开始了长达23年的教学及研究工作。在此期间，他的主要研究方向是植物基因克隆和表达调控研究。直到2011年，经过十多年艰苦研究，最终成功将我国棉花纤维的长度提高了0.3 cm，极大地促进了我国高端棉纺织产业自主发展。同年12月，朱玉贤当选中国科学院院士。2013年当选发展中国家科学院院士。2014年4月4日，朱玉贤院士来到武汉大学，受聘为武汉大学高等研究院院长，带领包括生命科学、化学、物理学等相关领域的年轻学者，探索学科交叉研究和人才培养的新模式。

他主要从事植物分子生物学、棉花基因组学、基因调控研究。兼任中国植物学会副理事长，教育部大学生物学教学指导委员会主任委员，《中国科学·生命科学》副主编，《分子植物育种》执行主编，植物分子遗传国家重点实验室、农业基因组学国家重点实验室学术委员会委员。他主持多项国家级重大科研项目，并著有全国通用教材《现代分子生物学》和《分子生物学实验技术》，译有《PCR 传奇》和《细胞的起源》等。相关研究成果——棉纤维细胞伸长机制研究于2011年获得国家自然科学奖二等奖。

---

① 采写人：王鹏、汤蕾。江汉大学人文学院2017级本科生李丽、冯娇娇同学一并参与了该课题的访谈提纲准备及口述采访的音转文工作。2019年12月4日，专访朱玉贤院士本人及其部分学生，2020年9月1日又再次采访其科研助理及其指导的数位在读研究生，之后又电话采访了另一位研究助理。

朱玉贤院士 2012 年 2 月在北京大学实验室观察棉花生长情况

朱玉贤院士 2021 年 3 月在武汉大学高等研究院发展战略咨询委员会上作报告

朱玉贤院士在美国康奈尔大学攻读博士学位期间，与导师 Peter J.Davies 教授在观察短日照不衰老 G2 豌豆的生长习性

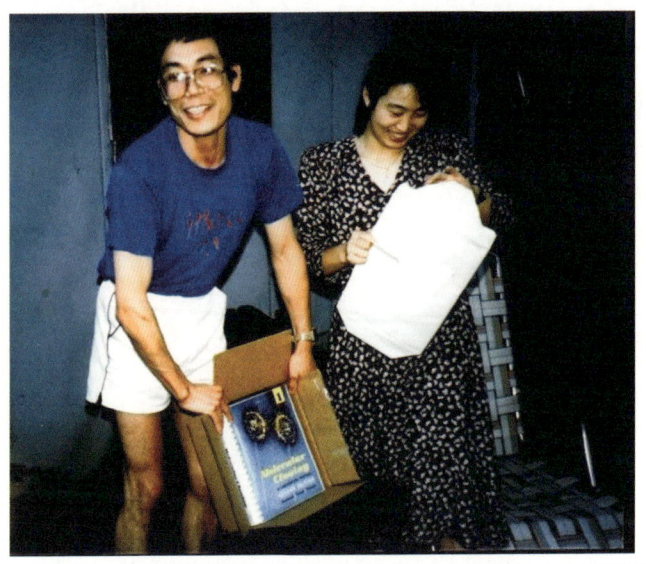

朱玉贤院士在美国圣路易斯华盛顿大学生物系读博士后期间与夫人周彩芳生活照

7. 朱玉贤：毕生奉献棉花研究 潜心问学以农报国

一、勤勉刻苦　弃戎从文

朱玉贤院士成长于中国浙江省一个普通农民家庭,儿时的他边务农边读书,但与其他同龄人不同的是,他不仅天资聪慧,而且勤奋刻苦,对读书有着超乎常人的痴迷,他回忆起自己的求学生涯时说:

关于读书上学,我可以说是个有点传奇色彩的人物。那个时候,毛主席说的"学制要缩短,教育要革命",小学5年,初中、高中各2年,9年就都读完了。①

1955年,我出生在浙江富阳渔山乡一个普通农民家庭,那时候也没有早教、学前班之类的学前教育,上学之前还得帮家里务农,但这一点不影响我读书。在我们老家是8岁(虚岁)上学,也就是1962年上小学,1966年前勉勉强强地算是把小学课程学完了。

我记得小学时有件非常有意思的事,发生在我一年级第一学期的期末考试时。那时候条件差,全校的期末考试是在由一间废弃庙宇改建的学校大礼堂集中进行,监考老师每个年级的都有,很多我都不认识。我记得当时我拿到试卷,看到题目简单得不像话,就情不自禁地笑了出来,结果被一位监考老师看到,她就记住了我。本来我可以得100分的答卷,她愣是不给,说我一个标点符号弄错了,只给我打了99分。从那之后,我这辈子得到的期末评语中就再没有出现过"骄傲自满"这几个字。当然,我和这位"严厉"的老师也结下了长久的师生情。②

小学毕业后,在乡下读了两年初中,然后又在农村干了一年农活,因学习成绩优异,1971年被推荐上富阳中学。富阳中学当时是县城里最好的

---

① 1964年,中央进行中小学教育学制缩短计划,提出小学5年、初中4年(局部试点)、高中2年的11年学制,到1966年6月,毛泽东指示"学制要缩短,教育要革命",随后各地根据实际情况缩短学制2~3年,有部分地区实行中小学九年制教育,即小学5年,初中、高中各2年。详见李保强、周福盛著,《教育基本原理》,山东人民出版社2008年版,第232页。
② 指朱玉贤在小学二到四年级复式班的班主任郑杏珠老师。参考陈凌:《让中国的棉花纤维增长0.3厘米——富阳籍中国科学院院士、武汉大学高等研究院院长朱玉贤》,《富阳日报》2019年9月17日。

中学，以前都是城里的小孩才上得了，但当时改为全县各乡推荐，我就被推荐上了。

1971年到1973年，我在富阳中学念完了高中，实际上因为"文化大革命"也没有学到太多东西。高中时期，我的班主任和几位主课老师跟我关系都特别好，毕业的时候我就和他们说，我要回乡下当农民去了，感觉以后再也没书念了，所以拜托老师找一套"文化大革命"前高中三年学制下的"老版"数理化教科书和试卷。县城中学到我家有差不多30里路，实际上应该是25里，但当时叫30里。那时，乘轮船回家要两毛五分钱，我们走路回去，但是从江北的县城回到我们在钱塘江以南的乡下，必须坐轮渡过江，那只需要花六分钱，还可以省一毛九分钱。因为毕业了，大部分同学只背着被褥行李等回家，而我将三套数理化教材往兜里一兜，挑着担回家，扁担前面是被褥行李，后面就是那三套书。

高中毕业回家之后就开始务农。那是1973年1月（当时学校是春季开学的，所以冬季毕业），那个时候天还很冷，一般要到天快黑的时候才收工回家吃饭。那年头的农村别说电视，有线广播也是刚刚才有。在农村，农民每天很早休息。到了晚上8点30分，广播播放完国际歌就整个关闭了，像熄灯号一样，农民基本上就关灯睡觉了，唯一亮着灯的就是我那窗。我开始学习高中数理化的教材。

之后不久，恰好部队到乡下来挑选兵员，适龄男青年都要去体检，然后部队根据名额在体检合格的人里面挑，我就被光荣地选上了。于是，从1974年12月到1978年4月，我就在舟山要塞区守岛部队当野战军，白天训练，站岗放哨，晚上学习。①因为当时毛主席号召"深挖洞，广积粮"，所以平时我们主要做两件事情，一件就是训练打仗，一件就是挖坑道。半天训练，半天挖坑道，那海岛底下几乎都被我们挖空了。

那时比较烦恼的就是晚上熄灯太早，影响我看书。部队晚上9点30分就熄灯了，为了逃避处罚，没办法，我就拿个电筒在被子里面看书。

---

① 根据《富阳日报》2019年9月17日所刊陈凌的《让中国的棉花纤维增长0.3厘米——富阳籍中国科学院院士、武汉大学高等研究院院长朱玉贤》一文记载，朱院士于1975年1月入伍。经院士本人核实，其正式档案记载的时间是1975年1月，而实际从军是1974年12月20日左右。

一般来说，那时候在部队，入伍两年后就有一部分人会退伍，到了第三、第四年大多数人要么退伍，要么提升干部。当时部队有意保送我上南京步校，但那时的我已经有自主思考的能力了，对自己的评价是：作为军人来说，我还缺乏一些行伍气质，狠劲不够，所以在部队里发展可能不太会有前途，多读书才是我最想要做的事。1977年国家恢复高考，所以在入伍三年多后的1978年4月我选择了退伍备考。

我是在老家浙江富阳参加往届生的考试，因为考点都在县城，我们需要到那儿去报名并参加考试。也在那时，我见到了以前在富阳中学时的老师。

当时感觉也不是很紧张，因为我脑子里始终有根弦紧绷着，一直坚持读书。从部队回家后一个多月，我每天劳动完再看看书，一天看两个小时，时间短但效率高，总体而言我不是特别紧张。

政治、语文我都没有复习，我的语文本来就很好，再加上当兵期间坚持阅读报纸，我想这两门课吃老本应该可以应付。那么，当时的一个多月完全就是复习数理化高中的课本。我的数理化成绩中就只有化学很厉害，所以复习的关键是数学和物理，尤其是数学，特别差，高考也只考了32分。也因此，我当年高考没有考高分，比全国重点线350分少了1.5分，重点大学没录取，而我的五个志愿里面填报了农业，它恰好是优先录取，所以我就被浙江农大录取了，学的是种子专业。这样，虽然没有进重点大学，但有大学上了，我们全家还是非常开心的。

考试之前，家里没给我什么压力，实际上父母还是希望我当农民。在农村，因为爹妈年纪大些，盼望我早日结婚成家。但是，一旦收到了入学通知书，全家都非常支持。要知道，我是若干年来从村里面走出去的第一个大学生。而且，当时上大学不但不交学费，每月还有15块钱左右的生活费补贴，对农村出身的孩子而言，那些钱足够生活了，而且比家里的条件还要好些。

我非常爱好生物学，特别是农学，因为我是农民出身，一直有一种使命感，就是希望能够让农民的生活过得好一点，活得轻松点。

二、自强不息　以农报国

朱院士大学本科毕业后,由于成绩优异,得以留校执教,由此开始了植物分子生物学的科研生涯。他谈到:

我是1982年本科毕业的,毕业之后就留校任教。我一直当笑话讲的是,有两个事情决定了我的一生。

20世纪80年代初,我作为乡下农民的儿子能够留在杭州城里当老师实际上已经很满足了,自己感觉非常了不起。确定留校后,要填一张由学校发的入职表,其中有两栏给我触动很大:一栏是最终毕业院校,我填的是浙江农业大学,再填一栏是最终学位,我是学士。这时候填完我就发现不对了——原来我是浙农大最低阶的职员,是最小的小兵啊!意识到这点后,我就决定要改变现状。这是第一件事。

第二件事发生在我成为老师之后的一次回家期间。我父亲跟我说:"儿子啊,你现在大学毕业了留校当老师,什么时候能当上教授啊?"我说:"我大学本科毕业怎么可能当教授,八竿子都打不着,万里长征这才迈出了第一步呢!"

这两件事情为我敲了警钟,让我意识到自己还得继续努力。现在回想起来,其实很多事情,世人只要警醒了就有办法,怕的就是不居安思危、沉迷于现状。这两件事一直让我警醒自己、鞭策自己还需要不断充实自我。

正好那个时候,浙农大被国家列为第二批世界银行贷款单位,其中有一部分资金用于青年教师培训。[①]当时学校的校长、中国科学院院士朱祖祥先生在大会上说,学校要给中年教师"压担子",给青年教师出国深造的机会。每个青年教师可以脱产半年学习英语,第二个半年教学任务减半。所以从那之后我就决定要出国深造,开始学习外语,准备托福考试。

[①] 1980年,我国恢复在世界银行的合法席位,1981年利用世界银行贷款的第一个项目就是教育项目,其中就有公派高校教师出国学习的内容。"1981年11月25日,教育部发布了《关于使用世界银行贷款选派教师出国进修学习的通知》,提出利用世界银行贷款资助教师出国进修,加强师资队伍建设,促进高等教育发展。"《新中国留学概况》,王宇、刘挺编:《最新出国留学指南:给你的孩子插上翅膀》,时代文艺出版社2000年版,第348页。

之所以说学外语而不是复习外语，是因为当时高考规定，英语考试成绩不计入高考总分，只单独作为一项录取参考，所以准备高考时，我没有花工夫学习英语。刚开始我的英语基础较差，在教师中可能排倒数。经过几年的自学，在1984年11月全校青年教师托福考试中，660分的总分，我考了593分，成为全班第二名。考完了托福并获得了一个还不错的成绩，我就开始联系国外的学校和导师，最后在1986年进入美国康奈尔大学植物科学系学习。

第一学年考试后，老师就让我在美国直接念博士，并争取到了学校的高额奖学金。1989年12月我从康奈尔大学毕业，来到了美国中部密苏里州的圣路易斯华盛顿大学（不是西北角的那个华盛顿州的西雅图华盛顿大学，也不是弗吉尼亚州的玛丽华盛顿大学），在生物学院做了一年半的博士后，出站后于1991年6月回国。

回国后，我去北京大学又做了一年博士后，从事植物分子生物学研究，然后就一直留在北大，在这个专业从事教学科研，当副教授、教授，坚持了23年。

谈起这段学成归国的往事，朱院士深情回忆道：

当时选择回国也是出于多方面考虑。首先就是一种很朴素的爱国感情，落叶归根，学成后就想到要回报家乡、回报祖国；其次也是一个比较现实的问题，虽然1987年夫人也随我来到了美国，但孩子在国内由姑姑抚养，非常牵挂；最后也是因为对美国的社会制度、政治态度感到失望。

我刚到美国的时候，对美国印象特别的好，真的是经济上又富裕，人民又很和善友好。但是1990年，第一次海湾战争爆发后，我对美国有了更深的认识。当时整个美国氛围就完全不一样了，霸权主义的嘴脸暴露无遗。舆论上若有人敢说一句反对打伊拉克的话，立马会被贴上伊斯兰分子的标签，成为众矢之的，甚至面临人身危险。当时我在圣路易斯，当地政府会将在前线部队参战士兵的家用黄丝带围起来，以示荣誉。对于攻打伊拉克，根本就没人在乎这场战争是不是正义的又或是发动战争的理由是什么，社会民众普遍认为既然打了就一定要将敌人消灭。对此我非常反感，这不就是彻头彻尾霸权主义的做派吗？这件事对我影响很大，所以我最终选择了回国。

正是因为从小经历过农村生活的清苦，朱院士始终立志于农学，希望通过自己的科研努力，改善农村和农民的生活水平。对于研究方向的选择，他明确指出：

研究方向的确立对学者而言是很重要的一件事情。要找到一个足够大的课题，足以支撑自己一辈子的科学研究，这是一件大事。

我的研究集中于基因功能解析，即分子机制，当然我们也做一点转基因，就是后来我分析的如何使棉花纤维长长 0.3 cm 的问题。

转基因是一个让一般老百姓有点"谈虎色变"的题目，但是直到目前，科学界并没有数据表明转基因有重大危害的迹象。人们对转基因问题深怀恐惧，跟 20 世纪末欧洲"疯牛病"[1]有关。在欧洲反对转基因的人中流传有一句话，当年用鱼粉喂牛的时候专家也说没事，怎么后来出"疯牛病"了？这个事情就是说，你当时不知道，并不表明 20 年以后没有坏的结果。所以呢，这句话对转基因的安全性造成了重大的冲击力。因为这句话确实有道理，你现在不知道，并不代表未来 30 年以后就没事。

实际上，转基因本身有两方面的情况。一方面我们说的 0.3 cm 棉花纤维的问题，这个是棉花里面的基因，找到这个基因的调控模式，我再给它转回去，让它提高纤维产量，这个就完全没有什么可害怕的，因为它是棉花本身的基因，没有问题。但是另一方面，主粮应该还是要慎重，特别是那些有可能产生破坏性的基因。像苏云金杆菌的毒蛋白基因，那是外源基因，它转到水稻里面，虽然能杀虫，那这个基因表达到水稻稻米里面的话，人类就会吃这个基因的产物。而且，一旦人长期摄取了，几代人都一直吃这个基因产物，所以相对来说就需要比较长的时间来确定其究竟有害或无害。

在我看来，转基因操作实际上就是一种技术手段。比如，我们争议最多的是 BT 毒蛋白基因，把苏云金杆菌的毒蛋白基因转化到棉花里面，使得棉花植株表达这个毒蛋白，棉铃虫吃了它就要死掉，所以棉铃虫就没了。那么，这个基因的功能人类是怎么知道的？那是前人多少年的研究，才知道这个基因可以拿来杀虫，就是我们称之为基础或前沿研究，搞清楚哪个基因是干吗的。而我的研究就是基础科学，就是把这些有用的基因找到，

---

[1] 术语为"牛海绵状脑病"。

为以后在生产上应用这些基因的功能做准备。

最开始我的研究对象不是棉花。豌豆和大豆是我早年在国外学习时研究的课题，前者是博士论文的研究对象，后者是博士后期间的研究对象。因此，从1991年回国到1998年，我还是主要研究豌豆和大豆。

1999年，我们得到国家转基因产业化专项课题，也是棉花转基因专项里的重大课题。最开始申报这个课题是在1998年，那时实验还没有开始，我在申请书中提出可以做三件事情。第一，我可以做棉花纤维的突起。我国棉花品种主要有陆地棉和海岛棉两类。加工成服装的棉花95%以上都来自陆地棉，它纤维相对短些，只有3 cm左右，但是它产量高，一个胚珠大概有18 000~20 000根纤维；而海岛棉，纤维很长，大概有3.5~3.6 cm，纤维质量非常好，但是产量少，一个胚珠大概只有8 000~10 000根，所以产量还不到陆地棉的一半。因此，就导致农民不种海岛棉。那我们就想，要是能增加海岛棉纤维胚珠上面的突起数量，让海岛棉也能长20 000根纤维，哪怕是长15 000根，那产量就会比陆地棉高，那就有意义了。所以，我提出可以研究棉纤维突起的机制，让海岛棉纤维突起15 000根。第二，研究纤维伸长的机制。美国好的棉花纤维一般超过3.3 cm，中国的棉花纤维一般都在3 cm以下。所以，怎么能够得到3.3 cm的棉花纤维，是我们想迫切解决的问题。第三，我可以研究棉花发育后期纤维细胞壁的厚薄问题，因为它决定了棉纤维的硬软程度。

后来，试验发现，第一和第三个问题都研究不了。关于第一点，做棉纤维突起数量的研究，那需要在棉花开花当天采集胚珠，但那时胚珠比针尖还要小，实验室采不到这么多的胚珠来做这个试验，需要好几亩棉田才能完成采集。所以，因为技术原因，试验材料不够，当时没办法解决，只能放弃。关于第三点，开展棉花纤维发育后期的研究，首先需要人工破开纤维细胞壁，可试验发现，棉花纤维发育到了20多天以后，细胞壁依然很坚硬，破不开，采用各种试剂破开后，里面的RNA（核糖核酸，Ribonucleic Acid，缩写RNA）也都发生了降解。所以，后期研究也很难做。最后，我只能研究第二个问题。

正因此，这个项目经过了五六年的时间，一直推迟成果验收。我希望即使不能达成三个目标，也至少有一个明确的结论。到项目结束的时候，大概是 2002—2003 年，申请书里提到的三个研究设想，我也只完成了中间那一个。

所以，学术研究就一直在与失败打交道。我们一直自嘲为"捣乱分子"，失败了，再捣乱，再失败，再捣乱。到什么时候，你决定不捣乱了，这个题目实在做不了了，就不得不调整科研方向。这也是一件关系到一个学者科研生涯"生死存亡"的大事。如果你永远捣乱下去，那就会一事无成，因此，必须学会判断和转弯。

朱院士的助手王坤[①]研究员对朱院士科研方向的选择有着深刻的认识。他在接受采访时谈道：

朱院士对于科研有着狂热的兴趣，就像孩子对未知的一切都充满着好奇，有"打破砂锅问到底"的精神，他选择的研究方向一定是要在这个领域有所创新，是从更深层次的维度去探索科学的边界。这种精神在他身上随时都能看到，比如我们在开组会时，如果他听到了感兴趣的内容或是新的想法思路，会激动得跳起来，冲上讲台和大家一起探讨。因此，朱院士不鼓励大家"跟风"研究当前所谓的热点问题或是用"固定套路"去解决问题。他的这种精神，对我的触动非常大，将我的科研境界整体拔高了一个层面。[②]

三、攻坚克难 "一字千金"

从选择研究棉花种植，到发现控制棉纤维伸长的调控机制，朱院士的整个团队花费了 13 年，在这个过程中朱院士一直攻坚克难，不断改进试验方法，最后取得了成功。朱院士对科研工作中失败的懊丧、突破的兴奋，以及取得成功的激动心情至今记忆犹新。

中国是世界纺织大国，棉花产量也位居世界第一，每年有 400 至 500 万吨的产量，但从质量上看，我国棉花离优质棉的标准还有差距。我国棉花纤维长度主要在 2.8~3.0 cm，美洲的棉花可达到 3.0~3.3 cm，两者之间

[①] 王坤：武汉大学生命与科学学院研究员。

[②] 本文中王坤所讲述的内容均为其 2020 年 9 月 8 日电话口述。

差 10% 的纤维长度。也因此，我国棉花纺纱的接头多，容易起疙瘩，穿在身上不舒适。而且实验发现，把美国的优良品种引种到中国，棉花纤维又迅速变短，这样，我国每年需从美国进口 100 万至 150 万吨的优质棉花，以每吨 3 万元计算，就需要 400 多亿元的外汇。

为此，我们的宗旨就是希望提高棉纤维的品质，从 3 cm 以下提高到 3.3 cm。通过棉纤维发育试验，我们在棉花里面发现了关于乙烯调控细胞伸长的基因，而乙烯上游超长链脂肪酸又调控乙烯生物合成的基因，这些都已经在转基因植物里面得到了验证，它们能够促进棉花纤维伸长。

出于研究所需，我的实验室建有棉花房，永远种着棉花。当棉花开花时，开始长纤维了，我们就要将快要长纤维的棉花花蕾收集起来。

当时，我们是通过基因芯片技术开展相关研究。棉花有八九万个基因，最开始我们找不到与棉纤维伸长相关的关键基因。我们把它的 RNA 提取出来，克隆了一万多个基因，做了一个芯片，用机器使各种不同的 RNA 杂交，看不同时期哪些 RNA 的信号强度发生了显著变化。我们就负责解析这个信号，在芯片上面找到跟纤维发育时期相关的，就是表达高的基因。如果纤维不发育，那些基因就不表达，我们就认为这样的基因可能跟纤维发育有关。把这些基因找出来，再来做生理试验，进一步判定哪些或者哪些途径跟纤维发育相关，最后用转基因的方法验证试验结果。这就充分考验学术水平了。需要靠经验，就是你的学术造诣、学术背景这些来判断，当然还有各种遗传学、生物化学、生理学的知识和手段，去验证你的判断是不是准确。

实际上，直到 2003 年，我们才在国外主要生物科学期刊发表第一篇相关文章[1]。其实，那篇文章中提到的研究，还不是采用大规模的芯片，那是一个简易芯片，是我们实验室自制的芯片。后来，我们又研发了更大规模的芯片，一直到发表在 *Plant Cell*（《植物细胞》）上的，我的成名作，那已经到了 2006 年。[2]

---

[1] 指朱玉贤为通讯作者，发表在《核酸研究》2003 年第 10 期上的论文 "Isolation and analyses of genes preferentially expressed during early cotton fiber development by subtractive PCR and cDNA array"。

[2] 指朱玉贤为通讯作者，发表在《植物细胞》2006 年总第 18 期上的论文"Transcriptome Profiling, Molecular Biological, and Physiological Studies Reveal a Major Role for Ethylene in Cotton Fiber Cell Elongation"。

所以研究了8年，整整8年。从科学界来看，这样的研究周期已经算是比较长的了。我可能属于比较"慢"的那一类研究者。但是有的时候啊，慢也有慢的好处。

这篇文章的刊发过程让我体会到，生物学研究呈现螺旋性发展。当时我们做了一万多个基因芯片，发现乙烯途径是调控棉纤维生长长度的重要途径。文章送到当年微观植物学的世界顶级刊物——Plant Cell 发表，编审委员提出了两个质疑意见。根据反馈和研究经验，我判断其中一个来自于美国某科学家，他当年的实验比我们早做完一年半，而且试验的基因数量也超过了我们。他做了一万四千个基因，我们是一万三千个基因。但他找不到其中的机制，所以他的文章发表在一个学术影响力较小的杂志。因为他的研究的确比我早，所以他的意见很关键。还有一个更要命的质疑之处在于，二十世纪六七十年代的实验结论表明，乙烯会终止纤维生长，意思就是乙烯同纤维生长没关系，反而会让纤维变短，这就和我的新观点相矛盾。

对于第一个质疑，我回复说，我们通过生物学的筛选发现了生物学的本质，找到了一条有利于提高纤维长度的途径，跟之前的研究不可同日而语。然后，我又查了当年关于乙烯阻碍纤维发育的证据，发现20世纪60年代初期的实验并不是那么系统，研究者只是做了几个有害的激素 ABA[①] 等试验，然后就推论这些激素都是有害纤维发育，完全都是推论，所以对于第二点质疑，我也回复说其研究结论不可靠。

文章发表之后，就成为 Plant Cell 杂志连续几个月内当月下载量最高的论文。到现在已经过去14年的时间了，这篇文章的 SCI 引用率已超过400次，绝对可以排得上 Plant Cell 杂志几十年内引用率最高的文章之一。

当年 Plant Cell 的一个副主编，2010年左右访问中国，专门到我的实验室，很自豪地说："我们当年把两种反对意见都一致地否定了，坚决发表了这篇文章。现在看来我们当年的决定还是英明啊，要不然这篇好文章就被拒掉了。"

实际上，2006年的这篇发表在 Plant Cell 期刊上的科研成果，是水到渠成的结果。这一结论是通过不断试验慢慢浮现的，慢慢地建立起来。所

[①] 指脱氧酸，抑制生长植物激素，化学式 $C_{15}H_{20}O_4$。

以那篇文章的发表,其实没有让我高兴到跳起来的程度,因为我们为此等待得太久了。但是2007年发表的那篇文章,就是那篇超长链脂肪酸调控乙烯的文章确实让我欣喜若狂。[①]

因为,2006年做完乙烯的研究之后,就发现芯片上面乙烯是最显著高效的生化途径,而第二、三、四条生化途径里面就有一条是超长链脂肪酸代谢。因为乙烯是植物激素,含量非常非常低,而超长链脂肪酸是初生代谢产物,在棉纤维细胞内含量很高。正常的想法,应该是植物激素乙烯调控超长链脂肪酸代谢。超长链脂肪酸拿来干吗呢?可以合成细胞膜,促进细胞生长,感觉在细胞膜内含量高,它就生长得快。当时就跟学生说,用乙烯处理各种不同发育阶段的胚珠,研究各种控制超长链脂肪酸合成的基因,看看哪些基因受乙烯调控。

这句话说得很容易,一做试验,两三个博士生做了半年都做不出来结果。那段时间我每天一进实验室,就问有没有新的发现啊,学生回答没有,我几乎是暴跳如雷啊!那段时间学生几乎都不敢见我,因为没有新发现啊。直到有一天,我自己一个人在办公室里跳起来,愤愤地说了一句:"怎么不可能反过来?万一是超长链脂肪酸调控乙烯呢?"于是赶紧要他们倒过来做试验。一倒过来居然成了,居然是超长链脂肪酸调控乙烯的合成,这是完全不符合常规逻辑的事情。

那个高兴的场景哟,让人至今难以忘怀。过了没几天,学生就来说,超长链脂肪酸一处理,反应最快的基因30 min 表达就显著提高了,继续进行下去,24 h 后,超长链脂肪酸调控乙烯合成的所有关键基因表达都提高了。也就是说,调整思路后我们在很短的时间内就发现超长链脂肪酸调控乙烯基因的表达。

早年我曾经说过,当时看到外源乙烯处理棉花胚珠没有导致长链脂肪酸合成基因表达提高的结果,我只想用各种不同的策略来继续试验,相信一定会有新发现!但事实上死活都没有,就是看不见变化。我却没有想过放弃,因为这么重要的试验,芯片上显示的这个途径是高调的,表明两者

[①] 指朱玉贤为通讯作者,发表在《植物细胞》2007年总第19期上的论文"Saturated very-long-chain fatty acids promote cotton fiber and Arabidopsis cell elongation by activating ethylene biosynthesis"。

的关系是存在的，那就不妨大胆倒过来假设。所以，坚决不能放弃。一放弃这篇文章就没有了，这个很重要的机制就没法发现了。对我个人来说，一旦放弃了，这辈子恐怕就不会走到今天这一步！

因此，后来我跟学生开玩笑说，当时我说的"倒过来做试验"的那句话，一字千金，价值一百万。那也就是，书本和试验背后很多知识和经验是慢慢积累的。

这样，我们连续在 Plant Cell 杂志上发表了两篇有直接关联的文章，它们奠定了我在分子生物学特别是棉纤维发育领域处于国际领先的学术地位。

朱院士在成功发现棉纤维增长的机制后，在此基础上，又对研究方向进行了拓展。他介绍道：

我当上院士不久，2014 年我调到武汉大学，之后实际上已经从只关注基因功能研究，转变到基因组学的研究，具体就是棉花的基因组。基因组学有 2 个范畴，一个就是研究物种的进化。人和其他高等动物都是 2 倍体生物，就是有 2 套染色体，而棉花是异源 4 倍体生物，有 4 套染色体，两套来自 A 基因组，两套来自 D 基因组。前者可发育为 1.5 cm 左右的纤维，后者则完全没有纤维发育。但是奇怪的是，A 或 D 杂合形成四倍体以后，棉花就发育有超过 3 cm 的纤维。所以这个机制是什么？研究发现，棉花就是由一个有短纤维和另一个没有纤维的两个"祖先"杂合形成。而且在大概 100 万年以前，2 个棉花基因组分离得还不很远的时候，他们就杂交了。如果到现在，带有这 2 套"祖先"基因组的棉花杂交，则会出现杂种不育现象。那么，我们想探究是哪些变化导致它们不能杂交了。

同时，基因组学还有一个范畴，就是多倍化现象。我们想做基因组四倍化研究。我们想知道多倍化对世界农业生产到底会有什么贡献。

四、潜心问学　精益求精

关于科研工作的规律，朱院士总结道：

科研工作是有规律可循的，有几个需要特别注意的地方：首先，通过对文献的综述确定一个研究方向，一定要知道这个课题的世界前沿在哪儿、困难在哪儿、突破点可能在哪儿。之后，确定做实验，就找个时机开始心无旁骛地进行，等到实验做完了，不管是成功还是失败，都要总结经验和教训。写文章时，把思路理清了，把它对世界科学的贡献理清了，同时也回过头来再看看这段时间有没有新的文献发现，有没有什么有用的东西，也补充进来，这个文章才能发到顶级刊物去。总体是这样的一个过程。

朱院士对待科研工作极其严谨，他的团队成员，无论是助理老师还是学生都无一例外地表示，朱院士对科研的要求是近乎"苛刻"的严厉，无论什么都要求做到极致。吴志国[①]副研究员提到：

给我印象最深的是，朱院士在学术上对我们助手和学生要求非常严格。任何一个科研数据还有细节，他都几乎苛刻地严格。朱院士对实验数据要求非常高，如果没有达到一定水准不鼓励发表。但是在日常生活，比如说私底下交往，他又是一个非常随和的人，在科研上和日常生活中几乎就是两个人。

王坤研究员也表示：

哪怕是我自己觉得完成得还不错的工作，都需要再三思考修正才敢向朱院士汇报，在细节方面，即使是一张试验图片都要求精益求精地完成。

博士生温兴鹏[②]对于这点的看法是：

朱院士要求学生将所有的试验都做到极致，即精准地抓住生物学问题，完美地解决问题，做到让别人无法复制，这样才能取得比较厉害的成果。

关于朱院士对研究成果的反复打磨，朱院士的学生博士后黄盖[③]讲述得更为清晰。

朱教授及其团队做研究非常严谨。因为我们把关比较严，所以出成果的速度比较慢一点，2008年以后基本上两年的时间会有一篇大文章，这个纪录一直没破过。有很多文章在我们实验室内部经过很多次修改讨论，像

[①] 吴志国：武汉大学生命与科学学院副研究员，朱玉贤教授科研助理、科研团队成员。本文中他所述的内容时间均为2020年9月1日。

[②] 温兴鹏：武汉大学2016级博士研究生，师从朱玉贤教授。

[③] 黄盖：2013级硕博连读研究生，讲述时为北京大学博士后，师从朱玉贤教授。

我们2018年发表的一篇文章，光这个改稿次数就四五十次，而且这还是大的修改，小的修改就不计其数了，往往修改时还要再做一些试验，不断修改。整个文件夹很厚。①

从年轻时开始，朱院士一旦投入到学习和工作中就达到忘我之境，这样常年几乎没有休假的科研工作不可避免影响到正常的家庭生活，为此，他也感到歉疚。但朱院士通过自己工作上的突出贡献，最终收获了家人的理解和支持。他回忆道：

我学习和工作的时候非常专注，和你们说一则我高考前的故事吧，它足以让我"出名"。1978年4月5日我从部队退伍后，回家干了2个月农业，到了6月初，麦子和油菜都割掉了，水稻也种下了。一天，我对我妈说："妈，7月初就考试了，还有一个多月，我还没系统性地看书，我得复习考试了。"我妈说行，然后她跟我说："儿子啊，我们家油菜割了，菜秆子晒在防洪堤上，要下雨了，你就记得去收菜籽。"我说行。那个时候6月份就是浙江的梅雨季节，雨多。那天下午，我在房间里看书，看几何、代数，恍惚地看到窗外狂风哗啦啦，大雨倾盆而下！可我脑子里面都是几何和代数，根本就没有想到什么油菜籽，就忘了去收。我妈和弟弟当天在地里干活还很高兴，想着我在家，可回来一看，我们家菜籽都没有了，那暴雨下得，油菜籽都冲走了。因为当年是农民卖给国家100斤菜籽，国家给你20多斤油票，有油票才能买油，你有钱都没地方买油吃。所以，那一年我们家就没有菜油炒菜，只好跟我外婆家去弄2斤，然后就弄点猪油回来。

因为这件事，我妈一辈子都"记恨"我。她说我就是懒，说我故意不去收菜籽。可我完全没法解释清楚。一直到2011年，我当院士那年，地方上请我去讲学，就住在杭州，我请家人吃饭，看见我妈那时才有点回过神来，相信我不是故意的。可能到那个时候，她才开始理解自己的这个儿子跟人家孩子还真的是不一样。

总体上看，从我进入研究棉花的科研领域到现在，20多年了，一直都是这么专注的工作模式，所以对家庭感觉很愧疚。

我的夫人记得我最出格的事情就是早年时，大年三十，所有的学生都

---

① 本文中黄盖所讲述的内容均为其2019年12月4日口述。

走光了，就剩下我一个人了，我还在实验室清洗所有的白大褂。因为北京的房子里都是用暖气，我把它们都洗好挂在实验室，才回家过年。基本上就是，大年初一可以在家待一天，初二如果有客人来再待一天的话，大年初三是一定要进实验室的。多少年一直是这样。后来搬了家，邻居也基本看不到我，全是夫人在干活，不少人以为她是单身或是离异的。这么些年确实是有愧于她！仔细想想，儿子两岁多一点，我就出国去求学了，一走就是四五年，夫人一个人带着小孩在杭州，既要上班挣工资，又要照顾才上幼儿园的儿子，日子该有多难熬啊！

我想说的是，关于事业和家庭，它没有平衡这么一个概念的，每个阶段都有每个阶段的主要矛盾，总体上是要把主要矛盾抓住并加以突破。你老想平衡，那你一辈子就平衡掉了。事业干成功了，生活问题也会迎刃而解。

关于朱院士常年放弃节假日坚持开展研究工作的经历，跟随导师学习多年的黄盖深有感触：

我们合作过几篇论文，都是在一起写作和修改。有一次刚好是在中秋节。我记得那是我在北大的时候，其他实验室的学生和导师都回家团聚了，但朱老师那天来到实验室，因为那个时候我们需要改稿，他就是和我们在实验室一直改稿。他坐在电脑前，我坐在他旁边，我们俩相互在看怎么修改，然后一起完成。在实验室里面，有好几次都是这样，我们一起改论文。一想到朱老师已经是院士了，而且年纪也大了，但他手把手地和你一起改文章，而且还是在中秋节团聚的时候，让我非常感动。

在朱院士的带领下，其科研团队成员也都自发自愿，兢兢业业投入这一热爱的工作。黄盖举例说：

像我们的团队，大部分没有严格的打卡制度，但我们周六都会来学习，有时候会感觉自己就像长在实验室一样，一旦你要是出去玩七八天或者四五天，就会感觉少了点东西。像国庆节放假，没有人规定学生一定要来学习，但我们也不会休息整个假期。我们都是自发地加班，像我的话一般可能国庆节当天休息，其他时间还要来实验室看看。所以管理上我们比较自由，比较宽松一些，但我们的学习都是自发的。

之所以如此废寝忘食、夜以继日地拼命工作，朱院士分析了科研工作竞争的残酷性：

科研工作竞争非常激烈，常常做着做着，同仁就已经把相近的研究成果发表了，科学界叫 getting scooped（被抢先了），就被人家给发表了。那时真的欲哭无泪，文章一下子就只能从顶级刊物变到很一般的刊物上发表了，所以，真正独创性的还是比较少。我们真的是在与时间赛跑。

五、因材施教　甘为人梯

与其他博导相比，朱院士直接指导的学生人数并不算多，但他对学生们的关心、帮助和指导每每发自至诚，常常直入心田。对于研究生的培养他谈道：

博士与硕士有根本区别，硕士阶段的学习只要把课程上完，做点简单的实验就可以毕业，而博士必须在从事领域有学术深度，所以博士生跟老师的交流是很多的。

我本人带的博士生比较零散，武汉大学大概允许院士一年新招四个博士生，我这辈子大概一年最多不会超过三个。所以，五年加起来就十个左右吧，大概是这个规模。同时在读的博士生人数基本上就是保持在十一二个左右，在北大也是，鼎盛时期大概就是十一二个博士生。我希望我的学生们，能够得到我比较充分的指导。尽管我现在当院士、院长了，更忙，但我给学生的承诺是，博士生只要想找我，短信微信告诉我，我一定找时间跟他见面，因为对于他们的成长，我负有不可推卸的责任。

朱院士指导的学生李鑫[①]由于年级较低，与导师的联系相对较少，硕士时主要以上课及跟随师兄做实验为主，但课题与实验的方向都是由朱院士最终确定。她表示：

老师会一视同仁地对待每一位学生，不会因为是硕士，考核要求低就放手不管。而且，朱老师给我最深的印象是他对科研的见解一针见血。我刚入门时参加的一次组会，深深触动了我。一位师兄在台上汇报，我觉得他逻辑很清晰，各方面都挺好，但是朱老师就图的某一个细节指出了问题，

---

① 李鑫：武汉大学 2018 级硕博连读生，2019 年刚刚转为博士，师从朱玉贤教授。

当他说出来的时候,让我茅塞顿开,不由得对老师心生敬佩。①

关于朱院士和博士生的关系,黄盖说道:

他对学生的科研工作比较重视。我对他印象深刻的地方就是他的严厉,特别严,所以经常见他会有点紧张。对于科学以外的事情,朱老师不会很严格,但是涉及科学的事情,科研方面的成果或者课题的进展、实验数据这块,朱老师要求非常严。比如说,他会对你的工作细节、实验数据、原始数据这块严格审核,他这个时候的角色,应该既是导师又是一个审稿人,就是站在你的对立面思考。他首先从反面出发,提出质疑,从审稿人的角度来批驳学生,指出研究的问题,然后学生就需要通过研究数据来批驳他的观点。就像师生过招,过上四五关,成果才能通过。朱老师在写作方面的把控也比较严,修改学生的论文非常认真,有时一篇稿子,从头到尾都被他用笔圈满了,修改得特别多。上面圈圈点点的太多,从头到尾,从第一个标题,第一个英文单词开始,一直到参考文献、图表,以及每一个数据,都会改。我记得有一次我们改稿时,摘要部分就200字吧,结果老师花了一天的时间,一直在揣摩修改摘要。他改完后,我非常佩服他,改得非常到位。最终呈现的稿子和学生的初稿完全不在一个档次,提升了很多。而且,每一篇都是这样。我们很多时候实在不知道怎么用文字表达自己的想法,就会在旁边跟他讲述一下自己的想法,他懂了你的意思之后,用他的语言写出来,你会发现,他说得简直就是你想说的,就是非常的到位。

关于朱院士指导博士生的方式,黄盖说:

沟通方式比较多样,既有单独谈话,也有电话、微信上的沟通,同时也经常开组会,类似于大总结、大汇报,通过这种方式,朱老师对学生的课题进展实时把握。因为他的时间比较零散,比如说他哪天上午有几个小时空闲,他就会在实验室内观察,遇到谁就会问他的科研进展。这是双向一对一的沟通,随时了解你的进展。对于学生提到的问题,他若一时答不出,会一直放在心上,慢慢思考。有时候你向他请教一个问题,可能他当时没有给你作出反馈,但事后过了几天,他可能在开会的时候想到了什么,会突然给你电话,告诉你这个应该怎么做。他非常爱护学生,对学生非常

---

① 本文中李鑫所讲述的内容均为其2020年9月1日口述。

好，这一点在学术圈中比较出名。他给学生的帮助都是实实在在的，关键时候会力挺学生。对于毕业之后的学生，他也会关心、帮助他们。有位师姐，毕业后需要借用公共仪器平台做试验，当时，我们这个平台里面，做电镜试验需要连续观察，但是因为是公共仪器，遇到工作人员下班时间就做不成。比如说工作人员在周末或者晚上不上班，就会影响试验。所以，必须得赶时间。朱老师听说此事后，他就直接和工作人员联系，周六周日给他算小时费，让她连续看了一个月，帮她解决了这个问题。又比如，学生做某项试验的试剂需要专门的实验室合成，一般实验室都做不了，然后朱老师会想办法，通过他的资源找到这样专门的实验室，给学生弄好。有时候，可能有些实验学生做不了，学生跟他说了之后，他也会通过他的人际关系帮其解决这个问题。

在 2020 年疫情期间，朱院士与研究助理及学生的联系也并未中断，科研工作也在有序开展。吴志国副研究员说：

今年寒假期间，有一位博士后因为繁重的科研任务推迟离校，可就在她准备回老家甘肃的前一天，离汉通道临时关闭，她只能留下来，所以她从 1 月份一直到现在，都没有离开武汉。据我所知，有段时间她是一个人待在宿舍，有时也能到实验室工作。那段时间朱院士经常跟她发短信，关心她的科研和生活状况。

其间，博士生张丽[1]因参与北大实验室的科研项目，开展了棉花种植实验，面对疫情的困扰，朱老师积极帮她想办法，解决了难题，对此她非常感动：

疫情暴发之前，朱老师帮忙联系了中国科学院位于北京的植物园，于是早些时候我就把试验材料提供给那里的园丁种植了。之后，我就要去取材料挂牌子，而这些工作园丁师傅完成不了。于是，我跟老师发短信说我要亲自去北京，但老师非常重视学生的安全，觉得从外地入京有风险，他建议让北大相关实验室的叶老师或者黄盖师兄帮忙处理，最后由叶老师负责看护好了我的材料。这件事让我觉得挺感动。[2]

尤其值得关注的是，他的学生们对科研团队召开的组会印象深刻，深

---

[1] 张丽：武汉大学 2018 级博士研究生，师从朱玉贤教授。
[2] 本文中张丽所讲述的内容均为其 2020 年 9 月 1 日口述。

受启发。博士生郑晓敏①说：

我们的组会，一方面汇报自己的科研进展，他会予以指导；另外一个方面，文章当中的不足点或者是需要改善的地方，他都会给我们提意见。他提的意见都很好，可以增加文章的说服力。老师不仅仅指导学生的研究方向，小的细节也很关注，文章中哪怕是字体或者是图表的规范他都会要求得比较严格，比如说字体的大小与线条的粗细、配色，以及英文的书写等，他平时都会指出来，帮助我们养成好的写作习惯。②

博士生张丽也回忆道：

当我第一次参加这边组会的时候，我特别震惊。我们的组会要开一整天，从早开到晚。不管是博后、博士、硕士，只要上台汇报了，老师就要对他的问题一一指导。有时候，师兄们讲到一个很关键的内容，他特别激动，会情不自禁走上台展开分析。我看着他那个背影，心想这可能就是科学家的样子吧！我非常感动，能遇到这样的老师教导我们，真是三生有幸。

在博士生的学习指导上，朱院士因材施教，及时帮助学生们找到最适合自己的选题，并持之以恒地完成。他强调：

就博士生而言，确定博士论文的选题很关键。他入校的时候，可以在老师的指导下，利用一两个月的时间查阅文献，然后确定他的研究方向。一般来说，这个方向会在两三个月内加以调整。因为即便设想很好的选题，如果无法操作，也不行。这个就需要不断地和老师沟通，老师则会根据他的实际情况和特长来设计一个适合于他的科研方向。这个科研方向要是找准了，切入点找好了，那这个学生的博士论文可能就比较方便，要是找不准，可能就困难啦。

老师这辈子就是两件事情，育人和实验③。实验失败了，到底是坚持还是换个方向，这就是老师的事情，学生一般没这眼光。

---

① 郑晓敏：武汉大学2017级博士研究生，师从朱玉贤教授。
② 本文中郑晓敏所讲述的内容均为其2020年9月1日口述。
③ 尽管采访中他本人没说，但在采访其团队成员时所有人都提到了，朱院士对于学生的教导与关心不只是在学术上，同样体现在生活上。生活上的朱院士，从不苟言笑、极度严格的老师转变成了"烟火味十足"、"非常接地气"、和蔼可亲的长者。

朱院士对其指导的学生在科研上的能力非常了解。他说：

我经常跟学生说的一句话是，最有成就的学生，是学生里面跟老师说话最多的那个。学生要找着老师说话，这个人可能就会有成就。我对一位叫施永辉的北大学生印象很深。2006年 *Plant Cell* 发表了我们的论文，他是第一作者。他1998年考进北大读本科，1999年他就开始追着我问各种问题，所以，他本科生的时候就开始到我实验室里做试验了。我跟实验室的学生们开玩笑说，一年级的学生我基本是不认识的，因为他们不懂我的"语言"，不敢跟我说话，一说到专业就露怯，但是施永辉在本科时就有无穷的问题，所以我当时对他就很有好感。他博士毕业后，因为家庭原因放弃了科研深造，去了宾夕法尼亚大学商学院拿了商学位，选择了金融行业，他是非常优秀的。

所以优秀与否，老师是看得见的，一看就出来了。第一厉害的人，总追着老师问问题，追着老师说话；而第二厉害的人，是老师追着他去说话，因为老师感觉他（她）可能有出息，这样的人往往有成就。

博士生张丽将朱老师誉为"伯乐"，她回忆起自己被朱院士录取时的情景，感激与激动之情至今仍溢于言表：

我申报攻读朱院士博士时，朱院士在看完我的邮件之后直接联系我来见面，让我受宠若惊，我当时就觉得，作为一个科研的小角色竟然被这样的老师相邀去见一面，于是很激动地答应了。见面之后，朱院士问了我一些问题就带我参观了实验室，最后与我握手，并说"欢迎加入我的实验室"。我想，虽然我不是千里马，但朱院士就是我的伯乐。

黄盖也谈及朱院士善于慧眼识才：

他非常正直，对学生的前途看得比一般人远。比如说，实验室有一些学生一直想读博士，老师也会暗里观察，他觉得学生适合读博士就会推荐，但他若觉得不适合，也可能会提醒他说，读硕士对他比较好一点。而进入到读博阶段，第一年期间，一般都是在为论文选题做各种准备工作，朱老师会让学生自由发挥。通过一年的实践和观察，老师会根据你的个人兴趣和你的能力，确定好研究方向。

而对于博士生温兴鹏来说，他一开始做的是棉花体外组培对棉花胚珠纤维生长的影响的课题。但在研究过程中不断探索、不断碰壁，最终确定了以棉纤维细胞壁伸长的合成调控作为研究目标。他自己也很有感慨地说：

作为武汉大学高等研究院的院长，朱老师在做科研的同时还要处理很多行政业务，也会经常出差。但即使他再忙，也会抽出时间与学生沟通。非常难能可贵的是，如果他在工作时间实在抽不出空，也会在周末的时候加班加点，有时候晚上九、十点还在跟学生一起讨论科研问题。我个人的研究方向就经过了几次调整，因为有些内容无法深入就只能想办法改变方向，"钻牛角尖"很可能会一条胡同走到"死"。所以，朱院士与我反复交流，力图选择既有可操作性又能解决一些实际问题、最有价值的生物学研究方向。正是因为这样有力的指导，我才没有在科研的途中迷失方向。①

实际上，在科研道路上能够进入该领域金字塔顶端的人只是极少数，所以朱院士对学生的选择给予了充分的自由及支持。郑晓敏说：

毕业之后我将进入企业工作，朱老师也很支持。他从没有要求博士生毕业后必须继续深造始终致力于科研领域，只要是适合学生发展的选择，他都会支持，并竭尽所能提供各方面的帮助。

六、慧眼识英　奖掖后学

朱玉贤院士于2014年受聘为武汉大学高等研究院院长，并致力于建立创新性跨学科交叉研究的新格局，为我国培养拔尖创新人才。

到武汉大学后，我主要是担任高等研究院院长，发展武汉大学的理学研究，因为当时的校长李晓红觉得武汉大学理学研究的氛围还不够浓。我刚来武大的时候，李校长问我，对高研院的前景有什么设想，预设哪些方向？这两个问题，我回答的都是"No"，不预设方向，没有最终目标。他惊讶不已。我继续解释道，这些都是要根据实际情况来定，我会帮助武汉大学引进顶级的精英科学家，让他们充分发挥特长和学术优势，至于最后谁能够在武汉大学成功，那我不得而知。我跟他举了一个例子，我说，武汉大学化学院多少年来闻名于世的只有卓仁禧、查全性他们两个院士，都没人知道张俐娜。2011年，张俐娜当选院士，她的研究就成了武汉大学化学院的一个招牌了。只要有一个人成了一个高峰，武汉大学就有了这面旗

---

① 本文中温兴鹏所讲述的内容均为其2020年9月1日口述。

帜,只要那个人做成了,这就是方向。他能跟各个学科交叉当然更好,即使没交叉也没关系。我希望我们为武汉大学引进一些特别优秀的人才。有没有这个可能,我现在不知道,但是我会努力。

我会放眼世界,引进我能看到的最优秀的学生,给他提供尽可能好的条件,尽量不加干扰。高研院现在有17个全日制的PI①,应该说,它是武汉大学校内"青千"②比例最高的二级单位,我相信它也是中国国内大学里面二级学院"青千"比例最高的之一。还有两位老师虽然因为客观原因没有得到"青千"的帽子,他们还可以冲击"优青"③。所以,我们17个人中,可能有15个有国家级的帽子,这就是顶尖人才。这15人里面要有1/3能够做出来,大概五个六个能够起来,若干年后再有一个两个当院士,那就是非常大的成就了。所以,这个目标我不能说,只是坚持这个方向去发展。我本人当院长没有什么压力,学校里面也没有给我什么压力,下面的PI压力也不大,因为我不给他们压力。我不是以一城一池的得失论英雄,我想看长远。让他们尽情地展翅翱翔,尽情地做他们想做的事,我不能保证每个人都成功,但一定会有若干成功率。这个成功率的大小会决定高研院最终的成就,我相信最后一定能成功。

2014年我来的时候,是完全引进国外的人才,后来慢慢地看到国内有厉害的学者,一点不比国外的差,所以从今年开始,我们又引进国内的博士后。我们看到他们是优秀的学生,前面十年左右的训练都很扎实,可以通过申报"优青""青长"④"青拔"⑤等途径获得国家级人才项目支持。要是评上了,待遇基本上就能跟留学回国一样。

所以,慢慢地我们国家人才的水平越来越高,这个可以从现在的博士后学者的成果中看出来。我们确实是唯文章论英雄,科学研究就要把文章做到登峰造极,这也是我这辈子的深刻体会。

作为青年杰出人才,吴志国副研究员也说:

---

① PI: Principle Investigator 的缩写。中文译为主要研究者、首席研究员。
② 青千指中组部"千人计划"中的"青年千人计划"。
③ 优青指国家自然科学基金委设立的优秀青年科学基金项目。
④ 青长指教育部"长江学者奖励计划"中的"青年长江学者计划"。
⑤ 青拔指中组部"万人计划"中的"青年拔尖人才支持计划"。

高等研究院新引进的一些老师都是非常年轻的研究员和教授。作为院长，朱院士会帮助他们去申请科研经费和一些大的项目，包括有些教授科研数据的采集和分析他也会进行一些指点。

自身科研工作之余，朱院士也非常愿意分享自己的治学经验和真知灼见给同行后辈和青年学生们。他谈到：

如果说我有家国情怀的话，大概就是如此吧。比如说，教育部重点实验室、科技部重点实验室，都会建一个由国家级专家学者担纲的学术委员会为实验室的日常研究、人才引进、项目设置等把把关、提供建议和咨询等等，我同时担任了多家实验室的学术委员会主任或委员，也非常愿意参加他们的活动。

上周六，教育部请我去南京农大开会，有个专家很好奇，开玩笑似地询问，为什么我当了院士之后，请我去参加会议反而更容易些呢？我最后总结说：确实是啊，因为我没当院士之前，我的时间很紧张，没有余钱剩米来帮你们，所以我没时间安排各种会议。可我当了院士后慢慢地发现，我自己的科研已经做到这个高度了，我还真的希望有余力帮助那些需要帮助的人，把科研题目看准了，帮助大家把科研工作做得更好。我说，这些都是国家的科学，你们若是需要我参加，只要不是与我的时间安排确实有冲突，我真愿意参加。

吴志国副研究员也表示朱院士会时常无私帮助校外同仁的科研工作：

除了我们校内的老师和学生，外校的有些跟朱院士比较熟的教授，他们在投稿一些比较重要的论文时，也都会把数据拿给朱院士看一下，请他提意见，朱院士也都会给予悉心指导。

朱院士特别关心年轻人的成长，尤其关注大学生的身心状况和道德品质，并不断激发学生们的学习兴趣。他说：

对学生的成长而言，与学习成绩相比，实际上有两个方面更重要，一个是身体好，第二个是忠孝仁义的道德观念，它们比什么都重要。小孩子缺乏良好的道德和基本操守，缺乏好的体魄，光有成绩有什么用呢？看上去好像德行操守一点都不重要，实际上对一个人非常重要，它会影响人一辈子的生活和工作。

评上院士之后，很多学校都邀请我去讲学，但出乎意料的是，对方大都不愿意听我讲生物科学，因为内容太深奥他们听不懂。他们最愿意听我讲"心灵鸡汤"。每次讲学，我都要跟学生物的同学们说，生物学是一门很难的学科，不仅内容十分枯燥，而且也没什么前途。当然，从总体上看，无论什么学科研究到一定阶段都很枯燥，而且很难有大的突破。根据科技部一项统计调查，全国大学专科以上从事科研工作的人数超过8 400万，其中只有约3%，即240多万人是在科研方面有一定造诣的科研工作者。而这240万人里，又只有9 000多人取得了较大影响力的科研成果。3%中的0.3%，实际上是十万分之九，也就是说10万个大专学历以上的科技人员里面，最后只有八九个人能走到相对而言的学科顶峰。所以，我常奉劝同学们，如果不是非常热爱生物学、热爱科研，有决心能够成为刚才说的那"十万分之九"，否则不要选择科学作为你一生的目标和追求。如果你已经投身于生物学了怎么办呢？一定很痛苦，但通过努力，可能也会有成就感。

吴志国副研究员也提及朱院士的讲座深受学生的欢迎：

朱院士不仅会给本校的学生上课，他也经常会受邀去别的学校讲学。据我所知，外校学生对朱院士的讲座非常感兴趣，每场都是爆满。

博士生张丽也回忆说：

朱老师教导我们如春风化雨，他的讲座催人奋进。有一次，他在总结时激励我们说的话，让我印象深刻。他引用了"天行健，君子以自强不息"的句子，又说"王侯将相宁有种乎""男儿女儿当自强"之类的，当时听完之后跟打了鸡血似的，挺受激励。而且，我感受到老师是把每一个学生都当成科学家培养的，而不仅仅是一个博士生，所以我很有感触，由此也改变了我原本想做学术期刊编辑的职业规划，有了更高的人生目标。

七、志趣高雅　身心康健

朱院士在工作之余，有两大爱好，博览群书和跑步，他一直坚持至今，这也是他取得成功的两大法宝。

闲暇时，我的第一爱好是博览群书。记得从我小学开始就喜欢读各种各样的小说。我是在农村上的小学，一年级到四年级是复合班，也就是班上四个年级的学生都有，因此一堂课老师只能给每年级上 15/20 min，然后把作业一布置，再给其他年级上课，这样，课余时间就很多。恰巧任课老师每周都要回中心小学汇报一次，回来时就把中心小学里面各种书都借来，我就利用课余时间看书。她后来表扬我，说我几乎把中心小学图书馆的所有书都看了。因为我确实没事干啊，就看各种各样的书。

我个人认为博览群书什么时候都非常重要。课本是敲门砖，但也有敲不开的门，而博览群书吸纳的知识说不定哪一天就用上了。

我的另一个爱好是锻炼身体，主要是跑步。我在学校一直是校田径队的队员，跑步成绩很好，但我开始跑步这项运动也很偶然。我是1971年到县城富阳中学读的高中，那时候我们农村来的孩子就知道读书，哪里懂得什么风花雪月。城里的同学就"攻击"我，说我走"白专道路"，只知道文化考试，体育什么的都不行。到了学校开运动会的时候，这帮同学又挑衅我，要我报体育比赛项目。我当时有点生气，心想"报就报！"于是报了个1 500米长跑。我们乡下孩子每天都在村头跑，跑步对我们来说就是家常便饭，所以这一比就比了个第一。

当兵的时候，我参加了南京军区（2016年2月被裁撤）运动会，我还是得了第一名。后来上大学以后参加浙江省田径运动会，1 500米长跑我仍是第一名。而且我1 500米的纪录在浙江农业大学一直保持了20多年，直到浙江农业大学跟浙大（浙江大学）、杭大（杭州大学）合并后，杭大体育系学生的成绩才打破了我的纪录。如果不是合校，我想我的纪录恐怕要到我的孙子辈以后才有可能被打破。为什么呢？因为从我们那一辈开始，学校教育就把考试放在首位，应试教育是学校教育的重点，学生家长也更多在意孩子的学习成绩而不是身体素质的培养。尽管一直在提倡，但直到现在都未能真正实现素质教育，可能要等到几十年以后慢慢地到我孙子那一辈，教育观念才可能发生足够大的变化，知道身体好其实比成绩好更重要！

对人的一辈子来说，一次考试多考几分少考几分都不太重要，相反，从小不重视锻炼，没有好的体魄，再高的考分都是空中楼阁，因为不知哪一天你就垮了！

从年轻的时候开始，我就坚持跑步锻炼身体，到现在都没有放弃。我还在北京的时候，有一次北京人社局（人力资源和社会保障局）安排了老专家、教授、院士暑假休假，组织我们到张北草原旅游，考察风土人情，领略当地自然风光。有一天的日程是安排我们去一个坡度很陡的山上游玩，旅游大巴不能直接开上山，要绕行很多路才能到达山顶，需要我们步行上山。下车之后，很多老同志发现坡太陡爬不了，只能跟着大巴绕行，我就跟几位年轻人一起走上来了。到了山顶之后有人问我，朱老师，这么高的坡你怎么走上来的？我说，我根本就没看这坡，我的脑子里得到的指令是到这儿下车，然后走上去，所以再坑洼再陡峭也好，一定是要走上来的。说完了他们就给我鼓掌，可我从骨子里就是这么认为的，不觉得有什么了不起。现在到了武大，每天晚上我都还会跑三到五公里，有时是在珞珈山，有时是在小区里，虽然现在速度很慢了，但仍是在跑步而不是走路。

关于朱院士超越常人的精力和体力，黄盖说：

我感觉他精力比年轻人还旺盛。上楼特别快，我们都跟不上。和他一起走路，一般人都跟不上，反正实验室没有人能跟上他的脚步。以前爬山的时候，他都是第一个登顶，有的女孩子体质比较弱，跟他爬到半山腰就不想爬了，他就会鼓励她说，这个就像攀科学高峰，能到顶端的人就很少，你要坚持一下就能上去。最终把我们每个人都带上顶。感觉他年纪比我们大，但体力比我们还好。

秉承着"健康第一"的理念，朱院士对学生的身体健康也十分关心。对于这一点，博士生张丽深有体会：

我是西北人，刚来武汉的时候因为水土不服哮喘发作，严重的时候甚至连路都走不了。在这种情况下，我担心因身体的原因无法做科研耽误工作，因而给朱院士添麻烦，于是向朱院士表达了退出实验室的想法。朱院士知道后，对我说了一句话，让我非常感动，他说，"不管你将来成为一个什么样的人，身体都是第一位的"。也正是这句话点醒了我，让我明白无论是在哪里做科研，都需要有好的身体作为"革命的本钱"。有了这样的支持，我选择休息一段时间调养身体，其间还经常收到朱院士发来的慰问短信。

王坤研究员说：

朱院士喜爱体育锻炼，也是一位NBA球迷，平时不仅会收看NBA比赛，也会和我们聊这方面的话题，如比赛的结果、球员的表现等。记得有一年，实验室组织团队活动，以往都是郊游这类活动，正巧当时武汉正在举办女篮亚锦赛，朱院士就带领整个团队去看了一场中国队对日本队的比赛。虽然朱院士口头没说，但我感觉到他希望通过这种方式增强后辈的拼搏精神。

8

桂建芳：原创育种如鱼得水　攻克难关授人以渔

总之，在新中国七十多年和谐和平、改革开放、由弱变强的时代发展节点上不断奋进，是我辈最幸运的人生。

桂建芳
2021.8.

桂建芳：原创育种如鱼得水　攻克难关授人以渔

桂建芳院士，男，1956年6月28日出生，湖北黄梅人，共产党员，鱼类遗传育种学家，中国科学院院士、发展中国家科学院院士，中国科学院水生生物研究所研究员、博士生导师。

1982年武汉大学细胞生物学专业本科毕业；1984年武汉大学遗传学专业硕士毕业，同年进入中国科学院水生生物研究所工作；1995年获中国科学院水生生物研究所理学博士学位；1991年12月至1994年4月，先后在美国俄亥俄医学院和加州大学圣迭戈校区进行工作访问与合作研究。2013年当选中国科学院院士；2015年当选发展中国家科学院院士。系统研究多倍体银鲫生殖和发育遗传基础，揭示银鲫多重生殖方式的发育机制，原创银鲫育种技术路线，培育出有重大应用价值的银鲫养殖新品种；开拓出一条X和Y染色体连锁标记辅助的全雄鱼培育技术路线；主持培育水产新品种2个，参与培育水产新品种2个。发表SCI刊源论文290多篇，获授权发明专利10项，出版专著和研究生教材9部。获国家自然科学奖二等奖、中国科学院青年科学家奖一等奖、湖北省科学技术奖励突出贡献奖等多项国家级、省部级奖项；获湖北省"劳动模范"、科技部国家重点实验室计划先进个人、"全国五一劳动奖章""全国先进工作者"等荣誉。1996年获香港求是科技基金会杰出青年学者奖，2015年获何梁何利基金科学与技术进步奖。

1999年至2007年，先后担任中国科学院水生生物研究所常务副所长、所长。从事鱼类发育遗传学与细胞工程学研究近40年，目前担任国家水产原良种审定委员会副主任，是业内公认的鱼类细胞工程学术带头人，[1]为鱼类遗传育种研究和中国渔业发展作出了重大贡献。

采写人：邹俊。根据桂建芳院士2021年3月14日口述内容整理，李静参加采访。

[1] 参见《湖北日报》2016年8月5日《得水的鱼儿"游"出利润百亿——记桂建芳院士》一文，记者文俊，通讯员丘剑山、孙慧报道。

桂建芳院士 2008 年在实验室

桂建芳院士 2015 年在鸭绿江调研

桂建芳院士 2019 年与夫人张奇亚女士在浙江省千岛湖

桂建芳院士 2021 年在湖北省武汉市解放公园自然科普工作室作科普讲座

一、起点：高考改变人生际遇

桂建芳院士经常提及自己曾经当过农民，考上武汉大学是其人生历程的关键节点，亦是其科研事业的起点。"1977年的中国，中断11年的高考重新恢复，570万考生从农村、工厂、部队走进考场，推开希望之门。"[①]桂建芳院士正是恢复高考后的第一届大学生，从1977年通过高考走进武汉大学校园时起，他便一步步跨入了鱼类遗传育种学研究领域。对此，桂建芳院士回忆说：

我1974年高中毕业，当时还没有恢复高考，上大学要靠组织推荐，我就作为回乡知识青年回到了老家，在生产队认认真真做了4年农民。我国是1977年9月决定恢复高考的，我当年还是提前就知道了。因为我有一个高中同学，他在1976年经推荐上了南京的一所大学，1977年8月份暑假回来的时候告诉我可能要高考了。听到这个消息，我十分高兴，赶快抓紧时间复习高中的课本。

我在当农民的4年期间基本上没有放弃学习，就是认为自己一定能够再进校园，所以1977年冬天参加高考还是考得比较顺利。现在是分数出来之后再填志愿，我们那一年是先填志愿后考试。大概是在1978年春节之前吧，录取通知书就来了，录取到了武汉大学的生物系动物学专业。我当时感到有一点意外，因为我认为自己的数学成绩应该还不错，志愿填的是数学系，结果却被生物系录取，更加没有想到这就是我和鱼类遗传育种研究结下不解之缘的起点。

我是1978年3月8日来武汉大学报到的。一般来讲上大学的年龄应该是十七八岁，但是我因为在农村待了4年，22岁才进武大。进入武大后，我从此就在一个新的起点上开始学习了。武大的老师们总是说，刚刚恢复高考后的77级、78级、79级这三届大学生学习非常刻苦。正是因为大家知道学习的机会来之不易，自然都很珍惜。这三届学生中当年虽然也有谈恋爱的，但是花很多时间去谈的是极少数，同学们还是把主要的精力用在

[①] 参见李斌撰写的《知识改变中国——写在恢复高考40周年》，登载于2017年6月7日的《人民日报》。

学习上，几乎是夜以继日地学，想追回失去的时光。大学 4 年期间我每门功课的成绩还是不错的，特别是考试的时候答题思路比较快。也就是从那个时候起，大学训练了我一种相对比较敏捷、比较快速地回答问题和分析问题的能力。

时间过得很快，4 年一晃就过去了。我和我夫人张奇亚是同届同学（但是是在毕业后才谈的恋爱），当年在武大读书的时候都住在老斋舍。从我们 1978 年进武大，到昨天晚上一起去武大看樱花，一转眼 43 年了。在时隔 43 年后的今年春天，我们俩再次流连于母校的樱花树下，看到美丽的樱花映衬着一张张朝气蓬勃年轻的脸庞，仿佛看到了当年怀抱理想努力奋进的我们自己，不由得感慨万千。时间虽然流逝，校园里的青春却是永恒的。

1981 年底我大学毕业，毕业后就直接考研了，当时报考的导师是我们武大一个非常知名的教授——余先觉先生。余先觉先生是在新中国成立之前留学美国的，是著名的遗传学家。现在的中小学生物教科书里面讲到了提出基因论的美国著名生物学家摩尔根，[1]余先生就是摩尔根的学生，而且他正是在摩尔根研究基因基础理论的那段时间内完成了自己的学业，学术根基深厚，被称为摩尔根的几大知名中国弟子之一（复旦大学的遗传学家谈家桢先生也是其中之一）。新中国刚成立时，余先生响应中央领导人的号召回国，来到了武汉大学，在恢复高考之后开始招收研究生。我 1981 年报考余先生的研究生的时候，同时报考他的研究生的有 20 多个人，我是这 20 多个人当中唯一被录取到先生门下的，所以接着又在武汉大学读了 3 年硕士，同样也是非常珍惜这个学习的机会。

读研究生期间主要是训练研究的思路、研究的方法等等。同时，在导师余先觉先生的带领下我也参与了教学实践，我的教学实践也还做得蛮不错。我讲的课叫"细胞生物学高级细胞生物学专题"，内容包括癌基因等一些新的发现，当时属于比较前沿的领域。因此，我在教学实践期间查阅了很多文献，及时掌握了世界上的一些最新学术动态，一方面提升了自己，另一方面也和学生们建立了融洽的师生关系，那些 80 级、81 级的学生至今见了我还是喊"老师"。对我而言，这种教育实践是非常难得的宝贵经历，既结交了很多同领域的朋友，也决定了我后来有机会来到中国科学院

---

[1] 指美国著名生物学家托马斯·亨特·摩尔根(Thomas Hunt Morgan，1866—1945)，其于 20 世纪 20 年代创立了著名的基因学说，1933 年获得诺贝尔生理医学奖。

水生生物研究所，为后面的工作奠定了很好的基础。

当然，读研期间得到的训练主要还是与科研相关，导师余先觉先生在这方面给了我很好的指导。1978年3月31日，时任中国科学院院长郭沫若在全国科学大会闭幕会上发表了一篇题为《科学的春天》的书面讲话，那个时候全国的科研在经过十年动乱后刚刚起步，举国上下科研工作者的科研热情一下子就被激发出来了。

我的导师选定了做鱼类的染色体，特别是细胞遗传学基础这个方向。染色体是个什么东西呢？实际上就是遗传物质的载体。现在我们知道，人的大多数特征都是由基因DNA决定的。染色体就是，每个物种都有一个特定的染色体组型。像我们人类有46条、23对染色体，其中有一对性染色体，分别叫X染色体和Y染色体，它们决定了男女性别的不同等。跟人类一样，每一种鱼类都有它特定的核型，也叫染色体组型。当时除了余先觉老师以外，我还有一个具体指导研究的导师——周暾教授。我和几个师兄师姐在这两位导师的带领下，做整个中国鲤科鱼类染色体的课题。

我在读研期间算是一个比较"高产"的硕士研究生。不仅仅是在长江周边的湖泊调研，我还去了广东的北江和西江等地开展取样调研，一共做了30多种鱼的染色体组型，发表了七八篇论文。

二、传承：创新成果来自接力钻研

1984年，桂建芳院士顺利完成本科及硕士学业，随后来到中国科学院水生生物研究所工作，在水生生物研究所老一辈研究人员的指导下开展鱼类遗传育种研究。桂建芳院士回忆了职业生涯的起步经过：

我在武汉大学读本科时学习细胞生物学，研究生时期就完全投入到鱼类研究，做鱼的基础的遗传学工作。在1984年底进行硕士论文答辩的时候，我的导师邀请中国科学院水生生物研究所（以下简称水生所）几位专家出席论文答辩会，其中有当时的遗传育种研究室主任蒋一珪先生，还有陈宏溪先生，他们都是水生所的研究员，知名度高，专业扎实，研究成果也不少。在答辩过程中他们就看中我了，邀请我毕业后去水生所工作。我就这样来到了水生所。

水生所当时有6个研究室，其中有一个鱼类遗传育种研究室。我到水生所之后进入了这个研究室，从此专门从事鱼类遗传育种研究。当时正值改革开放，"科学的春天到来了"，全国从上到下都非常重视科学研究，我们科学院就更不用说了。我22岁进武大，在武汉大学读了4年本科和3年研究生，一共接受了7年的基础和专业训练，到水生所来的时候将近29岁，正是事业起步的最好年纪，进来之后在学术方面得以延续传承，工作起来得心应手。那个时候科研的起步使我今后的人生有了一个非常明确的目标，就是要做鱼类遗传育种研究，要通过我们的研究去培养更好的新的品种，培养老百姓能够用于养殖的新品种。

我刚到水生所的时候，科研团队的老师有一批50岁左右的研究人员，他们是"文化大革命"以前的大学毕业生。我们国家从去年到今年不是一直在强调、热议要加强"从零到一"的原创性工作吗？①水生所当时的研究就具备了比较扎实的基础，在鱼类的细胞遗传育种研究方面已经作出了一些可以说是世界性首创的成果。当年，特别是在科学的春天到来的时候，全国的科研机构普遍洋溢着一种积极向上、努力工作的氛围，大家都不考虑收入多少，就是一心要把自己的工作做好。

当时杂交育种研究非常盛行，这方面成就最大的是袁隆平先生，他通过研究水稻的杂交，发现雄性不育，最后建立了三系配套育种的技术路线。袁隆平先生之所以非常有名，是因为他的工作不仅仅是对植物，还对动物，特别是鱼类的遗传育种方面也起到了很好的推动作用。

我们这个学科里头的蒋一珪先生带领的团队率先在"文化大革命"后期就发现了用银鲫可以进行天然的雌核生殖，开始在银鲫的天然雌核生殖的机理和育种方面做一些开创性工作。水生所的这些老师们发现黑龙江省方正县的双凤水库的银鲫长得比较快，主要还是由雌性个体组成的，就从双凤水库引进了方正银鲫，接着又从江西省兴国县（就是革命根据地井冈山那里）引进了一种红色的鲤鱼——"兴国红鲤"，用兴国红鲤的精子跟方正银鲫的卵子交配。按照基本的两性遗传学理论，这样做应该就会产生

---

① 2020年3月3日，我国科技部、发展改革委、教育部、中国科学院、自然科学基金委联合制定了《加强"从0到1"基础研究工作方案》，旨在充分发挥基础研究对科技创新的源头供给和引领作用，解决我国基础研究缺少"从0到1"原创性成果的问题。

杂种，对吧？当时却发现，哎？兴国红鲤的精子进入鲫鱼的卵子之后，仅仅只对卵子起一个刺激的作用，而不进行实际的授精，不产生受精卵。于是发现了这种银鲫的卵子是可以进行天然雌核生殖的卵子。老先生们就用兴国红鲤这种异源的精子去刺激银鲫的卵子进行雌核生殖，通过使用这种技术手段就产生了全雌性的鲫鱼，戏称它为"女儿国"，因为其中没有雄性，全部是雌性。到了1980年左右，这个技术基本上成熟和完善了，从那个时候起异育银鲫就开始在全国进行推广养殖，我们现在吃的鲫鱼大多是从那个时候开始培育和后来不断更新升级的异育银鲫。我1985年初到水生所报到，我老师辈的团队在1985年就因为异育银鲫的培育与应用技术获得了国家科学技术进步奖二等奖，所以我正好是在这个时间节点来水生所的。

在老先生们的科研成就的影响下，我在水生所的前6年大多数时间都待在遗传育种基地。"功夫不负有心人"，首先从红鲫里头发现了水晶彩鲫，用水晶彩鲫作为实验材料进行倍性操作，从而获得了人工三倍体，再进一步研究这个人工三倍体它为什么不育、为什么会长得比较好，把它的遗传机理做了一系列研究，在染色体组倍性操作方面做了几年系统摸索，发表了系列论文。我们现今还在继续做基因组加倍方面的工作，包括雌核生殖、雄核生殖这样一些遗传育种的技术性工作。

因此，我当时从武汉大学来水生所的时候，前辈们的工作已经做得非常好了，不仅在基础研究方面取得了一些开创性成就，而且在应用方面也切切实实推动了水产养殖，特别是鲫鱼养殖产量不断有新的飞跃。全国从20世纪80年代初就开始推广养殖异育银鲫，到现在这个鲫鱼的产量每年都在增加。这也是为什么我也接力从事银鲫研究工作的原因。

创新是科学研究的灵魂，是社会进步和经济发展的推动力。桂建芳院士介绍了自己主持培育的两个鱼类新品种——"中科3号"和"中科5号"的研发过程、特点以及命名的由来，并为自己的工作感到自豪。

我们团队原创银鲫育种技术路线，利用银鲫特有的生殖方式和发育机制，培育出由雌核生殖产生的异育银鲫"中科3号"，2008年获得全国水产原种和良种审定委员会颁发的水产新品种证书。跟普通鲫鱼相比，这一银鲫新品种有几个突出的优势：生长速度快、出肉率高、遗传性状稳定；整条鱼呈瘦长形，体型更好看；鱼鳞不易脱落，卖相也好。2008年全国鲫鱼总产量为195万吨，自2009年推广养殖"中科3号"以来，全国鲫鱼产量持续增长，2017年达到了282万吨，其中"中科3号"占到了鲫鱼主养区产量的70%左右。

近十几年来，病害频发是鲫鱼养殖过程中的主要问题之一，所以新品种的培育要持续进行。从1996年到2017年，我们团队利用银鲫独特的生殖特性，辅以授精后的冷休克处理技术，得到育种核心群体，并进行了10代雌核生殖扩群，同时在中国科学院A类先导科技专项"分子模块设计育种创新体系"的支持下，通过不断选育，培育出了银鲫"中科5号"，它在2018年被认定为水产新品种。与"中科3号"相比，"中科5号"具有两个明显优势：一是在低蛋白的饲料养殖时，一龄鱼生长速度平均比"中科3号"提高18%；二是抗病能力较强，感染鲫疱疹病毒时存活率平均提高12%，而且养殖过程中对体表黏孢子虫病有一定的抗性，成活率平均提高20%。

在20世纪80年代，鲫鱼在市场上还属于比较名贵的种类，野生鲫鱼一般只有二三两左右，而1985、1986、1987年我们培育的银鲫如果长到半斤以上，比如到了8两左右，就能够卖到七八块钱一斤，最高甚至卖到10块钱一斤，所以我们这个大鲫鱼的市场行情和创造的经济效益还是挺不错的。我现在在全国各地讲座，有时候会开玩笑说，我们那时一个月的工资只有60多块钱，我研究生毕业一个月的工资也就68块钱，还买不到10斤鲫鱼；但是现在我们研究人员一个月的工资达到2万元甚至更多，而鲫鱼还是卖8到10来块钱一斤，相对于鲫鱼的价格来说我们的购买力是极大地增加了。当然去年是例外，由于受新冠疫情的影响，加上还有其他原因，鲫鱼的价格有所回升，超市里头卖12块钱一斤，有些地方甚至卖到15块钱一斤。客观来讲，我们持续地对鲫鱼的育种进行深入的研究，不断地对异育银鲫进行品种培育，加上其他的营养专家、病害专家也在不断地努力，使这个鱼的养殖产量越来越高、质量越来越好，而且在物价不断翻番的情况下，它的养殖成本也还能够保持在一个相对稳定的状态，应该说还是给全国人吃鱼作了一点贡献，对稳定鱼类的物价也起了比较好的作用，这就是我们几代科研工作者努力工作的价值之所在。

桂建芳院士特别强调了学术传承的重要性，讲述了自己是如何接续老一辈专家的工作基础，又是如何向自己的学生传递学术"接力棒"的。

我们是经过三代人数十年的共同努力，才取得了现在的成绩。

水生所是一个历史很长的研究所,去年才举办了建所九十周年的纪念活动。这个研究所应该是从1928年成立中央研究院时起就开始筹建,1930年研究所的前身——自然历史博物馆就在南京成立了。后来由于抗战的原因,研究所整体搬迁到重庆北碚,就是现在的西南大学那个地方。抗战胜利之后,研究所又搬到上海。新中国成立中国科学院以后,于1950年2月将中央研究院动物研究所、北平研究院动物学研究所以及中央研究院植物研究所从事鱼类和藻类研究的部门合并,组建中国科学院水生生物研究所并且正式定名。在新中国成立之初,整个中国科学院只有13个研究所,水生所就是其中之一。如今科学事业发展迅速,中国科学院目前已经有100多个研究所了。

为了发展新中国的淡水养殖业,解决人民群众吃鱼难的问题(当时毛泽东主席亲自关心这个事情),1954年水生所从上海搬到了我们武汉现在这个地方,这中间还有一个小故事。当时湖北省的领导为了发展渔业,想了很多办法,请求把中国科学院水生生物研究所搬到湖北来,搬到武汉来,因为湖北叫千湖之省,武汉叫百湖之市,在这里发展渔业应该是非常有价值的。大概是1952年、1953年的时候,湖北省委、省政府协调水生所的搬迁工作,当时武汉大学的校长是李达。李达校长曾经是中国共产党一大代表之一,也是新中国成立后武大的第一任校长,他慷慨地把武大靠东湖的这一块宝地圈给了水生所。湖北省委、省政府和李达校长的大力支持使我们水生所得到了一个上佳的地理位置,好的人才进到所里来了一般都舍不得走,因为这里是公认的"风水宝地",与东湖水域接壤,临近省委、省政府。谈到办公条件,比如从我这个办公室一眼望去是烟气浩渺的东湖水,隔湖与武汉大学医学部相望,南面挨着武汉大学主校区,环境非常漂亮。实际上我当年从武汉大学毕业来水生所,既是水生所的老专家希望我过来,也还有我自己喜欢水生所所处的这个理想地理位置的原因。

我在57岁的时候,也就是2013年,被评选为中国科学院的院士,2015年又被遴选为发展中国家科学院院士,这个期间我们的研究队伍也在不断扩大。我从进入水生所到今天,一共招收了100多个博士、硕士,招的硕士生基本上都是硕博连读。几年前学生给我做统计的时候就说过:桂老师,您带的已经毕业的博士生或硕士生现在有108位,刚好一百零八将呢!

为什么我主持培育的第一个异育银鲫新品种叫"中科3号"而不是"中

科1号"呢？参加品种审定的专家当时说，就从你这里开始起编号不行吗？但是我前面说过，水生所原来的那些导师，像蒋一珪先生，他们在做这个工作的时候，全国还没有开展品种审定和命名工作，而那些老师在我进入这个研究领域之前已经推出了异育银鲫和高体型异育银鲫（简称高背鲫），所以我自己追认前面那两个品种分别为1号和2号，我这里就从3号开始编号。这既是尊重前辈们的劳动成果，也体现了我们研究事业的传承，我认为还是有意义的。本来整个学术界都重视原创成果，认为原创具有开创性意义，更值得推崇，但是我的成果确实是传承得来的，就不能妄自否定前面的专家的原创，这就是科研一步一步地接力延续。在遗传育种这个领域，传承是非常重要的。

我还与别人合作培育了两个新品种。一个是黄颡鱼"全雄一号"，是我跟中国科学院和水利部水工程生态研究所，还有武汉百瑞生物技术有限公司一起联合培育的。另一个是"长丰鲫"，这是以我指导的博士后李忠为主，我跟他合作完成的。李忠是武汉大学著名的"农田院士"朱英国老师带的博士生，原来从事水稻研究，后来进到中国水产科学研究院长江水产研究所做鱼类的遗传育种研究。为什么"中科3号"和"中科5号"之间没有"中科4号"呢？因为在我这里是把"长丰鲫"视为"中科4号"了，而它是在长江水产研究所那边申报和正式编号的，他们就把它命名为"长丰鲫"。"长丰鲫"诞生的经过是这样的：当时李忠在做博士后的研究工作时发现，从几千条银鲫当中可以找到几条长得很好的鱼。事实上我在20世纪80年代末已经观察到了这种现象，还在《科学通报》上发表了3篇文章，重要的是，李忠又重新发现了这种现象。李忠把那些鱼单独养起来，进行繁殖培育，经过几年努力，形成了一个有潜力的品种。这个品种因为结合进去了一个鲤鱼的基因组，所以外形长得有点像鲤鱼了。我们当年讲究培育纯种的鲫鱼，我总觉得它长得有一点"杂种"的味道，但经李忠等人重新发现后，这个鱼在生产上还很受老百姓欢迎，所以我还是积极支持李忠把它作为一个新品种来申报认定，"长丰鲫"就这样诞生了，这也是尊重李忠等人的第二次发现。从20世纪发表相关的文章，到指导学生取得成绩，这也是我们做好学术传承的责任。李忠博士现在在黄鳝的繁殖方面、遗传育种研究方面也做得蛮好，在仙桃给当地的农民起到了很好的示范指导作用。

我还有一个学生周莉，她1996年从武汉大学来读我的博士，现在是水生所鱼类生物学及渔业生物技术研究中心的主任。在培育"中科3号"和"中科5号"的过程中，她做了很多具体的研究工作，现在也带了不少博士和硕士研究生。

最近几年我的几个学生又有新发现：银鲫由于有150多个染色体，是六倍体，学生们在我20世纪90年代工作发现的基础上，又发现它还能够整合不同鱼类的外来基因组。有个博士（现在在做博士后研究）去年又发现，在外来基因组整合的同时，其性染色体及性别决定系统也能够发生转移，这也是一个非常有趣的生物学现象，这样就能够合成新的多倍体。当然，能不能培育成为一个品种可能还要经过几年的研究。所以只要你不放弃，工作做深入，就能够不断地找到新的生长点，这又是一个"从零到一"的过程。也正是在这种"从零到一""从一到二"再到新的"从零到一"直到无穷深远的过程中，学术的传承不断地得到延续。

三、转身：回到祖国的大江大河中遨游

桂建芳院士曾经到美国开展学术交流，并在此期间取得了优秀的研究成果，之后回到中国科学院水生所继续在原岗位工作。桂院士分享了自己的留学经历和选择回国的心路历程：

从1985年进入水生所一直到1991年，这段时间内由于有水生所领导集体的支持和鼓励，有前辈们的引导和带动，我工作都非常顺利。水生所的领导集体十分重视青年专家的成长，我尽管年轻，但是多次被推荐出去评优评先，因此获得了几个当时应该算是首届的头衔，比如1988年的中国青年科技奖、1989年的中国科学院青年科学家奖二等奖，1990年获得了湖北省青年科技精英的称号。这些奖励和荣誉反过来又激励和促使我在鱼类育种研究方面继续取得一些新的成绩。记得1989年江泽民刚刚出任党中央总书记，他到北京上任的时候正赶上中国科学院首届青年科学家奖评选，江总书记专门给我们这20来个获奖的青年科学家颁奖，其中包括刚刚从我们领导岗位退下来的白春礼院长，他当时也和我们一起获得首届青年科学家奖。也就是在那一年，我被破格提拔为副研究员。这些来自国家和学界

不断的鼓励就好像是一种来自于社会、来自于集体的不断鞭策，激励着我更努力地工作，进一步取得更多更好的成果，来回报社会。

尽管得到了单位和组织上的充分肯定，但是我知道要把科研工作做好，仅仅满足于现有的荣誉、现有的基础是不够的，还需要进一步的提升。中国科学院对青年学者的学习深造问题也非常重视，不久后就制定了政策，规定获得科学院青年科学家称号的研究人员可以获得出国进修一年的机会。我因此得到了这个机会，就去了美国。

说起来也是机缘巧合，我的夫人当时在中国科学院武汉病毒研究所工作，她也感到如果想要事业更进一步，就得出国深造。现在网络发达，各种信息的交流非常通畅，无论是经济上、科技界还是其他方面，世界上每发生一件大事，大家很快都会知道，那个时候可不像现在，消息的传递相对是很闭塞的。我夫人通过不断修炼和多方联系，终于在1990年获得了出国学习的机会。她去美国不到一年，我也得到科学院的支持跟着去了美国。到美国之后，我一开始在俄亥俄医学院，一个叫托莱多的地方学习和工作。那是一个很小的医学院，资源不是很多，我感觉这样下去的话跟今后回国工作所需要的知识结构会有所差异。

所以说很巧呢，机会正好就来了。我有个武汉大学生物系本科同一届的同学叫付向东，他跟我夫人是武大同班同学，当时也在美国。付向东大学一毕业就考CUSBEA①出国了，我们到美国的时候，他已经在美国读了5年的博士，做了3年的博士后研究。他当时在哈佛大学跟一个国际知名的分子生物学家做博士后，由于研究工作做得很好，1992年6月被加州大学圣迭戈校区招聘为助理教授。他当时从纽约开车去加州的途中经过托莱多，就跟我们碰了面。一谈之下我发现，他所做的研究对我们水生生物研究所以后的工作会很有用，我们谈得也很融洽。于是付向东就把我招过去了，我成为了他的第一个雇员。当时我还没有博士学位，但由于在国内已经是

---

① CUSBEA 计划是中美联合培养物理类研究生计划 CUSPEA（China-U.S. Physics Examination and Application）的延伸。CUSPEA 是帮助中国物理学专业大学生到美国攻读博士学位的，由李政道和中国物理学界合作创立。当时美国有位叫吴瑞的老先生，是在美国的第二代华裔学者，他得知有个 CUSPEA 计划之后，与李政道联系，探询启动类似项目、帮助生物学学生到美国学习的可能性，最终与李政道一同促成了中美生物化学联合招生项目 CUSBEA 的诞生，该项目于 1981 年正式启动。

副教授，他就以相当于博士后研究助理的名义聘我去跟他一起工作。刚开始的两年基本上就是我们两个人在他的实验室里工作。经过两年的努力，我们就在 Nature，也就是所谓的 CNS[①] 的刊物上发表了一篇文章，在《美国科学院院报》也发了一篇文章。

付向东是做 RNA 加工剪切的，而我原来并没做过这方面的工作。我们通过调研文献，发现调控细胞周期的一种叫卵母细胞成熟促进因子（简称 MPF）的物质可能在 RNA 剪切方面也起了作用，因为 RNA 剪接也与细胞周期过程紧密相关。做了大概 3 个月，发现起作用的并不是 MPF 这个因子，于是又重新进行蛋白纯化。又经过半年多，重新纯化出一个新的激酶，并在细胞周期中调控 RNA 剪切，接着对它的特征、性质做了进一步研究。不到 2 年时间，我们就确信了这个因子在 RNA 剪接和细胞周期调控中的功能作用。相关文章在 Nature 上发表之后，国际上的知名专家给予了非常高的评价，这也带动了付向东的实验室进一步发展。

当时发表了那些文章之后，如果我留在美国，会有一定的发展空间。但是我是拿了中国科学院的青年科学家奖、受中国科学院委派出去的，这个初心不能忘，最后还是要回到水生生物研究所来。我给时任水生生物研究所所长陈宜瑜先生写信，说我要回来，他表示非常欢迎。我们夫妇没有提任何要求，就只是简简单单地回来了，而且我的身份仍然是副研究员。

我们 1994 年 8 月份从美国回来，没想到正赶上 9 月份国家基金委发文，说要遴选首届国家杰出青年科学基金。我因为发了 Nature、PNAS（《美国科学院院报》）那些文章，所以就提出了申请，经过答辩，到 12 月份就确定获得了参加遴选的资格。我记得开始的时候全国计划遴选 50 位杰出青年科学基金获得者，最后选定了 49 位，每位给了 60 万元的基金支持。现在这个杰出青年科学基金已经是每位 400 万元，而且每年遴选 400 位人选，但是当时我们只有 49 位，可谓过独木桥了。据我所知，这 49 位里面大概有 70% 的人已经成长为中国科学院或者中国工程院的院士。可见我们国家也有很好的人才激励政策，这些政策对鼓励人才成长和创新非常重要。

桂建芳院士伉俪是武汉大学同一届学生，既是同学，又是志同道合的

[①] CNS 是代表国际先进水平的《细胞》（Cell）、《自然》（Nature）和《科学》（Science）三种学术刊物的英文首字母的缩写。

伴侣，二人几乎同时期赴美，又双双携手回国。谈及夫人对自己的支持，桂建芳院士不无感激：

我夫人一直对我的决定都非常理解和支持。我经常跟别人说，有一个好的伴侣，有一个好的家庭，是做好工作的基本前提条件。我夫人出身于书香门第，她爸爸曾经当过中学的校长，也当过好几个地方的教育局局长，最后在江西省九江市第六中学退休；她妈妈是一家医院的护士长。她尽管出生于书香之家，但是高中毕业就下放到她父亲的老家，在那里待了4年，也熟悉农村，清楚社会的疾苦，因此我们在武汉大学相识之后，彼此找到了很多的共同点，在后来的共同生活当中我受她的影响也非常多，她在方方面面对我的支持非常大。比如说，是她先去的美国，我是后过去的，我从俄亥俄州到加州圣迭戈也是被她的同学招过去的。而且我到加州之后，因为一个人独自生活作息不规律，有一次生了病被紧急送进医院。她当时遇到这种情况，怎么办呢？思来想去，最好的办法就是把她自己正在攻读的博士学业终止，只拿了一个硕士学位，就跟着我来到了加州，在一个美国科学院院士的实验室协助一位博士后工作，她在那里的工作同样十分出色。后来说要回国，她也跟着一起回来了，哪怕她留在美国可能会发展得更好。

从去美国，到研学的中途跟着我到加州，再到最后学成归国，我夫人时时刻刻陪在我身边，自始至终把我的选择放在第一位来考虑，现在在我们所里她也是知名的研究员和公认的贤妻良母。我夫人既有她自己的事业，同时把家庭也兼顾得很好，我的今天和她的理解与支持是分不开的。

归国后，桂建芳院士在鱼类遗传育种领域继续深耕，其研究成果经转化和推广应用，产生了巨大的经济效益。为了激励创新、促进科技成果转化，我国出台多项政策，鼓励研究开发机构、高等院校、企业等创新主体及科技人员转移转化科技成果，推进经济提质增效升级，科技人员可以以科研成果作价投资创业，或参与技术转让或许可所获的收益分配。①目前，

---

① 2015年修订的《中华人民共和国促进科技成果转化法》、国务院2016年发布的《实施〈中华人民共和国促进科技成果转化法〉若干规定》（国发〔2016〕16号）、中华人民共和国人力资源和社会保障部2017年公布的《关于支持和鼓励事业单位专业技术人员创新创业的指导意见》等法律法规，均鼓励"科技同经济对接、创新成果同产业对接、创新项目同现实生产力对接"，并制定了具体的实施措施。

基于桂建芳院士培育的新品种的产业支撑链的年经济效益已达近百亿元人民币，但是桂院士却没有利用成果自己去创办公司，或者参与成果许可或转让的收益分配。他的想法是：

  我有一种基本的观点：一个品种如果能够通过国家和政府建立的推广平台和推广体系迅速地进行推广，能够快速地造福老百姓，这就是最好的成果转化方式。当然还有一种情况是，一些掌握技术的民营企业家在培育出一个品种以后，通过自己在全国建立的子公司进行推广，照顾好自己和自己的团队，最后也会为国家、为社会创造一些财富，这种方式也无可厚非。我个人认为，国家既然有公益的推广平台，我们又是来自于科学院这种政府支持的研究所，基本工资和福利都有保障，特别是像我们成为院士之后，收入就更高一点，何苦还要自己去办公司、去操这个心。学者往往不可能是全才，头脑主要都用于科学研究了，如果又去办公司，没有那个能力和精力却非要逼自己去重新学习办这类事情，说不定还会出问题。既然国家有这样一个技术推广体系，我们就一条心做研究，充分利用这个体系无偿地去推广成果，所以科学院的研究人员从院里出来自己办公司的相对是很少的。公益的研究所出来的，应该还是走公益这条路，成果转化的效率高，社会效益也立竿见影；有的人是从产业、从民营公司成长起来的，那也要支持他们自己去培育品种，自己创业，最后自己来获得收益。这是两种不同的途径，充分发挥每个人的积极性，这样就好了。

  我运气比较好，2008年刚获得"中科3号"这个品种，同年国家农业部就启动了那个体系的专项。农业部一共有50多个体系，我们研究的这个鱼属于青草鲢鳙鲤鲫鳊一类，属于大宗淡水鱼体系。为什么叫大宗？就是养殖的数量很多，养殖的范围也很广。当时这个新品种一出来，我就带着它进入了这个大宗淡水鱼体系。农业农村部的大宗淡水鱼推广体系在全国设了30多个站，除了像西藏这种很少养鱼的地方，只要是有养鱼的地方基本上就有一个站，差不多每个省都有一个站。2008年底农业部在我们这里做了一个推介会，通过这个体系一下子就把这个品种推广到全国各地了。所以你看，利用国家给我们建立的平台就推广得很快。如果你把品种牢牢地掌握在自己的手上，不可能这么快推出去。而且在造福老百姓方面，你个人可能一年赚几百万、几千万元，但是老百姓要等着用这个品种就很难了，推广的速度也就慢了。

我想我之所以能被评为院士，是因为我们科技界最看重的应该还是学术本身。我培育的这个鱼，由于它具有独特性，能够进行单性生殖，用鲤鱼的精子给它一个刺激，一条鱼一年就可以产生一两万条鱼，再把这一两万条鱼作为母本，第二年就会产生几千万、几亿的苗。这样一来，有个两三年就可以迅速地在全国进行大面积推广，就会产生几十亿、几百亿的苗，老百姓用来自己制种育苗也是非常容易的。老百姓获得了实实在在的好处，我的研究成果也就发挥出了最大的效益，才能得到学术界和业界的肯定，得到全社会的认可，也才能体现中国科学院院士的社会价值。如果为了几百万元自己拿着这个品种去开公司，值得吗？

响应政府号召，做好院士专家工作站的技术指导工作是培养创新人才队伍、加快科技成果产业化的又一重要途径。鱼类新品种的养殖技术实用性强、应用面广，社会上对专家指导的需求很旺盛，桂建芳院士回顾了相关工作：

中央为了发挥院士专家的作用，在全国推动中国科学院、中国工程院两院院士与企业合作，联合进行科学技术研究，希望通过院士专家奉献他们的智慧去指导企业，让企业的技术更加规范。大概是党的十八大以后的几年，政府大力推动院士工作站的建设，这项工作在地方上都是一把手领导亲自抓，交由组织部执行，各个地方的科协具体管。在当时的大环境下，我在全国各地建了将近 20 个院士工作站。最近几年我在全国做了很多报告，每年做的培训报告和学会的报告可能有十几、二十场，一个月差不多有一两次，包括到高校去给研究生做讲座，就是发挥专家的支持和带动引领的作用。院士专家工作站也是这样，我们跟企业合作，告诉他们哪些是可以做的、哪些是不能做的、哪些该如何去做。

院士工作站这个平台，在全国，特别是在稻鱼综合种养方面应该说还是取得了一些成效，主要是企业自己努力的结果，而我们作为专家提供一些技术咨询，还是可以起到一定的作用。

有一句很形象的话叫"高手在民间"，稻鱼综合种养这种模式事实上也产生于民间。过去稻田里的乌龟、甲鱼、蛙、黄鳝、泥鳅，甚至一些小型的鱼类都很多，近几十年来，由于农村的生产方式改革改变，化肥和农药，特别是农药用得比较厉害，稻田里的水产动物基本上渐渐地就没有了。为什么稻鱼综合种养，像湖北潜江的虾稻连作模式，能一下子在全国红火起来？我是全国的稻鱼综合种养专家委员会的主任，我们委员会从传统的稻鱼综合种养模式中汲取优秀经验，通过制定标准、政策，重新规范稻鱼综合种养，在我们湖北推动起来以后产生了比较好的效果。我在位于潜江的湖北莱克集团建了一个院士专家工作站，他们的小龙虾良种选育繁育、特色产业发展和生产经营模式创新做得蛮好。在省级层面上给我荣誉最高的是广西，当地政府给了我一个自治区主席院士顾问的头衔，这对于推动广西的稻鱼综合种养、大水面的生态养殖也起了很好的作用。

整体上来讲院士工作站的工作把技术和经济相结合，在经济效益和社会效益两个方面都做得蛮好，但是也不可避免地出现了一些问题，在社会上产生了负面影响。2019年，中共中央办公厅、国务院办公厅印发了《关于进一步弘扬科学家精神加强作风和学风建设的意见》，要求"每名未退休院士受聘的院士工作站不超过1个、退休院士不超过3个，院士在每个工作站全职工作时间每年不少于3个月"。中国科学院根据中央和国务院这一最新政策指示，对院士工作站的数量进行了压缩，这样也能够让我们有更多的时间和精力去做科研。按照上级组织的要求，我对自己的院士工作站进行了清理，去年疫情期间就给工作站挨个打电话进行解释和说明，要求终止合作。院士工作站的运行时间一般是3年，这些工作站有的已经合作期满，有的则需要提前终止。我现在保留的唯一一个院士工作站设在江苏海安的中洋集团，还是在一如既往地发挥技术支撑与指导作用。

四、合拍：每一步都踩在时代发展的节点上

阅读桂建芳院士的履历，可能会让人产生一种"这个人运气真好"的感觉：一方面，桂院士具有研究天赋，在求学阶段就"高产"地发表论文，工作阶段更是成果丰硕，行业认可、政府表彰、社会（公益基金）激励，样样载誉前行；另一方面，学者、导师、行政管理者等多种社会身份在桂院士身上得到了完美的融合统一，一路走来方方面面都比较顺利。桂院士没有避讳自己的"好运气"，说："我好像总是踩在时代发展的节点上。"

回想起来，我个人的进步与国家的发展、科技的发展是高度合拍的。可以说我运气比较好，每一步都踩在时代和行业发展的节点上。

我参加高考之前在农村待了4年，这期间并没有中断学习。以当时的条件是不可能做数学题的，那么在业余时间，我一是读小说，二是读报纸和一些文艺刊物，因此保留了一些文字功底，还曾经给好几个刊物写过稿子，虽然被录用的很少。我记得当年给《湖北文艺》还是其他什么杂志投稿，那个编辑部还给我回信，"以资鼓励"。总之就是坚持多读文章，训练写作，还是起了很好的作用。当时我有一个信念，觉得不可能就在农村待一辈子，还是要做好继续上学读书的准备。后来为什么考上了大学？因为那个时候没有把汲取知识和学习的习惯丢掉，通过阅读报纸、阅读文章、阅读小说和诗词，就为高考做好了准备。

到水生所以后，由于工作上得到团队的大力支持，当国家有什么样的激励政策出台的时候，我也好像已经准备好了一样，很顺理成章就成为首届国家杰出青年科学基金的获得者，还获得了其他好几个首次颁发的奖励和荣誉。20世纪90年代，不仅仅是政府，还有一批企业家也对科学研究进行激励。比如香港有一个求是科技基金会，是由获得过紫荆花奖的知名企业家查济民先生创立的，我在1996年获得了这个基金会设立的杰出青年学者奖，是当年获得该奖的20个人之一。获得这个奖对我也有很好的激励，当时这个奖给每位获奖者在4年当中每年提供1万元美金的支持，所以获奖者不仅仅是获得了一种荣誉，还得到了经费支持。在政府和社会团体的支持下，我的工作不断迈上新的起点，不断向前推进。

到了1999年，中国科学院把我选任为水生生物研究所的常务副所长。经过两年的干部选任程序，我在2001年担任了水生生物研究所的所长，一直当到了2007年。那个时候所长的一届任期是4年，从1999年算起到2007年，我相当于做了两届。8年所长的任职经历给我带来了更大的挑战和更全面的锻炼，因为我原来只是单纯地带一个学科组做课题，但是当所长却要领导整个研究所。

我任常务副所长时才43岁，相对于这个职务来说还很年轻，当时研究所有将近40个研究员。我是51岁从所长位置上退下来的。一般情况下，主持一个研究所的工作的最佳年龄应该是50岁左右，像现在一届所长的任期是5年，两届任期就刚刚好是50岁上、60岁下，这段时间通常正是担任科研管理岗位的黄金年龄。而我们77级这一批恢复高考后的首届大学生，因为"文化大革命"期间大学长期停止统考招生，导致国内后来出现了 10 来年的人才断层，出现了一个人才"青黄不接"的阶段，所以本来应该是在 40 多岁的年龄段好好做自己的研究，50 岁左右再上领导岗位，我却在 40 多岁就当了所长，又在本来适合当所长的年龄按照领导岗位管理制度的要求退了下来。当时科学院的领导给我做动员工作，说你要么换一个研究所去做所长，要么退下来继续做研究；我说那还是退下来做研究吧。退下来之后，我就更加把全部身心都投入到研究工作当中去了。

做鱼类遗传育种研究不仅周期很长，而且过程十分艰辛。因为不知道何时才能达到所期望的目标，能够坚持下来殊为不易。"坚持"是桂建芳院士反复提到的一个词。他说：

> 我现在是国家水产原良种审定委员会主任，我们评审专家相互之间常常讨论说，做遗传育种是一个时间跨度非常长的工作，如果中途停顿或者是中途转方向，那事情都是做不成的。只有持续地做一个物种，比如说我们就是坚持做银鲫，最后才作出了成果。以银鲫为例，因为它可以进行单性雌核生殖，可以产生单性的群体，这就给它的育种建立了一个独特性。也正是因为它太独特，生殖方式跟其他的两性鱼类不一样，如果把它做得更加深入，就会不断地有发现，不断地产生新方法，最后才能够获得一些新的品种。你坚持下去才会有收获，如果你不坚持，可能就一事无成。当然，由于我们研究的东西太独特，不但做研究本身相当艰苦，同时也因为它的独特，写出来的相关论文专业面太窄，而现在的刊物普遍追求引用数，即追求它的影响因子，那些影响因子比较高的，特别是国外的高影响力的杂志它就不太愿意送审和发表。我们有一个词叫"普适性"，刊物一般在审核投稿时会要求文章有很高的普适性。像用模式鱼类比如斑马鱼做的工作，出来的成果相对容易发表，因为全世界有几万家实验室做这种鱼。但是如果一种鱼就只有我这一家或者很少数的几家在研究，成果就没有那么高的普适性，哪怕是我们的研究水平相对较高，人家也不愿意发表你的文章。有时候因此受到的打击比较大，难免就会想：我为什么要做这个呢？如果去做一些更有普适性的鱼类，工作成果不是更容易发表吗？但是最后还是坚持做下来了。

近年来中央出台政策说要破"四唯"①，其中的"唯论文"，就是说只看你论文发了等级多高多好的杂志，对这种情况要予以克服。我对这个政策是非常拥护的。当然，破"四唯"也不是说什么都不为，还是得要发表好的文章，但是如果专门只以发表文章来论英雄的话，对于育种来说就是一个大忌了。去年中央再次特别强调要重视种业、种子工程，②这对我们做遗传育种的人来说是一个福音。为什么我们国家现在非常重视种业？说明经过这几年跟美国在各方面的论争，我国政府充分意识到了农业这块一个是种子，一个是土地，具有重要的国家战略地位。

有数据显示，中国的科技经过几十年发展，最近 20 年，特别是最近 10 年，我们发表论文的数量差不多快超过美国了，但是高水平、高影响力的论文还达不到他们那么多。一方面是确实还有实力上的差距，另外一方面是那些所谓的高水平的杂志掌控在他们手上，这是国际的评价体系不一样所造成的。所以最近几年我们国家的科技界也在办一些由我国自己开设的面向世界的杂志，打造既有中国特色又有世界影响力的学术阵地，培育我们自己的品牌学术刊物。像我们的《科学通报》和《中国科学》等几大刊，袁隆平的杂交水稻成果最初就是发在《科学通报》上，屠呦呦的青蒿素成果也是发在《科学通报》上，③都是篇幅不算很长却具有突破性的论文。事情往往就是这样，好的工作成果、高水平的文章不一定会立刻产生大的影响，有时候是一个很独特的发现造就了一个产业，或者极大地带动了已

---

① 2018 年 7 月，国务院印发《关于优化科研管理提升科研绩效若干措施的通知》，要求完善有利于创新的评价激励制度。文件要求，"突出品德、能力、业绩导向，克服唯论文、唯职称、唯学历、唯奖项倾向，推行代表作评价制度，注重标志性成果的质量、贡献、影响"。2018 年 10 月，科技部、教育部、人力资源和社会保障部、中国科学院、中国工程院等五部门发出通知，联手开展清理"四唯"的专项行动。

② 2020 年 12 月召开的中央经济工作会议围绕构建新发展格局，部署 2021 年要抓好的 8 项重点任务，其中第 5 项为"解决好种子和耕地问题。保障粮食安全，关键在于落实藏粮于地、藏粮于技战略"。

③ 1966 年 2 月，袁隆平在《科学通报》上发表论文《水稻的雄性不孕性》，报道了他发现的水稻植株的雄性不育现象，并提出了培育不育系、保持系和恢复系开展水稻杂交优势育种的设想和思路。1977 年，屠呦呦所在的中国中医研究院等几家单位以"青蒿素结构研究协作组"的名义，在《科学通报》第 22 卷第 3 期首次发表有关青蒿素化学结构及相对构型的论文《一种新型的倍半萜内酯——青蒿素》。

有产品的发展，再回过头来被科学界所认可。像与青蒿素相关的研究最后越做越大，在非洲一年要救护上百万人，在全世界范围内的影响太大了，所以屠呦呦最后获得了诺贝尔生理学或医学奖。

五、寄语：抓住历史发展的新机遇

桂建芳院士在自己的办公室门口和室内各摆放着一口玻璃鱼缸，长势良好的金鱼、"中科3号""中科5号"等鱼儿在水中游弋嬉戏。在桂建芳院士看来，遗传育种研究领域自有一种"千淘万漉虽辛苦，吹尽狂沙始到金"的魅力。他对青年学者充满期待，热忱地欢迎更多的新生力量加入遗传育种研究工作队伍，去体会研究所带来的独特的幸福感与成就感。桂院士分享了自己的研究心得：

随着时代的发展，我国的科技水平也发展到了一个新的阶段，需要我们研究人员更加努力，去适应发展，抓住机遇。"机会总是垂青有准备的人"这句话还是说得不错的，只有你自己准备充分了，机会来临的时候才能把握住。

我在这里要特别呼吁一下：做遗传育种研究的人一定要守住青山不放松，坚定十年磨一剑的信念，不断坚持。遗传育种工作具有长期性和艰巨性，碰到做得好的，你运气好，10年还可以出个品种。像我做这个异育银鲫算是运气比较好的，我坚持下来了，所以取得了一个品种又一个品种，就是差不多10年推出一个品种。万一运气差，他也做得很艰苦，也付出了很多的劳动力、很多的智慧，但是可能偏偏就是做不出来。我做的这个鱼之所以10年就能出一个品种，一个重要的因素是它的繁殖周期短，如果养得好，基本上1年就会繁殖一代。有些鱼，像四大家鱼青草鲢鳙，都要4到5年才能繁殖一代。按照我们培育品种的认定标准，一个品种要稳定下来，基本上要经过四代，也就是说从它的繁殖循环周期来考察，如果培育了四代之后还是相对稳定的，才能作为一个品种来认定，没有到四代就很难达到这个效果。而如果没有达到这个效果，你却把它作为一个品种推广出去，它的性状可能得不到保证，可能会分离、产生变异、发生变化，有时候就会害了农民、害了渔民，就"坑农"了。所以做这种大型鱼类，研究人员一生能够培养出一个品种就不错了。

我在工作的过程当中有没有过很郁闷的时候呢？肯定有些事情在过程当中会有一些郁闷，有一些沮丧，但是如果把问题攻克了，最后达到目标了，相应地也会产生很强的幸福感。我们长时间做研究，在旁人看来可能会觉得枯燥，但是我们对自己所做的工作保持着一种好奇心和兴趣，乐在其中，就不会觉得枯燥和无聊。我总是能够体会到自己是充满了幸福的，总是以很高兴的心态来做科研，还有一个原因：我是1956年出生的，我们这一代人经过了那种大起大落的政治运动，经历了恢复高考、改革开放，到现在亲历社会在不断地进步，做研究的条件和环境越来越好，所以更加有一种满足感。国家提供研究平台，提供研究经费，你干的又是自己喜欢干的事，从这个角度去理解就能够获得满足感、快乐感，就会有幸福感。这个是相辅相成的。

纵向对比今昔，横向对比国内外形势，正可谓"潮平两岸阔，风正一帆悬"，桂建芳院士认为遗传育种研究当前正面临着重大的发展机遇，对国家的未来、对行业的未来抱持着充分的信心：

我们从一穷二白一直走到各方面条件都有很大提升的今天，经历了一个从无到有的阶段。想想如果再回到30多年前刚刚改革开放的时候，水生所的研究员没有自己的房子，把你安排在哪里你就住哪里，4个人住1间房、2个人住1间房。现在不一样了，20世纪90年代开始房改，特别是进入21世纪以后，基本上家家都有房子了，银行里也有存款。现在的年轻人从小就拥有了更好的生活条件，自然就会从更高的起点去思考新的问题，他们的幸福阈值更高了。我有时候开玩笑说，现在我们水生所的研究员住100多平方米的房子，小孩一出生就在那个大房子里有自己独立的房间，家里装修也很好，到了读大学的时候，要4个人住一个房间，孩子就适应不了，这样一来他们缺乏幸福感也是有道理的，因为下一代对幸福感的追求更高了。我的小女儿1994年出生，她从武汉大学毕业后去美国读博士，去了之后打电话回来跟她妈妈聊天，说，这边怎么这么破啊，比我们武汉大学差多了！所以时代发展了，你的幸福感也是不一样的，标准更高了嘛。现在国家抓紧保护和建设生态环境，也是为了让老百姓，包括年轻的一代，看到一个更好更美的世界。我出差到外地，看到一些县级市，甚至一些乡镇，现在都建设得很好，好多都有湖啊、小河啊，也建设了亲水平台让人与自然亲近，生态环境真是大变样了。

改革开放之初我们是以牺牲环境、牺牲生态为代价来发展，只要能够富起来，你就可以大胆地去干，这在当时那个从无到有的时代能够起到很好的激励作用。但是进入21世纪，特别是党的十八大以后，习近平总书记充分认识到生态环境对民族的重要性，多次强调保护地球生态环境的理念。现在启动的长江大保护，"十年禁渔"，我们所里一个老先生——曹文宣院士在10多年前就提出来了，我对此是非常赞成的。"既饮健康水，又食改良鱼。江河湖海苍茫，踏浪好心舒。不管豚鱼虾蟹，无论草虫菌藻，何者是多余？再写新水经，范蠡亦渔夫。添植被，铺湿地，展蓝图。六湖一脉环绕，碧水还通途。破解生殖奥秘，揭示病疫玄妙，渔业护平湖。传世西施在，应叹水光殊。"这首词是我对我们研究所多年来研究工作的总结。作为曾经的淡水生态与生物技术国家重点实验室主任，我十分关注生态的可持续发展问题。我们国家的发展目前已经到了一个从数量扩张到质量提高的阶段。为什么一些西方国家对我们如此紧张？因为它们的政治精英看到了中国发展的趋势，从而形成了一个共识，那就是我们发展的手段和意识，已经具备能够与他们进行竞争的格局了。所以从全球格局的层面上来看，有些东西是不可避免的，关键问题是我们怎么去应对，包括对于种源、土地，包括生态环境的改善，我们的中央领导集体应该是有一个新的考量。所以这也是时代发展到新的历史阶段出现的关键节点，我们要踩准节点不断地去推进工作，多出好的成果。

国家在快速发展，对科研的投入也在持续加大，当前的研究条件已经远远超过我们年轻的时候。在研究取得突破性进展之前，在政策机遇来临之际，我们要做的是稳稳地走好每一步。个人的发展与国家的发展保持一致的节拍，就能最终取得成功。

9

陈孝平：赤脚医生潜心磨炼　刀尖舞者悬壶济世

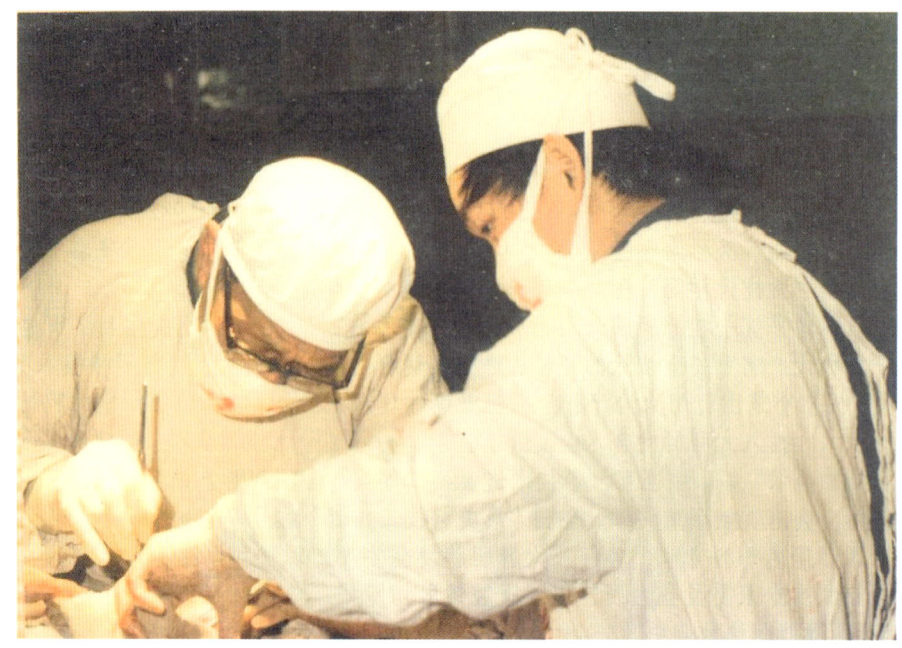

陈孝平院士1983年在导师裘法祖教授指导下进行狗肝移植试验研究

陈孝平院士2009年在同济医学院裘法祖院士名言石前

陈孝平院士1986年在海德堡大学外科医院读博士后，在宿舍学习

陈孝平院士在手术室

9. 陈孝平：赤脚医生潜心磨炼　刀尖舞者悬壶济世

一、学医契机：从速成"赤脚医生"到推荐上大学

从事某种职业，并以之作为自己的终身事业，为之奋斗，终成大器，其中有契机，也有转变。说到自己事业的起点，白大褂成为一个"引子"，陈孝平院士说自己小时候就害怕吃药打针，甚至见到穿白大褂的都躲。现在自己做医生，拿着手术刀做手术，早已爱上医生这个职业，体会到医生职业的神圣性。

我们先按时间顺序来谈，从我小时候害怕吃药打针开始谈起。首先，我从小在农村长大，那时候缺医少药，小时候几乎没有见过正规的医生，就是过去那种师徒相传的中医，他们没有任何学历，后来他们又自学了一点西医，就相当于现在的中西医结合，但是级别很低，没有经过任何培训。其次，我们读小学的时候，会打预防针，主要作用是预防脑炎、天花等。那时候没有见过"白大褂"，一见到穿白大褂的人就吓得不得了，有的同学直接吓得往桌子底下钻。这与当时农村人没有见过世面有关系，一见到外面的人就害怕，而且药很苦，吃过一次就不想吃第二次了。总体来说，是因为农村区域小，没有见过大世面，与外面没有什么接触。

另外，还与两次痛苦的经历有关。一个是我姑姑，就是我父亲的亲妹妹，有先天性心脏病。那时候，我们的医疗条件很差，20世纪60年代心脏手术还不过关，到哪里求医别人都说治不了。按照现在就是通过开刀、换瓣膜等方法进行治疗。但那时候，这些方法都没有。到当地最大的医院，相当于现在市级的医院，医院就说不行了，没有办法救。还有一个，就是我母亲的亲弟弟，也就是我舅舅。在农村干活的时候，突然肚子痛，那时候叫绞肠痧，现在叫肠梗阻，也没有开刀（做手术）的条件。当地医生看了之后，建议一定要转到县级医院去，县医院距离我们家有35公里，很远，在当地耽误了一天左右，那时候又没有车，只能请人用担架抬，结果还没到县城，就在抬的路上过世了。这就是两件让我很痛苦的事情。所以，从小我就觉得生病很可怕，我就想着要是我能治病救人就好了。小时候思想觉悟还没有那么高，经过这两段痛苦的经历，我开始萌发了学医的想法。

陈院士正式接触医学，是在"文化大革命"时期，当时全国学校都停

课"闹革命",到 1968 年,知识青年上山下乡,用陈院士自己的话来说,"刚好这个时代被我赶上了"。

实际上,我正式接触医学是在"文化大革命"时期。"文化大革命"的时候,全国的学校都停课"闹革命",从小学到大学,都关门了。到了 1968 年,知识青年上山下乡。农村的青年就回到农村,城市的青年就到农村去,到工厂去,到部队去。这样,在校的学生都分流了。那时候农村真的是缺医少药,为了解决这个问题,国家提出培养"赤脚医生"①。以每个生产大队为单位,培养 1~2 名赤脚医生。"赤脚医生"主要从知识青年里面选,也是一个偶然的机会,我就被选去参加了赤脚医生培训,从那时候开始我才正式接触到医学。培训的时间有三个时间段,主要以速成班的方式培训。一种是有一点医学知识基础的青年培训期为一个月,没有任何医学基础的培训期为三个月,还有更长时间的培训是半年期的,相当于高级培训班。半年期的不能在当地公社培训,要到县医院去培训。我参加的是三个月的培训,培训主要教一些非常基础的东西。比如,伤风感冒用什么药,我们当时都是记口诀,头痛发烧 ABC 三包。学习方式就是死记硬背,基本的原理都搞不清楚。然后,我们就跟着老师到田间去认中药,农村田里有很多中药材,我们跟着老师识别然后把药材采集回去。采回去之后,晒干切片保存起来,按照中医的方子开药。那时候自己采的药,不要钱,成本低,药价就很便宜,这就解决了农村的缺医少药的问题。当时学习以中医为主,另外,我们也学了一些针灸、扎针之类的。

那个年代中医、西医都有学。比如,病人感冒就会开西药,如果是肺炎就打青霉素,拉肚子就用磺胺,主要是什么有用就用什么。老师只是教我们这样去治。虽然原理不是很清楚,但确实也解决了一些问题,治好了不少病人。在这过程中,我自己也接触过一些病人,大人小孩的病我都看,不管病人是男的还是女的,包括妇科我们都看,什么接生的啊都来,那时候才叫真正的全科医生。我那时候才十几岁,虽然学习时间很短,但确实

---

① 1968 年 9 月 14 日《人民日报》转载《红旗》杂志 1968 年 9 月文章《从"赤脚医生"的成长看医学教育革命的方向》。文章称:"'赤脚医生'是上海郊区贫下中农对半农半医卫生员的亲切称呼","贫下中农需要这样一支新型的医疗卫生队伍"。文章引用毛主席语录:"要从有实践经验的工人农民中选拔学生,到学校学几年以后,又回到生产实践中去。"

解决了很多农民的小伤小病，很受欢迎。1966到1970年，大学这个五年期间停止上课，也没有招生。国家教育界、科技界都意识到这个问题的严重性，于是开始向国家领导人提出大学恢复招生的建议。这几年间，大家都没有学上，所有的教育，不论是中级教育还是高级教育都断档了。招生也存在很大的问题，主要涉及两个方面的问题：第一，学生层面，学生们过去几年都在劳动，学过的东西都忘掉了，新东西又没有时间学，所以即使让他们考试他们也不会。就我自己来说，我1968年初中毕业，但是我初中只上了一年，因为我1965年入学，1966年停课闹革命，1967到1968年都在停课。高中班也是这样，那时候大家都一样，所以从学问角度来看考试肯定行不通。另外，从老师层面来看，老师要么被批斗、关牛棚，问题不大的到"五七干校"去劳动，学校都是空的，没有老师。只有几个留下看房子的人，留下来的都是一些身体不好的和老年人，有1至2个干部负责管理。第二，没有人来出考卷，因为考卷要根据学习的内容来出，四五年没有上课，现在出的题目应该是几年前学的东西，没有东西去考，也没有办法出考卷。不要说没有人出考卷，即使有了考卷，答出来的考卷也没有人判卷，因为老师们都在农场"五七干校"劳动。所以，当时就提出了推荐的办法。我们第一批、第二批都没有考试，第三批才开始考试。到第三批的时候，老师们也陆陆续续回来了，中小学开始慢慢复课，摸出了一点门道。我就是生活在这样一个年代，刚好这个时代被我赶上了。

  1970年，全国大学招生统一考试改为群众推荐。关于推荐上大学和弹性学制的经历，陈院士说，其中也有一些巧合：

  我是被推荐上的大学，推荐的这个过程也是有很多巧合。最开始大队推荐上大学的人选不是我，因为那时候推荐的第一个要求是根红苗壮（根红苗正），也就是政治要过硬。所以第一次推荐的是大队的党支部书记，也是知青，不过是高中班的，比我们大好几岁。他那时候已经很懂事了，而我那时候还稀里糊涂的。他那时候表现非常积极，去之后很快和一个农村当地的姑娘结婚了。他结婚就是为了表决心，向国家表明自己已经在农村扎根结婚了，成家立业了，永远不回城市。后来，他被提拔为大队支部书记，公社领导决定推荐他去上大学。但是，当时县里的招生办出了规定说不要结婚的，就被退回去了。于是就要重新推荐。推荐的第二个是一个女孩子，比我高一届，我是68届，她是67届的，她初中上了两年，比我多学了一年，是当时大队的妇女主任，也是大队干部。那时候，妇女主任经常去县里开会，与里面的干事互相都认识。有位干事告诉她，还有一个招工名额，就是到城里当工人的名额。为什么工人名额那么香？首先那时候"政治挂帅"，工人阶级领导一切，也就是政治上地位很高；第二就是工厂都在城市里面，到了工厂当工人，就不用再回到农村了。而我们当时这个大学生推荐政策是要求从哪里来毕业后就要回到哪里去，毕业后还是要回到当地的。这就是推荐的前提条件。听到有进城当工人的名额这个消息时，她马上跟县里说她要去当工人。这个推荐名额又空出来了，这时离报名截止日期只剩下两天的时间了，如果再不推荐，这个名额就浪费了。后来，我们的公社书记就说，那就把这个机会给那个当赤脚医生的小伙子，学医的，专业也对口。我一接到通知后，就连夜骑自行车赶到县城里面去报到。当时我在的地方距离县城35公里，到县城的时候已经早上5点多了。到了招生办门口，招生办就写了个纸条子给我，让我到县医院去体检，体检完之后，我就回来了。回来以后就石沉大海，也不知道能不能录取，带我工作的老师也经常给我泼冷水，让我不要想那些东西，所以我就把这件事情忘了。9月份的时候，距离填"条子"已经过去3个月了，我突然接到一个通知，说我被录取了，就是这样一个过程。

我小时候很调皮不是很用功，有时候也玩一些小聪明，不像女孩子那样很爱学习、很用功，经常因为逃学被父亲打。但是，进入大学之后我突然转变了，知道努力学习了，可以说是开窍了，也可能是因为那几年在农村劳动吃了太多苦，觉得还是学习好。我走的时候，带我的老医生说，"今天你们把他送出去，过几天你们还是把他接回来吧，他肯定坚持不下来"。我的老师是不看好我的，因为我只上了小学，初中只上了一年，连初中二年级、三年级的书都还没发下来。幸好当时大学推行教育改革，那些基础知识，比如数学、化学和物理等都免了。如果当时学这些，我可能就坚持不下来了。前不久我还提出，我们当下的医学教育走偏了，要解决实际问题。掌握常见病、多发病的诊疗，不一定要学习七八年。我当时分在医疗系，学制是三年制。"摸着石头过河"，推荐上去的学生里面有分配在一年制的、两年制的，还有三年制的，是弹性化的学制，有三个不同的时间段。

二、三年本科：非常规学习方式，实践出真知

1970年，国家恢复高校招生，招生实行群众推荐、领导批准和学校复审相结合。该年，陈孝平经推荐上大学，进入蚌埠医学院学习。学制三年，学习方式也和现今有所不同。关于那段时间的学习，陈院士提到一个词"火烧三层楼"，他说：

谈到教育问题，我就一起讲一下。那个时候叫"火烧三层楼"，第一次全国大学生开始招生，而且是推荐制的，大家都没有经验。当时的理论指导是"学制要缩短，教育要革命"。于是就出现了学制年限不同的情况。实际上，我们入学的第一学期几乎没在课堂上上课，原因有两个：一是教学安排，二是老师稀缺。学校没有老师，教医学教育基础的老师都还在农场"五七干校"，还没有回来。所以，开学的前两个星期，学校安排我们军训，正儿八经打靶，打的是真子弹。接下来，就是接受工人阶级再教育，当时有一批学生是从工厂来的，我们就被派到淮南的那个煤矿，跟着工人一起下到煤矿底下去挖煤，在那度过了大约一个月。然后，还要接受农民的再教育，又到农场去接受农民的再教育。这样一来，大学的第一个学期差不多过完了。

幸运的是，带我们的老师，在农场除了让我们劳动外，还带我们上山去认中草药，这是我的强项，别人不认识的我都认识，老师就将那些药材的功效都告诉我，这是其一。第二，农场的老师是下放到当地的医生，当地有很多病人。老师知道我们是医学院来的，他每看一个病人就会告诉我们这个病的来龙去脉，结合病人的症状给我们教学。那时候所有的医学基础课都还没上，我们首先接触的就是病人，这相当于过去老中医"师傅带徒弟"的模式。比如，碰到一个病人得了感冒，老师就告诉我们感冒是怎么回事，然后用什么药医治；碰到肠炎的病人，老师就给我们讲肠炎是怎么回事，等等。农田里的劳动不是那么忙的时候，上午劳动，下午我们就可以旁听学习。所以，我的医学之路是从"病"开始学起的，并不是从基本的理论知识学起的。这些问题解决以后，经过了军训、工人阶级再教育、农民阶级再教育，再回到课堂里面，去学习解剖、学习生物、生化、病理

生理和各种疾病，这些都是连续的。

当时有个口号叫"火烧三层楼"，意思就是我们现在的医学教育，和"文化大革命"以前的教育方式是一样的，先上医学基础课，比如解剖、生化、生理、物理、高中数学、外语。那时候不学外语，主要是政治，这都属于基础课，这就是"第一层楼"。"第二层楼"就是临床基础课，主要讲述病理、病理生理、临床相关知识，如阑尾炎、肠炎、肺炎等。"第三层楼"主要涉及具体病例，侧重于临床实践。这"三层楼"就是一层一层往前走，那时候最渴望的就是把顺序打乱，单纯以疾病为导向。其实我们在农场劳动时就开始这样了，老师给我们一个病例，结合病例具体分析。后来，完全恢复了"文化大革命"以前的那一套教学模式，"三层楼"也恢复了。

三、潜心磨炼：走上从医从教之路

陈孝平1973年从蚌埠医学院本科毕业，因成绩优异，留校任教。其主创的，以"教为主导，学为主体，疑为主轴，练为主线"的创新教学模式和以"课间实习教学法""代理住院医师制度"为重要支撑及突出创新点的课程建设体系创新，在当下仍有广泛影响。

说到这一系列创新，陈院士认为这和他的早年经历有关，并讲到其中关键要领，以及如何开始职业生涯，他说：

我为什么会提出课间实习教学法呢？这跟我的早年经历相关。课堂上老师什么都讲了，这个病也讲，那个病也讲，然后再带着学生到医院去实习的时候，教授在课堂上教的，学生都快忘了，实习接触病人的时候相当于是全新的。比如，我今天讲阑尾炎，计划两个学时，讲理论大概只需要一个半小时，然后我再把学生带到病人床前，让他自己去跟病人交流，当场教学。原先我亲自教学的时候，我就把病人带到课堂去，当然在带之前我会跟病人商量好，如果对方愿意的话就跟我一块过去。到了课堂上，我就让他自己讲一讲怎么回事，为什么要来看病，哪些地方不舒服，作了哪些检查等。学生听完以后再进行理论教学，学生们就有了学习兴趣，听得进去了，且是与实践紧密结合在一起的。学习是为了解决问题而不是"纸上谈兵"。后来，推行教育改革，学制越来越长，五年制、六年制、七年制甚至还有人提出了十二年制。这个体制遭人吐槽说哪有人在学校就读个"主任医师"出来的？我认为这样其实是不可取的。

医学是一门经验的科学，需要在临床上打磨，经验也是一点点积累出来的，培养医生就要按照这样一个模式来。所以我提出"课间实习教学法"，提倡讲完课以后就到病房去看病人，这样印象更加深刻。如果过一个月或几个月再去看病人，学生就会把学过的理论知识全部忘记了。老师在这个过程中处于主导地位，就是"教为主导，学为主体"。老师要引导学生产生兴趣，找到方向。那么，"学为主体"，即学生要以学为主，学好以后要能提炼问题出来，然后在有条件的情况下"多听、多看、多问、多做"，这是要环环相扣的。我把它总结为"四多"：一是多听，二是多看，三是多问，四是多做。"多听"是指听老师怎么讲，别人怎么讲；"多看"是看别人怎么做；"多问"是不懂就问，甚至懂的也要问，再核实一遍对不对，并进行检验；"多做"就是要多实践。

至于我当初为什么做外科医生？我实习的时候，"三层楼"已经打破。我在学校学习的时间其实只有一年，前面的半学期都是接受再教育，实际在学校只有后半学期。第二年就到医院去实习，边看病边上课，把课堂带到医院里去。那时候跟现在不一样，学生是有任务的，学生先做而不是老师先做，包括在外科实习的时候开刀（动手术）。有一次，我给一个病人做阑尾炎手术，全程只花了20分钟，当然是在老师的指导下做的。那次手术成为一个教学成功的典型，在各个实习基地都传开了，"我们工农学员怎么怎么样……做一个阑尾炎手术20分钟就完成了"，就是这一例成功的阑尾炎手术让我走上外科医生这条路。当初带我做手术的那位老师还健在，现在80多岁了，至今还记得那次手术，以我为傲，经常跟别人说起。当时，我们有20个留校名额，补充教师队伍。教师非常短缺，几年都没有留校的。另一部分回去的同学都到县医院去了，那里也需要人才。总的来说，就是那一台手术决定了我走上外科医生的道路。

总之，教学上，我认为要坚持"四多"："多听，多看，多问，多做"；坚持"四为"："教为主导，学为主体，疑为主轴，练为主线"。只有这样，学生从医学院毕业之后才能干点事情，否则，毕业之后可能什么事情都不会，教的东西都忘记了……以上就是我从医的一些经历。

四、精进不止：科研攻关，造福于人

1979年，陈孝平考取同济医科大学（现华中科技大学同济医学院）医学研究生，开始他的科研攻关之路。40余年来，他沉潜积累，锐意创新，首创多项独门技术，如"陈氏胰肠吻合术"等系列创新成果，造福病人，收获奖项、荣誉无数。陈孝平被誉为"刀尖上的舞者"，医学手术技艺超凡绝伦、精益求精，不断创新。讲到科研攻关的经历时，陈孝平如是说：

科研攻关主要从我考研究生谈起。我考研究生的时候很早，这完全是一个兴趣的问题，主要是因为好奇。我上学很早，大学毕业的时候我才20岁。我17岁被推荐上工农兵大学，还是三年制的，我先前也说过，我上大学的时候有一年制、两年制、三年制，其实一年制、两年制的吃亏了。后来赶上要评大专、本科、专科。教育部规定三年制的算本科，二年制算大专，一年制的算专科，所以他们一年制、两年制的就亏了。刚开始他们还很高兴，说自己一两年就毕业了。当时谁都不会想到后面的发展，所以"塞翁失马，焉知非福"。很多时候，看起来自己好像是吃亏了，实际上不是，很多方面是获益的。

收获就是，第一，我们学知识学得比较扎实；第二，是分本科、专科的事情，那是谁都没有想到的。从这我们可以看出，做任何事情都不能急功近利，一定要踏踏实实，该做的该学的都不能太急，一定要学到位。

我从上学到毕业工作有9年的时间，从来没有看到过，更没有碰过肝脏手术，肝脏手术被大家传得神乎其神，很玄乎。我经常和同学们说，我从食管贲门开刀到肛门，从来没有见过肝脏手术。恰逢全国招研究生，招生简章里面只有这个地方招的研究方向是肝脏外科。我纯粹因为对肝脏方面好奇，选择了读这方面的研究生。因为我当时在安徽，和上海联系比较密切，身边很多人都往上海发展。后来有很多上海的专家教授见到我时，开玩笑说我是个"叛徒"，为什么往外跑，不往上海考？因为当时上海招生简章发的是招胆道外科。全国只有武汉这一个地方招的是肝脏外科，我是奔着这个研究方向往这边考的。实际上，当时我对武汉完全不了解，黄鹤楼也不知道，只知道武汉有个长江大桥，而裘法祖教授是什么样的人，也完全不了解，就纯粹是对肝脏外科感兴趣，选择考来武汉。

学习只要有好奇心、有兴趣就好办了。我考进来之后，在老师的指导下，看了大量文献。刚开始，我只知道开刀，不懂怎么看文献，这时老师就起作用了。老师就告诉我怎么看文献，怎么查资料……，图书馆的资源也很好，我就在图书馆查我感兴趣的相关领域，一九二几年的文献都有。我当时把我感兴趣的所有相关问题都顺藤摸瓜，一直研究到底。这样，我对相关研究问题一清二楚，知道哪个问题谁做过、谁没有做过，在此基础上，我就能够提出自己的想法。前不久，我也跟别人谈过这个问题，我认为别人做过的东西就不要再重复努力了，那样容易"闹笑话"。

我的博士毕业论文，相信很多人都很难打破。我1982年开始读博士，1979年只考了研究生，那时候没有硕博连读的情况，就叫研究生。1981年，教育部讨论通过，要开始招收博士研究生，意思就是前三年叫硕士研究生，后三年叫博士研究生，所以前三年毕业的都是硕士研究生。我刚开始读研的时候没有区分。我的论文题目提出是从1983年4月开始，一直到1985年5月结束。所以，从1981年开始才分硕士、博士研究生，这是两个不同的级别。1981年确定全国外科界能够招博士研究生导师，只有7个人有当博导的资格，其中有3个在同济，我们可以想象当时同济外科在全国的地位，相当于全国的3/7。

因为我学习比较刻苦认真，特别是我当时写了一篇英文文献综述，那时候大家都还没有意识到这个问题，同济有一个杂志是英文版，是关于肝癌外科治疗的现状。我当时把中国所有相关文献都找齐了，写得很全面，质量也还不错。裘法祖教授就拿着这篇文章到处找我，问我这篇文章是不是自己写的。我当时还很紧张，我以为出了什么错，当时老师很严肃。他听说是我自己写的，他就笑了，说写得很好，我一下就放松了。不过老师也说了，哪些地方要改。这个时候裘教授对我的印象就很深了。1982年，同济开始招博士研究生，裘教授可以招两个人，他只招了我一个。全国有好几个学生报名，他不要，只招我一个人。就这样，我读了博士研究生。

我的博士论文，总共有26项，第三部分几乎全是文献综述，各个相关的领域都有文献综述。我写文献综述的方法是把所有的文献都找出来，这样我对整个领域都一清二楚，就知道了哪些问题解决了，哪些问题没有解决或待解决，并且可以从里面得出一些启发。因为我有临床基础，在临床上干了6年，才读研究生。这和现在的研究生不一样，他们没有临床经验。我在临床方面，就按照裘教授讲的，去发现问题、提出问题、研究问题，然后回到临床中去解决问题。我一直按照这样的思路去作临床研究。

当时最热门的课题，就是肝脏对缺血耐受性很差，肝脏缺血时间一长就会坏死。针对这个问题，我作了研究，后来针对肝动脉结扎容易造成肝坏死问题，包括肝移植、控制肝出血、肝癌切除的范围等都作了研究。当时国外的先进技术认为，肝门部胆管癌手术要切除肝脏50%至80%甚至以上，我觉得没有道理。为什么？因为肿瘤很小，一般只有2～3公分（厘米）那么大。为什么要把那么多肝脏都切掉呢？切掉的都是没有肿瘤的，这没有道理，带来的问题是，这不仅没有提高治疗效果，反而增加了并发症和死亡率，我愈发觉得说不通。

我就提出不能切除这么多。切得多的原因是肝脏里面有很多胆管，切得越少，小胆管开口越多，需要缝合的地方也就越多。缝合技术难度很大，外国解决不了，多切点医生省事，但是给病人带来的伤害很大。如果我们医生切少一点，虽然费劲儿的是医生，但是更有利于病人的康复。胆管缝合问题不好攻克，我就想办法解决它。我发明了插入式胆肠吻合，以及缝胆管后壁、不缝前壁的胆肠吻合。后来，有学者称其为陈氏胆肠吻合法。这个问题解决了就意味着所有问题都迎刃而解。

我刚开始涉及的是肝脏胆道，后面是胰腺。胰腺手术相当于是腹部最大的手术之一，它的死亡率及并发症的发病率都非常高，大家一般都不敢做，最主要的原因是胰瘘。为了解决这一问题，我发明了新的胰肠吻合方法，现在文献上称为"陈氏胰肠吻合术"，这个问题得以解决。上述成果都得益于在临床中发现问题、提出问题、研究问题并最后反馈到临床中去解决问题，我就是按照这四个步骤来的。

临床医生作科研，最大的优势就是整天都在接触病人，有的病看好了，作为医生，你得知道为什么看好了；而有的病没有看好，你要知道他为什么没看好？为什么会失败？找出原因。关于失败的原因，如果是技术上的，我们还要知道这个技术是全世界没有解决？还是自身的技术不够？如果别人都做得很好，而我没有做好，那就是个人的问题。如果我做得不好，别起讨论。教材是在1978年，受卫生部委托，全国专家合力编撰了一套全国共用的医学教材，当时有27本，每个学科一本，从那时候才有全国通用教材。《外科学》这本教材从第一版到第四版，主编是裘法祖教授。第五版到第七版，主编是同济的老校长吴在德教授。从第八版开始，我就是主编，现在第九版已经出完了，这就是本科教材。长学时制的教材，比如七年制、八年制等长学时制教材编写是从2000年开始的，那时候完全是全新的，没有前人的基础，完全是我带着一批教授，编了一套全新的教材。现在已经出到第四版了，这个教材是我创刊的。五年制的教材是裘老先生创刊的，从第八版开始，我接手做主编。

关于编教材，我在老一辈学者身上学到很多，他们可说是兢兢业业，完全奉献。裘法祖教授他们主编第一版教材时，连主编的名字都没有出现，就写武汉医学院，以单位命名。完全没有图名图利，连名字都没有写，那时候也没有稿费。他们工作的认真精神，是值得我们学习的。编第五版时我做编写秘书，教材定稿时，我读，这些老先生听，听到不顺耳就让我再读一遍。"的""得""地"的用法、读音，甚至标点符号，句号、逗号都要讲清楚，还有逻辑关系、思维结构，要求都非常严格。对此我印象特别深，从第一句话到最后一个字都通读下来，然后每个人发表意见，因为教材直接影响作用于年轻一代，编者都特别严谨慎重。

我主编七年制教材是从头开始，是全新教材编写。那个教材编完，我大病了一场，从颈椎、腰椎、肩周炎，从上疼到下，持续了一年半。当时有一个非常有名的大专家编写的书稿，我给他退改了七次，他最后说了一句话："老兄，这样认真，你受得了吗？"我只能说不认真不行啊，如果错的东西放在教材里，学生一看就知道是错的，老师上课一看就会说编教材的专家教授不认真，错的都写上去，学生就会对这本教材不信任。

五年制本科《外科学》这本教材为什么会成为"干细胞"教材？现在很多其他教材都是从这个教材延伸出去的，它成为了经典。之所以能成为经典，第一是其中的理论、逻辑思维、用词、用语、用字等都非常严谨。老先生写的稿子，你想加一个字或者删一个字都很难，一句话就是一句话。现在年轻教授写的文章，从头到尾都是逗号，最后一个句号。而且，他们的句子很多倒装句型，不简洁。现在这种情况很常见，我们的年轻编委把英文翻译为中文，一模一样地对接下来。我经常和他们说，你不是学医的，所以你很难听得懂。有的东西，中文讲的和英文讲的其实是两回事。我举一个最简单的例子，外科中文叫外科，但是英文单词叫 surgery，这个词语对应翻译叫外科，如果不对应翻译，就叫 surgery。所以现在有很多年轻编委、年轻教授，他们写文章都出现类似的问题。比如，"病人"和"患者"，社会上的人都不知道"患者"这个词。但是"患者"其实是日语，"病人"才是中文。这个就是我的老师，裘老先生和吴阶平他们那一代人告诉我的。他们为这个事还专门给卫生部写过信，"患者"这个词是在东北开始传播开来的，因为日本占领东北50年，所以，东北人都是叫"患者"。我们年轻的时候，江浙一带都是讲"病人"，不知道什么叫"患者"。后来，因为一批东北医生到卫生部工作，他们就把这个称呼带到了卫生部（卫生部是发红头文件的），所以"患者"这个词就在全国传开了。现在包括中央电视台都讲"患者"，他们其实不知道这个词语的来龙去脉。当时吴阶平、裘法祖教授等五位教授联名写信规定不能用"患者"这个词，这个词带有殖民统治的意味。还有很多类似的东西，到我这里，我就想把它改过来。我们不知道这个事情的时候讲一下，也无所谓，但是老一代人对患者这个词语非常难忘。

在"患者"一词的语法结构辨析方面，陈院士思维敏捷、逻辑清晰，充分体现了院士的爱国热情和文化自信，他分析说：

"患者"这个词，从组词的逻辑原理上与"病人"是不同的。患，作为动词，"患病"是可以的，与"者"组合起来意思就是"患病的人"。我们通常说的是"生病"，那我们讲"生病的人"是否可以缩减为"生人"？这肯定不对，是"病人"。"生病"和"患病"是同样的道理，患病不就等于生病，生病那就等于患病。那我们可不可以讲是"生人"呢？或者叫"生者"呢？所以这就不符合中国汉字组词的原则。

现在，类似的有很多。曾经有人说，日文也可以用，属于外来语，我们不能反对外来语。我们中国科学院做得比较好，比如我们的第一颗绕月卫星叫"嫦娥一号"，我们的月球车叫"玉兔"，空间站叫"天宫一号""天宫二号"，还有叫"墨子号""悟空号"等等用的全部是中国的经典名词。美国人叫 GPS，我们叫"北斗"。我们过去老一辈定方向、定方位，就是靠北斗。看到北斗，我们就知道我们在什么方向。这就体现了中国文化，这就叫文化自信。

六、寄语青年：十年磨一剑

回顾过往，陈孝平将自己的人生经验与青年人分享，他对青年学者作科研提出了独到的建议：

我建议他们不要浮躁、不要短视、不要急功近利。不论作什么科研，一定要有一种思想准备，即"十年磨一剑"。一定要踏踏实实、认认真真、反复研究、反复论证，这样的成果拿出来才是别人不可推翻的。如果一个人太浮躁，拿出来的东西肯定经不起推敲，也经不起别人验证。第二点，不可造假。

我认为年轻人吃苦是最大的本钱。因为我们那时候在农村很苦。在收获季节，白天、晚上都是睡在麦田里，上面是行云，下面是大地。那时候还经常发洪水，我们经常站在水里面抗洪救灾，确实吃了很多苦。我十几岁时，可以挑200斤的担子，就是这样过来的。后来我做动物实验，做狗的肝移植，肝移植做完之后要有人看着它。那时候没有条件，我白天做手术，晚上看着它。实验室里有两个台子，一个台子上面就固定着狗，另一个台子，我晚上就躺在上面。当时那个麻醉医生（汪素兰医生）很有意思，早上进来一看，就说："这边睡狗，这边睡陈孝平。"那时候也没有工人打扫卫生，吃喝拉撒都是我们自己解决。有时候几天没有打扫就很臭，有位老教授就说："陈孝平，这里面那么臭，你在里面待得下去？"忙不过来就是这样一个情况，也不觉得苦。一是因为投入进去了，二是因为再苦也没有在农村锻炼的时候苦，那时候是真的苦。

我还经历过三年困难时期，一天只吃一餐饭，就中午吃，还是稀饭。想起那时没有东西吃，母亲就哄我说"人是一盘磨，睡倒就不饿"。当时大环境是这样，大家都不觉得苦，就这样过来了。挨饿受累，都经历过了，所以后来人家说你一天到晚在那里工作，不觉得辛苦？实际上，最苦最累的日子已经度过了，当然，这是一个经历。

还有一个最重要的，就是兴趣，要培养自己的兴趣，有兴趣就不觉得这个事情苦了，而且一旦做成之后就会收获巨大的成就感，那种高兴是溢于言表的。不论是对各个年龄段的学生，还是对年轻人，我认为做任何事情，包括学习工作，首先要培养自己的兴趣，有了兴趣才不怕。经历过苦难，我们的抗压、抗苦能力就会更强。现在很多年轻人抗压能力不够。我受过的磨难，不止一次两次。很多人问我，你是怎么顶过来的？我说这就是你的抗压能力了，抗压能力来自哪里呢？主要来自两大方面：第一，我自信自己是对的，别人是错的。第二，我看看身边那些上一代的人，比如裘教授那一代，包括我原来的老师们。他们经历过那么多艰难困苦，都挺过来了。吴祖泽院士这样对我说过："是金子总会发光的。"我就是这样过来的。总的来说，就是我们的抗压能力要强，不能太娇气。

陈孝平常常备课到凌晨一两点，常年工作积劳，如何保证身体健康，遇到障碍，如何调整心态，他的经验是：

没有什么方法，就是工作。隔壁的几位同事都知道，我从来没有讲过什么，就一直工作。生病每个人都会生病，年轻的时候扛一扛就过去了，平时还是应该注意劳逸结合。过去都是"拼命三郎"，现在回过头想一想，确实太拼命了，还是应该注意身体。年轻的时候，很多东西不懂，我讲一个典型的例子——肝炎。肝炎是传染人的。我们那时候年轻，抽血都不是护士来抽，是医生抽，医生抽了之后，放在试管里面，怕血凝固就要来回地倒一倒，手直接堵住管口，血就弄到手上了。手上即使没有伤口病毒也会沾到手上而造成感染，我们就是这样干过来的。因为没有防护措施，我得过肝炎，后来因为抵抗力不错，自愈了。

睡眠马马虎虎，还可以，一般睡眠五个多小时。我获得的都是老一代人传承下来的，他们做得更好。老一代确实很辛苦，吃了很多苦。该享受的时候，他们却已经到退休的年龄了。我经常跟别人讲，要更尊敬他们这一代。因为现在有很多老一代的科学家辛辛苦苦一辈子，任劳任怨，为同济、为社会作了很大贡献。现在生活条件都好起来了，他们都退休了，仅仅依靠退休工资来生活。我认为，医院应该有自己的政策，要考虑到他们。年轻一代也应该主动去关爱他们，不能只依靠上面有什么政策。没有他们老一代，就没有我们同济的今天。中国还有一个传统，要尊老爱幼，这是哪一代都不能忘掉的！

10

夏军：天道酬勤如水人生　水文研究泽被万物

科研道路曲折而漫长，
如大海波浪有高也有低。
我很庆幸找到了自己所
热爱的事业，因为这份
热爱，再辛苦也乐！

夏军
二〇二一年八月十八日

夏军：天道酬勤如水人生　水文研究泽被万物

夏军，男，1954 年 9 月生于湖北省孝感市，籍贯湖北省广水市。水文水资源学家，中国科学院院士，武汉大学水安全研究院院长、教授。

1976 年 9 月毕业于武汉水利电力学院水利系，1976 年 9 月至 1988 年 10 月担任武汉水利电力学院水利系、水科学研究所教师，1985 年 11 月至 1991 年 10 月，历任武汉水利电力学院河流工程系讲师、副教授、硕士生导师；1991 年 12 月至 1993 年 12 月，任武汉水利电力学院河流工程系教授；1993 年国务院学位委员会遴选为博士生导师；1994 年获国家人事部"有突出贡献中青年专家"称号；1995 年入选国家教委"跨世纪优秀人才计划"；1998 至 2000 年，任武汉水利电力学院院长；2000 年入选中国科学院"百人计划"；2003 至 2006 年，任国家"973"计划首席科学家、武汉大学水资源与水电工程科学国家重点实验室主任；2003 至 2012 年，担任中国科学院陆地水循环及地表过程重点实验室主任、中国科学院水资源研究中心主任等职；2012 年 12 月至今，担任武汉大学水利水电学院及水资源与水电工程科学国家重点实验室水文水资源方向教授（二级）、武汉大学水安全研究院院长。2015 年 11 月当选为中国科学院院士。

夏军是我国自主培养的首位水文学及水资源专业博士，他自 20 世纪 70 年代初结缘水文学及水资源以来，围绕水文非线性理论、流域水系统多元耦合以及全球变化影响的不确定性科学问题，取得了系统性成果，得到了国际学术界的高度认可，2011 年获"国际水资源管理杰出贡献奖"，2014 年获得国际水文科学领域的最高奖"国际水文科学奖-Volker 奖章"，2017 年获得国家自然科学奖二等奖等，2019 年获国际大地测量与地球物理学联合会（International Union of Geodesy and Geophysics，IUGG）会士，2022 年获国际水资源研究和环境管理终身成就奖。他曾任国际水资源协会（International Water Resources Association，IWRA）主席，国际科学院委员会（Inter Academy Council，IAC）水计划主席，国际水文科学协会（International Association of Hydrological Sciences，IAHS）发展中国家专门委员会（IAHS-WGRDC）主席。现任国际大地测量和地球物理学联合会（International Union of Geodesy and Geophysics，IUGG）中国委员会主席等职。

采写人：陈小娟、秦琼。2019 年 11 月 23 日采访夏军院士本人及其部分学生，江汉大学人文学院研究生胡超群、陈幸子同学一并参与访谈工作。

夏军院士1985年博士学位答辩

夏军院士2011年获国际水资源杰出贡献奖

夏军院士 2017 年获国家自然科学奖二等奖

夏军院士 2019 年当选国际大地测量和地球物理学联合会中国委员会主席

院士口述录项目组成员访谈夏军院士

一、与水结下不解之缘

夏军院士1976年毕业于武汉水利电力学院（现武汉大学），1981年获陆地水文学硕士学位，1985年获中国第一个水文学及水资源博士学位。作为我国首位自主培养的水文学及水资源专业博士，夏军院士自20世纪70年代初结缘水文学及水资源以来，围绕水文非线性理论、流域水系统多元耦合以及全球变化影响的不确定性科学问题，取得了系统性成果，得到了国际学术界的高度认可。"水"，实现了他的梦想，也滋润了他的心灵。

我本科是原武汉水利电力学院1973级一系（农田水利系），1976年毕业当老师。后来进入武汉水利电力学院师训班，又学了2年基础和专业知识，成绩优秀。1978年，师从我国知名水文学家叶守泽教授，攻读陆地水文学硕士研究生。读了4年书后，获得了工学硕士学位。后来在导师叶守泽教授的鼓励下，继续攻读水文学及水资源博士研究生，1985年底获得我国第一个自主培养的水文学博士学位。常说读书十年寒窗，我从1973年起到1985年底博士研究生毕业读书生涯整整12年。由于我上大学学习正处"文革"末期，研究生的考试和学习、攻读学位也正处国家经济复苏与改革开放，的确有困难、有苦恼，酸甜苦辣俱全，但是一分耕耘也有一分满满的收获。

夏军院士出生于湖北省孝感市，少年时代曾在湖北省云梦县文艺宣传队工作，那时候的他，无论如何也没想到这一生会和"水"结下不解之缘。

我学习时期的家庭环境相当困难，父亲是所谓的"走资派"，父母在"五七干校"学习和劳动，姐姐是知青下放到农村。我属于可以被"改造"好的子女，高中未毕业后就到当地的文工团工作了。1973年上大学经历了从单纯推荐到与考试结合的过程。我从小喜欢学习，之前的学习成绩和基础还一直比较好。因此，自己是抱着一份好奇心和试一试的心态，积极准备了大学考试。后来才知道成功了，听说当时武汉水利水电学院在湖北孝感地区招生，我是学文艺的，有些特长也可能多一些优势。但是，当时正处"文化大革命"年代，大家知道当年有个考生叫张铁生，高考交白卷，后来成为一个事件。无论怎样，1973年能够到武汉水利水电学院学习，我感到幸运也非常珍惜。

进入武汉水利电力学院后，我特别惊喜，我还记得入校门，经过香飘水苑看到玫瑰花，非常美，我非常珍惜当时来之不易的机会。以前我在文工团是吹笛子、弹琵琶的，没有老师教我，我就每天对着镜子天天练。我在镜子的背后就写着3句座右铭：书山有路勤为径，学海无涯苦作舟；宝剑锋从磨砺出，梅花香自苦寒来；恒心搭起通天路，勇气吹开智慧门。

1973年9月至1976年9月的整整3年，我都努力认真求知和学习。那个时候流行"读书无用论"，但我还是坚持学习基础知识和外语。例如，当时上图书馆的人不多，我们那一届有4个学生经常去，我就是其中之一。我那时是英语课代表，英语学习也抓得比较紧；那3年的学习中，水利工程和水电站实践也比较多，这些都为我将来的研究打下了很好的基础。当时在上大学时，农田水利、水电水资源、水电站的相关课程我们都要学，水文学是其中的基础课程，后来我毕业留校的时候就教水文专业的课程。

人很苦很累但是一定要忍着，坚持下去才会有好结果。1978年考上研究生，我的外语也抓得很紧，因为我觉得一定会有用。在硕士研究生求学期间，我的学习基本就是"教室，食堂，图书馆"，一进图书馆就像进到一个非常安静，没有丝毫杂念的地方，教室铃"轰轰"一响都会形成干扰。在科研阶段基本上是野外勘查–实验–基础理论探索–系统综合模拟–验证与应用，就像刚才说的"南水北调"工程我们都会到野外去。

1977年恢复本科生高考制度，1978年恢复研究生考试制度。我是通过考试被录取的武汉水利电力学院首届研究生班，师从国内外知名的水文学专家叶守泽教授，攻读河流工程系陆地水文学专业硕士学位。在近4年的学习生涯中，我学习了大量的水文科学基础和专业知识，于1981年12月份答辩，取得了陆地水文专业硕士学位。

读硕士研究生期间，叶守泽教授指导了我4年，数理化包括各种实验，特别是数学，有些人一年就学完了，早早地就开始写论文。我却在基础课程学了整整2年多。我当时也有一些抱怨，为什么要我们学这么多。还记得当时学实变函数与泛函分析，我要从我们水利学院，翻过珞珈山到樱顶那边武汉大学，找另一个老师学函数分析。但是后来我发现，我的基础打得很扎实，后面的长足发展就有了很好的基础。我数学基础好，计算机的使用能力也行。记得当时我们武水唯一的一台TQ16（图强16中型通用数字集成电路计算机,我国自行设计、生产)电子计算机,有一栋房子那么大。我们65个研究生都要去抢那一台机器计算分析。所以,我们都要事先去预约,预约完了我就在那上机两三天,吃饭也在那里吃,就吃方便面,通宵不睡觉。当时计算机都是穿孔的纸袋卷识别程序,我们也都是背着一大袋穿孔的纸袋卷去上计算机的。所以,我在硕士研究生阶段,就比较早地掌握了电脑运算能力与技术,计算内容多,每天打印纸多,一天到晚都闻那个味道,一直闻就要到呕吐了。还有,用电脑运算,计算程序非常重要,一不小心就容易出错。因此核对与核算非常重要,包括有时用手算与机器计算在关键步骤上一一核对,虽然费时费力,但是打下了很好的基础。所以我说我们研究生时,必须要有手算的能力。现在有些人做学问,总依赖学生去计算,我就老批评他们。当年,我都是自己一个一个地分析和计算,自己写读书报告和总结,基本每隔两到三天就向叶老师纸质汇报,我们叫读书报告,其中的艰辛和效果,只有亲身实践才有体会。

夏军院士1981年完成的硕士论文《流域汇流非线性系统方法研究》,被专家称赞为填补国内空白的一项成果。他提出的有约束Volterra泛函级数系统分析方法,为处理雨洪非线性建模和预报问题,开辟了一条新的途径。硕士论文的成功也为夏军院士继续从事科研工作打下了坚实的基础。

我的导师叶守泽教授是当时全国水文领域少有的博士研究生导师,那时候的水文博导还不是在大学学术委员会评选的,是要由设在国家教委(现教育部)的国务院学位委员会在全国范围遴选和批准,所以叶教授的学术地位在国内外水文界是非常高的。他学问高,但人非常谦和,他不仅教我做学问,而且常常教我如何做人,我受益匪浅。我硕士毕业后他鼓励我继续攻读博士学位。所以,1982年到1985年我师从叶教授继续攻读博士学位。

二、中国第一个水文学博士

1982年,夏军院士以优异的成绩考取叶守泽教授的第一位水文博士研究生。他大胆选择了国际水文科研前沿的难题之一,通过艰苦工作和悉心研究,于1985年提交了14万字的博士论文《水文非线性系统识别的基本研究》。

1985年我攻读博士学位时真是很累，当时戴着黑乎乎的眼镜，很消瘦，从1973年到1985年，将近12年寒窗苦读，其实我已经够勤奋了，但是在当时那个环境还是会担心自己学得不够，我还是总往图书馆跑，可以说是刻骨铭心地学习，最后成了中国第一个水文博士。当时写博士论文也是一个很大的坎，那时候写论文就跟写大字报一样，必须手写，我所有的论文都是自己手写的，最后还评上了优秀论文。这里有一个印象最深刻的故事，就是博士论文答辩一完我就上医院了，得了急性肾绞痛，我当时在地上疼得翻滚，到医院住院7天才缓解。后来才知道，因为持续了将近一个月时间没日没夜准备博士论文劳累所致。当时我答辩申请的是中国第一个水文博士学位。由于没有先例，仅自己学位论文就印了近200多份，只要涉及水文相关专业的高校，都寄给人家，再让人家把意见反馈给我。后来答辩结束后，我在医院住了一周，也没有查出个什么毛病，就是痛得要命，因为当时所有的内容，全部是自己一个人弄，整整一个多月，人太累，疲劳过度。

夏军院士的博士论文受到国内专家和国外学者的高度评价，被认为作出了创新性的成果，被推荐为优秀博士论文。1986年该论文获水利电力部科技进步奖（论文）①。

31岁的时候，我以优异的成绩通过武汉水利水电学院博士学位论文答辩，并被授予水文学及水资源博士学位，成为我国自主培养的第一个水文学及水资源专业的博士。从那时候起，我就有深刻的感受，科研创新打好基础很重要。

另外，不同学科之间方法不同，但是在系统框架下却有一定的相似性或借鉴性。因此，我特别关注交叉学科方法。我在读1981级博士研究生的时候，我们班只有三个同学，其中一个博士研究生就是陈永平教授，他做

---

① 夏军的博士论文建立了一套水文非线性系统识别的原理；提出了非线性水文模型可识别性分析的理论与方法，提出了可描述广义不确定性的水文灰色系统模拟与洪水预测新途径。论文引进了与系统识别相关的如控制论、系统论、运筹学等横向学科，创造性地建立了一套较完整的水文系统模型的可识别性理论，同时运用灰色系统理论解决水文系统的灰色参数识别与预测问题，达到了国际同类型的先进水平。它不仅具有较高的理论价值，而且对水文水资源分析和水利工程规划设计有很现实的指导意义。刊于《教育战线的新秀——夏军》，《电力高等教育》1992年第1期。

电力高压系统研究，我是做水文系统研究。我们互相请教问题，彼此都很受益。因为我发现，水文系统与和电力系统似乎也有相似性，在系统论中有它们的共性。我当时做水文非线性，他就建议我看看自动控制论著作，那个时候我看他的专业对我水文专业有借鉴作用，很是受益。学科的交叉的确非常重要。

三、漫漫水文科研路

"科研道路是漫长的，有高潮，也有低谷，我很庆幸找到了自己所热爱的事业，因为这份热爱，辛苦也是快乐。"这是夏军院士时常挂在嘴边的话。在此后长达40多年的时间里，夏军院士始终带着这份热爱和坚持，在水文科学探索的道路上不断前行，不断践行自己的人生信念，实现自己的人生价值。

1985年底博士毕业后我被评聘为大学讲师，1987年我破格评聘为大学副教授和硕士生导师，1991年我非常幸运地被破格评聘为教授，1993年也被国务院学位委员会遴选为博士生导师，1998年后担任武汉水利电力大学水利水电学院院长，也是武汉大学水资源与水电工程科学国家重点实验室首届主任。2000年我入选中国科学院"百人计划"人才项目，2004年结束后，我选择在科学院工作，评聘为中国科学院地理科学与资源研究所创新基地研究员，担任中国科学院陆地水循环及地表过程重点实验室主任和中国科学院水资源研究中心主任等职务。2012年因为年龄等原因，我回到武汉大学水利水电学院，2015年当选为中国科学院院士。

科研道路是漫长的，有高潮，也有低谷，我很庆幸在自己水文科学探索过程的开始就遇到了一位德高望重的好导师叶守泽教授，我也非常热爱自己从事的水文学及水资源科研与教学事业。因为这份热爱，辛苦也快乐。我国是个洪涝灾害频发的发展中国家，饱受水灾之苦，在求学阶段我数次遇到比较大的洪涝灾害，人民财产和经济损失之大让人震撼。我在跟随自己的导师研究这些灾害与损失的成因时，深刻领会到水文学与防灾和人民的生命财产安全息息相关，也更加清晰地明白了学习水文学的重要性。

1976年至1981年，我的导师叶守泽教授主持了国家的"暴雨洪水理论"项目。我留在学校与叶教授在一个水文教研室，跟随他分析研究当时国家发生的特大暴雨洪水灾害成因及其联系的水文学理论与方法。我时时思考其原因，发现之前的水利工程应对灾害的管理存在监测与决策调度方面的问题，另外大坝设计的水文学理论明显存在不足。当时工程设计为了简化，应用的都是单位线方法的线性系统理论。针对水文设计洪水计算理论的不足，我暗暗下决心，要潜心研究导致特大水灾害原因之一的"水文非线性"和不确定性问题。通过理论研究与实践，我在研究生时期发展了水文非线性系统识别理论与方法，提出了针对暴雨洪水非线性理论与修正的方法，应用到水利工程设计洪水计算，发挥了重要科技支撑作用。这套理论与方法也被推广应用到长江、淮河等多个流域水文预报。

除刻苦学习业务知识、钻研科学研究外，夏军院士在政治上也一直要求进步，在攻读博士学位时就加入了中国共产党。获博士学位后，曾担任教研室党支部书记。1989年，他被湖北省水利学会评为优秀中青年科技工作者，同年获国家教委设立的全国高校霍英东青年教师奖，被国家教委选为全国高校优秀青年学者，编入《中国高等学校优秀青年学者录》。在这一阶段，夏军院士一如既往地致力于将理论研究运用于实践，并取得了丰硕成果。[①]

1989年，夏军参加了爱尔兰国立大学的国际河川水文预报研讨班，他分析了全球范围60多个流域资料，首次提出了水文系统时变增益的非线性机理，建立了时变增益模型（time variant gain model，TVGM），解决了水文非线性理论中"复杂关系中找出简单关系"的科学难题，TVGM模型得

---

① 这期间，夏军独立或与他人合作完成12项科研生产项目，其中1项获国家教委科技进步奖，3项获水电部科技进步奖，2项获省厅级科技成果奖，5项获武汉水利电力学院科技进步奖。1986年，他参与完成了与武汉市环保所协作的"武汉市汉阳墨水湖水质模拟与预测"的研究课题。1987年参加完成与水利电力部贵阳勘测设计院协作的"乌江洪家渡水电工程环境影响评价"项目，获1989年该院科技进步奖。1988年，与水利电力部中南勘测设计院协作，进行了"红水河龙滩水电工程环境影响评价"研究，成果获1989年能源部科技进步奖。1989年后，他还参加"四川白龙江紫兰坝水库核放射性污染水质模拟预测""水文中长期预测""长江三峡水情 实时联机预报方法"等项目研究。他独自完成的"非线性系统识别的灰色系统理论在水文学中应用的研究"获1990年国家教委科技进步奖。1987年获得两项水利水电科学基金支持。1990年获得一项国家自然科学基金青年基金。刊于《教育战线的新秀——夏军》，《电力高等教育》1992年第1期。

到全球范围不同气候区水文流域实测资料的检验，较线性理论模型更优。

在暴雨洪水研究和应用方面，国际上也有很多先进经验值得中国学者学习、交流和实践。我也有一段国外求学经历。1989年在叶老师的推荐下，1989年我以副教授和中国访问学者的身份，参加了在爱尔兰国立大学举行的国际河川水文洪水预报研讨班。要知道，当时全球范围也只有两个以水文学命名的大学的系，一个是美国的亚利桑那大学（University of Arizona，UA）的水文水资源系，另一个就是爱尔兰国立大学的工程水文系。爱尔兰虽然是一个人口只有400多万的欧洲国家，但是出了两位水文学世界顶级的大师。一位就是纳什教授（Nash），现在我国水文教科书中"纳什瞬时单位线"模型就是以纳什教授命名的；另外一位就是杜格教授（Dooge）。我去爱尔兰就是希望见到这两位世界知名的水文学专家，好好求学，提高自己，也希望通过世界范围的水文实测资料，检验自己提出的新的水文模型与预报方法。在与这两位大教授接触中，尤其更多的时间与纳什教授相处，感觉他们非常平易近人，喜欢研讨问题，尤其是工作之间的喝茶时间（Tea Time），经常切磋一些有关水文变化、模型以及非线性问题等。本来只有3个月的工作时间，我珍惜机会，1个月就完成了研讨班布置的多模型、多流域资料比较和检验的工作。剩余的几个月，我就用我自己研发的水文非线性模型与他们的现行水文模型做应用效果的比较。经过全球验证发现自己提出的水文非线性理论与方法，有很多提升洪水预报精度和效益的优点，纳什教授就主动提出希望我留在爱尔兰国立大学继续工作1年。我欣然答应他们的邀请，努力和刻苦地工作，利用国际上新的计算能力、全球的水文资料，做进一步的分析、研究与比较。1990年圣诞节后我完成了自己的工作任务，尽管自己有机会继续在国外工作和深造，但是我选择了义无反顾地回国，因为我的根在中国，也很是怀念自己的家人和武汉水利电力学院水文教研室的老师与同事。我这一生碰到了很多贵人，国内是叶守泽老师，国外是这两位大师，自己受益匪浅。我回国之前，利用全球范围60多个不同气候区代表性流域的资料分析，首次提出了水文系统时变增益的非线性机理，建立了TVGM，得到国际知名水文学者包括纳什教授的高度评价。

在爱尔兰期间，夏军院士举办讲座，进行学术交流，并撰写了3本系列科学报告（约25万字）。国际水文学著名学者、爱尔兰戈尔韦大学

（National University of Ireland Galway）工程水文系纳希教授在给夏军的博士生导师叶守泽教授的贺信中写道：

您推荐参加研讨班的这位博士，在9个月的工作中成果丰硕。他是一位有才华的科学工作者，在我们这次合作的水文科学研究工作中，作出了很有意义的贡献。我向您和您的学校表示衷心感谢和祝贺！

在国外与各位水文界学术泰斗的近距离交流和思维碰撞，为夏军院士后来的学术生涯奠定了良好的基石。此后，夏军院士将目光投向水文科学发展在发展中国家的应用和社会效益问题。从20世纪80年代开始，针对发展中国家经济基础薄弱和水资源的利用需求迫切的矛盾，他潜心于研究暴雨洪水过程的非线性应用基础问题，针对长期使用的线性单位线理论工程设计洪水计算的不足，发展了水文非线性系统识别理论与方法，提出了针对水库大坝安全问题的工程设计洪水计算非线性理论与修正的方法，应用到水利工程设计洪水计算，在保障水库大坝安全上发挥了重要科技支撑作用。这套理论与方法也被推广应用到长江、淮河等多个流域的水文预报。

发展中国家的水问题极其复杂。这些国家经济基础薄弱，社会发展程度较低，有些国家气象条件恶劣，生态还极其脆弱，而这些国家利用水资源的需求又十分迫切，因此二者间的矛盾十分尖锐。近20年来，针对流域防洪防污面临的挑战问题，我在分布式TVGM基础上，进一步发展了以水循环为纽带耦合水质过程、水库闸坝群运行的水系统新途径。在我国水管理的水质水量联合评价、流域防洪防污联合调度等方面，发挥了核心的科技支撑作用。成果应用于多个流域与部门，使得曾经多次发生重大水污染事故的淮河干流，事故概率减少了75%以上，得到生产应用部门的高度评价[①]。

当然，科研工作也有很艰苦和面对风险或危险的情况。我参与了"南水北调"工程相关的一些项目科研与查勘。例如，在西线"南水北调"工程前期工作的时候，在离马尔康1 000多公里和阿坝300公里的野外，自己专心摄像，结果不小心被经过的牦牛队的藏獒咬了，右手腕鲜血直流，开车300公里到阿坝县城人民医院，却找不到一支狂犬疫苗，幸运的是咬我的狗没有携带狂犬病毒，否则后果不堪设想。当时我们只有一部越野车

---

① 这是中国学者在水科学应用基础研究成功的一个典范。对国际上尤其发展中国家的水管理也有重要的借鉴与示范作用。

查勘，遇到暴雨时节，前脚一走后面就是泥石流滚落，有的地方是高山峡谷，有的时候两个车轮子陷在泥里面，遇到了很多艰险。西线调水工程路线涉及黄河源和长江源的交接点，一到野外基本上没有吃的、没有住的，就只有八宝饭和干粮，风餐露宿。总之，这些经过历历在目，我经常给学生讲课，讲述科研工作者的第一线工作经历。

四、水泽万物

2017年度国家自然科学奖二等奖授予夏军院士"流域径流形成与转化的非线性机理"项目团队，再一次证明了水文学研究的重要价值。但对于该项目领头人夏军来讲，所有积淀的成果并不是为了奖章，而是要将理论应用于实际生产，把水文机制认识和应用推广到更大范围，解决我国经济社会可持续发展面临的水安全关键性问题。

正是抱着这样的想法，我当时就想要面向国家需求，将研究重心从传统工程水文学研究转向生态水文学，将江河流域水文学扩展到城市水文学、全球水文学研究与实践，解决都市水文、全球变化、水生态文明建设面对的科学难题。

例如，从基础层级来看，城市作为一个完整的高人口密度居住运行系统，不可避免要面对各类水安全问题。特大暴雨造成的城市内涝、暴雨冲刷淋洗以及生活垃圾导致的河道堵塞和水体黑臭、城市发展与扩张挤占有限生态空间而导致的河湖萎缩……近30年来，我国城市化进程不断加快，各种类型的"城市病"也越发严重，致使水灾害、水污染频频现身。2012年北京市"7·21"特大暴雨造成79人死亡，上百亿元经济财产损失；2016年武汉特大暴雨757万人受灾，直接经济损失23亿元；长江经济带11个省市黑臭水体达到928个，占全国的44%。这些触目惊心的数据不断提示着解决水安全问题的紧迫性和重要性。那么，城市究竟为何病了，城市内涝、水体黑臭、湖泊萎缩的症结又在哪里？归根结底在于城市发展建设与水安全问题解决得不适应、不融合、不同步。

水安全不仅是防洪安全，还涉及供水安全、水质安全和水生态安全等。

现在的城市小区及管网设计和排水系统设计遵照的基本是线性理论体系，例如，取均化的平均径流系数，对于径流形成的暴雨强度、下垫面硬化和前期底水多少等非线性影响因素重视程度不够。不同时期的暴雨强度、城市下垫面土地利用类型以及城区内外湖泊初期底水及蓄水量状态都会对城市排水、径流形成造成影响，而这些影响恰恰是非线性的，是目前建立平均态线性体系极容易忽略的。所以不管是城市干旱灾害还是暴雨灾害，实际的严重程度往往超出分析预计得到的结果。同时，由于暴雨冲刷，城市垃圾经水流对周边土壤及河道造成面源污染，也成为阻碍城市河湖健康和可持续发展的一大元凶。

为此，夏军院士提出应该着重加强薄弱的城市水文学基础研究，倡导城市水循环系统一体化建设。

过去大家都习惯各司其职，水利、环保、园林等部门各管一块，形成了"岸上不管河里，河里不管岸上"的不合理局面。现在城市建设一体化，应该将各个涉水及水环境水生态部门协调到一起，将城市景观水质、市政管理和生活用水管理综合规划。当时我提出，这些"城市病"的核心在于城市的水问题。在海绵城市（新一代城市雨洪管理概念，是指城市能够像海绵一样，在适应环境变化和应对雨水带来的自然灾害等方面具有良好的弹性）建设过程中，城市的水问题应该引起各方的重视。城市水问题产生原因和导致以城市水问题为核心的"城市病"的原因有多方面，其中城市化的水文效应是重要原因之一，所以需要进一步加强海绵城市建设的系统思维，尤其在源头控制、施工运维、标准规范等方面全面推进。

夏军院士通过多年的观察与实践，结合水文学理论机制，从城市水系统模拟到水文效应评估等关键技术、源头工程规划设计等方面出发，提出了因地制宜开展技术和建立适用于本地的海绵城市建设成套技术体系等措施。

我当时提出要吸收国外城市建设雨水管理的先进经验和技术，但中国人口多，城市发展速度快，面对的难题多，不能一刀切。需要根据不同的地域特点加强本地降雨径流特征、下垫面渗透特性和雨水径流污染规律等分析，避免工程设施与实际情况脱节。当时经过精准的数据计算，我认为海绵城市建设现行的总径流控制率等考核指标有较好基础，但针对径流形成的原理还有待完善。为此,我进一步优化了面向城市化问题的年径流总量最大控制率关系,为后续的统筹规划提供了比较精确的理论指导。

作为水问题研究领域的先行者,夏军院士不仅构建了多尺度水循环联系的城市水系统科学体系,还明确了实现海绵城市发展的技术途径,为海绵城市建设应用基础研究与创新、改进海绵城市建设规范等谋划出清晰的格局,将城市水循环系统认知提升到新的高度。

我国是一个长期面临水资源短缺、水旱灾害、水污染和水生态等多方面水问题的发展中国家。随着我国经济社会的发展,水安全问题愈来愈凸显,其中不仅有保障水资源需求的供水安全、减少水灾害的防洪安全,还有日益突出的水质安全、水生态安全以及与跨境河流联系的国家安全等。从城市水管理向流域水发展,乃至面对全球化的水问题,是水研究的必然趋势。作为一名学者,需要将理论研究与实践紧密结合,当时我决定成立武汉大学海绵城市研究中心,并担任武汉市城建系统海绵城市专家委员会主任,这样更有利于和各级部门组成的专家组共同研讨海绵城市规划方案。同时我还想办法,多次举办了全国智慧海绵城市论坛,加强研究成果转化与学术交流,利用院士工作站等形式扩大推广范围,我们对海绵城市建设技术发展的经验就是这么累积起来的。

作为国际水资源协会主席的夏军,对世界水问题的严峻性有深入的了解。

当前受到最高量级水资源压力(大于40%)的陆域面积已占到全球陆地总面积的30%,到2050年,这个数据还将攀升到50%。简单来说,这就意味着变化环境下全球可使用的水资源将面临严峻的挑战,水资源短缺、供水、水质、生态环境和防洪不安全问题与风险会更加凸显、迫切,亟须采取适应性的对策与措施。无论是全球还是我们国家,将不得不思考和应对来自不断变化环境下的水安全需求问题,并探索它们背后的科学问题。我认为非线性水文定律、城市水循环系统5.0版本和全球水系统理论与方法可以进一步发挥作用,解决全球变化与水管理、水与环境健康、水与城市化等挑战性问题。

作为一名水文科学领域的科学家,夏军取得了一系列具有国际影响的成就,国际水文科学协会主席 Hubert Savenije 教授是这样评价他的:

夏军教授发表的论著颇丰，在改进全球水文学知识、水与环境管理的实践产生了重要的影响，对发展中国家尤其中国的水文水资源的教育、水专业新的一代人培养作出重要贡献。

夏军在国际水资源协会（IWRA）、国际水文科学协会（IAHS）、世界水理事会（WWC）等全球有重要影响的国际水组织中发挥核心作用，引领和直接参与了若干个全球水文计划和全球水安全战略研究，为扩大中国的国际影响作出了重要贡献。杜格·纳什（Dooge Nash）在国际水文科学大会上如此评价夏军：

他是一位杰出的科学家，在发展水文科学与实践的知识与战略、在中国乃至全球的水管理与可持续开发及应用方面，作出了创新性贡献，在国际社会产生了重要的影响。他是全球水文学群体弘扬阿德里安·伏尔克（Adriaan Volker）教授倡导的科学精神的典范，将水文科学发展放置于社会实践中，特别是为发展中国家带来社会效益。

在近40年关于系统水文学与水资源可持续利用的研究中，夏军院士不断创新，为发展水文科学和改进中国以及全球水管理方面作出了突出贡献。

在自己科研生涯中，我主持了国家重大基础"973"计划项目、国家自然科学基金委重大项目，也积极参与了许多国际的学术交流与合作，在国际水资源协会（IWRA）、国际水文科学协会、世界水理事会（World Water Council，WWC）等全球有重要影响的国际水组织中发挥核心作用，引领和直接参与了若干个全球水文计划和全球水安全战略研究，为扩大中国的国际影响作出了一定的贡献。自己的工作也得到国际学术界的肯定。2011年，获得了"国际水资源管理杰出贡献奖"；2014年获得了由联合国教科文组织、世界气象组织、国际水文科学学会三个组织联合颁发的国际水文科学领域的最高奖"国际水文科学奖Volker奖章"。2019年我又获得国际大地测量和地球物理学联合会会士（Fellow）荣誉，全球仅7人获此殊荣。

五、润物无声

作为一名科学家，夏军院士40年如一日，坚持不懈、勇于求索；作为一名教师，夏军院士同样为学生培养和团队建设孜孜不倦、呕心沥血。

我获博士学位后，就留在武汉水利电力学院水文教研室任教。对教学工作我一直是全力以赴，认真备课，把好教学质量关。工作头几年，因为在教学过程深感当时一些教材的陈旧和匮乏，我将当时的科研工作与教学结合起来，撰写了近60万字的新编教材和讲义。1989年我与叶守泽教授合编了18万字的《水文系统识别（原理和方法）》，由水利出版社出版，获1991年水利部科技进步成果奖。我当时给研究生和本科生开设了《灰色系统理论及应用》《水文系统识别》和《水利工程系统分析》等多门课程，很受学生欢迎。因为我自己当时一直在求学路上，深知学生需要什么，怎么讲才能既把概念讲清楚，又有启发性。我记得当时我是多次在教学质量评估中获得优秀。

在我求学期间，我的导师叶守泽教授为人师表、平易近人，思想开明，坚持自由公平的学术氛围。他谦逊地给予我们学习和生活上的指导和帮助，是我们人生道路上学习的榜样。那时候我就在想，将来一定要像叶老师一样对待学生。叶老师十分讲究教学方法，他注重因材施教，要求学生夯实基础知识，同时教育学生学以致用，将所学的基础理论充分运用于应用实践。这一点我有很深的感触，后来我自己带学生也特别注重这一点，就是基础一定要打牢，"磨刀不误砍柴工"。

关于这一点，夏军院士的学生左其亭博士有很深的感受：

1995年，我硕士毕业后当教师已有两年，在一次国际学术会议上偶然的机会让我有幸见到了夏老师。夏老师在此次国际学术会议上主持大会报告，并作了大会报告，他流利的英语发言与丰富的专业水平给我留下深刻印象，这也是我对夏老师的第一印象。会后，我立即开始收集夏老师的资料，才了解一些情况。夏老师作为我国第一个自主培养的水文水资源专业的博士，刚刚被国务院学位办评为博士生导师。此时的夏老师意气风发、谈吐不凡、儒雅和善，虽是初次见面，更谈不上相交深浅，其闪耀的光芒和大家风范便让我敬佩不已，心中暗暗下定决心要跟随夏老师继续深造。经过两年的时间，克服了种种阻力，1997年我终于成为夏老师门下的一名博士生。

但1997年入学时，由于我是水文地质专业出身，水文学及水资源专业基础薄弱，心里有点忐忑。清楚记得夏老师第一次与我谈话，是在入学后的10月，当时夏老师生病在校医院住院输液，我去看望他。在交谈中他发现我对专业知识的犹豫和迷茫，就鼓励我说"地表水与地下水本身是相互联系的，都是水资源的一部分。你以前学习地下水，再把地表水知识补上，就比一般人更全面了解水资源。博士就应该博学"。这次如沐春风的"医院谈话"对我鼓舞很大，解决了一个初入门学生的困惑，也激发了学习积极性。实际上，夏老师自己也是这么要求自己的，他不仅仅熟悉地表水而且熟悉地下水，在水系统科学研究方面造诣很深，为我们的学习树立了很好的榜样。为了弥补我的短板，夏老师让我跟随水文与水资源工程专业本科生一起上课，还专门为我挑选了几门主干课程。通过学习本科生课程，我的专业素养有了很大提升，期间也结识了很多老师和同学，收获颇丰。有了夏老师的因材施教，我的专业基础才会这么牢靠。在后来自己的教学过程中，我谨记和发扬夏老师的教育方法，多与学生交流，多了解学生的学习和生活情况，不断优化学生结构，积极开展"传、帮、带"工作，提高工作质量与效率，鼓励学生扩展知识面，以便更好地发掘学生的潜力，为国家培养更优秀的人才。

受学术传承的影响，夏军深知一名导师对于学生的重要性。在长期的教学实践中，他逐渐总结出自己的一套管理办法。

我觉得培养学生，要有一套行之有效的管理方法。科学研究来不得半点马虎，我无论再忙，都会定期组织学术交流，让学生汇报自己的研究进展，每月要求他们上交读书报告，便于及时了解学生的学习情况。当然我对学生要求是很严格的。我记得1998年我第一次组织承办国际学术会议，会务的方方面面我都要求精益求精，这对我的学生也是很好的锻炼。记得当时还有了一个"小插曲"，会议议程需要用Office办公软件修改，现在看这是最基本的办公工具，在20世纪90年代还不太普及，但我认为对我的学生特别是博士生应该都没问题。当时我叫了我的博士左其亭，让他到我家和我一起修改会议议程，我当时想的是我一边说他一边改。但是他来了，我才发现他不会，我当时是很严肃地批评了他，我们做学术研究，要有很强的学习能力，不会的东西要迅速补足，Office办公软件这些基本的工具操作等都应该学好。还有，其他博士生都会，你怎么不会？年轻人一定要有进取心，不能甘于人后。我认为做人做学问，"不怕慢，就怕站"，人生是一个前行的过程，做人要积极向上，不断进步。

对于年轻学子，夏军充满信心与期待，以一颗包容之心不断鼓励他们保持严谨认真的治学态度、勇于创新、敢于学术争鸣。

我国是最大的发展中国家，水文科学的发展需要从传统工程向环境水文、生态水文、水系统科学与经济需求方面转变，这需要当代年轻人积极努力和作贡献，他们代表了中国的未来。但是科学来不得半点虚假，治学是一个严谨的过程，一定要踏踏实实，做好了才能出有价值的成果，我对我的每一个学生都是这样严格要求的。记得1999年初，我的一个博士写了一篇文章给我审阅，他是想让我修改后推荐发表。但我看后，认为学术成果质量不高，水平还不行，便让他重新进行修改完善。在我的指导下，他对那篇文章字斟句酌，前前后后不知改了多少次，我都记不清楚了，直到最后终于得到了我的认可。其实最后的论文发表与否已经不重要了，更重要的是他在这个过程中不但提升了科研水平，也应该体会到了一名科研人对科研事业应该持有的严谨与认真的态度。在以后的学习和科研生涯中，这个学生取得了相当不错的成绩。

学术需要争论，学术界百家争鸣才能更加繁荣地发展，只要是学术争论就应该平等争论。我是很喜欢集思广益的，喜欢和同仁甚至学生探讨学术问题。记得1998年，我的学生左其亭参与了我主持的博斯腾湖水资源研究项目，第二年的4月份，他就把研究报告初稿送到我家，我当时听他的介绍，非常高兴，我跟他说他的研究初稿"确实下了功夫"，因为在这么短的时间内能有这么大的进展，说明他很努力，而且肯动脑筋，我对这样的学生是很欣赏的。当然我们也就其中的一些内容进行了交流，当时争论得很激烈的，但是我觉得很好。我就希望学生能有自己的独立思考，敢于提出自己的见解，勇于创新，这才是我们做科学研究需要的人才。

关于"学术争鸣"，夏军院士的学生左其亭也有很多印象深刻的事。

我在读博士的时候经常去找夏老师，曾经有三次，在夏老师家里，我和他对于水资源可持续利用量化方法和计算结果进行了激烈的争辩。其中有一次，对可持续发展量化准则计算问题，我们有不同的思路，从上午争论到下午，中午还在夏老师家吃饭，这是我第一次在夏老师家吃饭。在夏老师的启发下，我慢慢探索出一套新的可持续发展量化研究方法，那也是我博士论文的核心内容之一。这样的过程增进了师生间的友谊，也使得我的工作做得越来越好。

毕业之后，我与夏老师也没有停止学术上的讨论，印象深刻的是在2010年，夏老师主持的淮河重大水专项课题研究中，有一次在蚌埠集中工作会议上针对研究内容有不同意见，甚至争得面红耳赤，更让外人觉得我对夏老师竟然如此大大地不敬。其实不然，我们自得其乐。只有交流与争论，才能促进科学问题的更好解决，才能取得更大的进步。

夏老师经常说，学术需要争论，学术界百家争鸣才能更加繁荣地发展，只要是学术争论就应该平等争论。对科学不懈追求，对学生工作认真负责，没有架子，喜欢和学生平易近人地探讨学术问题，夏老师就是这么一个治学严谨、尽职尽责、追求卓越的科研工作者。正是由于多年来他对科研始终如一的严谨与共同探索，夏老师一步步地成为一名走在水文水资源科学最前沿的学术大家，也推动了我国水文水资源事业的发展。

夏军院士十分注重发挥团队的力量。他将项目需求和个人意愿结合起来，注重跨学科人员的合作，并且不断优化学生结构，积极开展"传、帮、带"工作，项目完成的质量和效率都得到大大提高。

学生在学校不只是简单地学习专业知识，待人接物等方方面面都应该学好。所以我是把学生当成朋友，与他们谈心交心，帮助他们解决生活难题。当然我作为老师，平时也很注意自己的一言一行，我觉得潜移默化是很重要的。我自己也很注意锻炼身体，也常常和我的学生一起聚餐、表演、唱歌、游武大樱花园。

夏军院士的学生、武汉大学佘敦先副教授对在武汉大学度过的求学时光非常难忘：

在夏老师身边的求学时光可能是我这一生中最珍贵的时光，夏老师是一位不知疲倦、精力旺盛、做事专注的研究学者，但他又是一位懂生活、会生活的社会活动家，至今难忘和夏老师一起引吭高歌的日子。

六、求索终生不悔

1. 水文学很重要

水文关系到人民生命财产安全；在科学知识方面，我们需要加快认识自然规律的进程，同时教育与科研研究也要紧密结合起来。

2. 高调做事，低调做人

一个温暖的集体很重要。我的导师叶守泽教授对我一直都是非常支持的，我们系里的老师也是甘于奉献一切地支持我。我记得我评教授时，院里有很多老师都是年纪比较大一些的副教授。但是，他们认可我的工作和成绩，也对我寄予厚望，甘作人梯，把那年唯一的水文研究室一个教授指标给了我，认为我会发展更快一些。当然，我也对大家非常好。我认为做人要"高调做事，低调做人"。要多为他人奉献。一个人工作和事业顺不顺，其实与人际关系也很重要。待人要谦虚，叶先生也总是这样教育我的。我觉得人的一生难得有一个好老师，叶先生是我一辈子的一个贵人、恩人，不光教我学习还教我怎样做人。叶先生培养了很多优秀的人，是一个非常好的老师。

3. 贵在坚持，坚守做自己的事情

首先，个人的发展要与国家需求、国家事业结合；其次，面对环境不要气馁、放弃和自卑；第三，要保持不衰的求知欲，做学问要坚守。我的人生中有很多酸甜苦辣，但是我最大的信念就是坚守。2014年我得到了国际水文科学领域的最高奖——国际水文科学奖，但是还不是中国科学院院士。2000年至2012年一直在中国科学院工作，2012年我回到武汉大学后，我仍然坚守我的做人和科学研究，2015年当选为中国科学院院士。当时华中科技大学张勇传院士给我写了一首诗，我觉得是我的真实写照：

西江月

蒂落瓜熟吉日，
友人实至名归。
大国崛起梦追随，
水到渠成人醉。
矢志攀登不移，
何曾意冷心灰。

致广大更尽精微，
求索终生不悔。

4. 规划决定发展，细节决定成败

你一进我办公室的门可以看到两排字：规划决定发展，细节决定成败。我以前很多教训，例如申请国家"973"项目多次，开始也老失败，后来成功了。我的经验一是要做规划，二是要注意细节。当然，有时候规划做好了，但是细节出了问题也会"翻船"。机遇往往给予有准备之人。有一次我的一个项目答辩，其中一个数据让评委抓住了把柄，我没有注意细节，结果出了问题。以后，我总是自己亲自到第一线做事或了解情况。一直保持着旺盛的求知欲。你看我走路快、吃饭快、说话快。有些学生做事很慢，我没有说人家"笨蛋"，我说人家"笨笨"，可爱一点，但是还是想要他们机灵一点。

"天道酬勤"是我对年轻人的鼓励，也是我对年轻人的一个寄语。通过我的经历，希望更多的年轻人懂得勤奋、低调、扎扎实实好好做事。有一句话叫三百六十行，行行出状元，我也希望后面可以多出一些水文方面的专家，为解决国家需求的水安全问题，多作一些贡献。听说院士70岁退休，80岁资深。我现在要做的就是尽量做好每一件事情。

后　　记

　　为深入贯彻落实习近平总书记关于弘扬爱国奋斗精神的系列重要指示精神，加强对科技工作者的政治引领，引导广大科技工作者传承弘扬家国情怀和奉献精神，立足岗位、脚踏实地、勇攀高峰，结合"弘扬爱国奋斗精神、建功立业新时代"活动的有关要求，武汉市科协2019年下半年启动了院士口述史的编撰工作。

　　作为武汉市科协组织编写的"院士口述史"之一——《于斯为盛　丹心报国：武汉院士口述录（第一辑）》由武汉市科协委托江汉大学城市研究中心组织编写。这本《于斯为盛　丹心报国：武汉院士口述录（第一辑）》记载了在汉工作的10位院士的先进事迹和奋斗成果。从"院士口述史"构想的提出、采访对象的确定、采访提纲的拟定、采访活动的开展到书稿的编辑与修改，直至杀青付梓，前后历时四载有余，寒暑数易、春秋几度，殊为不易。特别是，采访院士的时间原计划安排在2020年上半年，却遭逢新冠疫情，回想起来，甘苦多有，感慨良深！

　　四年来，我们对在汉院士进行了采访，主要访谈他们的成长经历、重要事迹、主要贡献等内容，突出院士的家国情怀和奉献精神；在搜集了大量与院士学习、工作、生活相关的纸质文献、数字及音像文献的基础上，结合采访情况，对有关文献资料进行了整理；对每一名院士，根据收集到的素材与口述实录，按照口述史的标准进行编辑，突出院士的本人特点，做到有重点、有亮点、无错误，整体符合口述史体例，形成院士个人口述录。

《于斯为盛　丹心报国：武汉院士口述录（第一辑）》的采访活动能够顺利开展，首先要感谢各位在汉工作的院士及其家属、工作团队、所在单位。院士们在繁重的教学、科研工作之余，抽出宝贵时间接受我们的采访，亲自审阅我们编辑的口述实录；院士的家属、工作团队及院士所在单位，全力支持我们的采访工作，热情提供素材、文献、照片等，让我们十分感动！

《于斯为盛　丹心报国：武汉院士口述录（第一辑）》的编撰工作之所以能够顺利进行，还得感谢武汉市科协领导的大力支持。市科协党组书记、副主席李定君等领导同志对本选题高度重视，自始至终给予关怀与支持；市科协党组成员、副主席张若光同志提出选题构想与方案设计，多次开会组织专家研讨，听取工作汇报，对本书的采访对象、写作大纲、编写体例都提出了许多宝贵的意见和建议，让我们深受启发，获益良多。市科协马华等同志，亲自组织力量，解决我们在工作中遇到的各种困难，让我们感激不尽。

尤其令我们深受鼓舞的是，中国工程院副院长、中国科协副主席邓秀新同志在百忙之中欣然赐序，不但对我们的此项工作颇多奖掖，而且对深化院士口述史研究提出许多发人深思的灼见！

科学出版社十分关心本书的编辑与出版，为本书的选题报备、重大选题书稿送审以及书稿编辑出版等付出了艰巨的努力，在此深致谢忱！

本选题的采访以及书稿的编撰由江汉大学副校长、江汉大学城市研究中心主任李卫东教授具体组织实施，也是江汉大学城市治理与文化传承学科（群）建设成果。全书由李卫东教授、江汉大学研究生院院长庄桂成教授统稿，由武汉市科协马华、陈凯等同志统筹。

编　者
2024年2月